走向优质

ZOU XIANG YOU ZHI

需求导向的学校变革

施忠明 著

上海社会科学院出版社
SHANGHAI ACADEMY OF SOCIAL SCIENCES PRESS

图书在版编目(CIP)数据

走向优质：需求导向的学校变革 / 施忠明著 .—
上海：上海社会科学院出版社，2021
ISBN 978-7-5520-3549-0

Ⅰ.①走… Ⅱ.①施… Ⅲ.①中小学教育—教育改革
—研究 Ⅳ.①G632.0

中国版本图书馆 CIP 数据核字(2021)第 075594 号

走向优质：需求导向的学校变革

著　　者：施忠明
责任编辑：王　芳
封面设计：徐　蓉
出版发行：上海社会科学院出版社
　　　　　上海顺昌路 622 号　邮编 200025
　　　　　电话总机 021-63315947　销售热线 021-53063735
　　　　　http://www.sassp.cn　E-mail: sassp@sassp.cn
照　　排：南京前锦排版服务有限公司
印　　刷：上海颛辉印刷厂有限公司
开　　本：787 毫米×1092 毫米　1/16
印　　张：16.5
字　　数：347 千字
版　　次：2021 年 6 月第 1 版　2021 年 6 月第 1 次印刷

ISBN 978-7-5520-3549-0/G·1083　　　定价：69.80 元

版权所有　翻印必究

序 言

"办好每一所学校,成就每一位教师,教好每一位学生",不仅是区域教育发展的美好理想,也是每一所学校的永恒追求。但理想如何落地,口号如何变现,是需要学校脚踏实地的奋斗才能做到的。上海市宝钢新世纪学校从把握师生及家长需求出发,抓住关键点,持续努力,历经十余年,终于实现华丽转身,是一个成功的案例,值得推介。

2003年,宝钢二中和盘古路小学合并建立上海市宝钢新世纪学校,地处老旧小区,小学生源流失严重,教师发展动力不足等问题严重阻碍着学校发展。为了分析问题症结,寻找解决良方,学校在2009年开展了两场大调研,一是聚焦学生、教师和学校领导的发展需求,二是聚焦学校课堂教学问题,期望在理论研究与顶层规划中进行集中突破。结果发现,学校发展疲软的原因是多方面的,既有外部原因,也有内部原因。就自身而言,教师在实施国家课程中,尤其是基础型课程中的课程意识待提升、课堂教与学行为待优化、专业自觉待激活;学校缺乏中长期顶层规划,办学理念亟待更新与转型;学生发展差异较大、学习自主性较弱,等等。同时也发现,无论是学校领导层、教师还是学生,其内心都渴望"优质"。尽管每个孩子在家庭背景、生活经历、学习基础、学习目标、学习习惯等方面不尽相同,但是他们心底深处都有"做一个好学生"的愿望,渴望成长为"知礼善学"的好学生。尽管每位教师在年龄结构、专业发展层次等方面存在诸多差异、内在发展动力不强,但他们内心深处始终有一份"尚德精业"的工匠情怀。面对发展困境,学校领导与老师没有退缩,反而通过内省萌发了强劲的改革动力。上海市宝钢新世纪学校在领导班子带领下,基于校内外需求,洞察教育改革发展趋势,决心将学校建成一所"老百姓家门口的优质学校"。

上海市宝钢新世纪学校理解的"优质"与传统的"优质"不同。他们追求的不是"成绩名牌",而是真正地立足于"人的发展"。学校不再将分数、排名、升学率作为自身发展的唯一指标,取而代之的是回归教育初衷——真正关注学校中每个人的发展,关注如何让学生学习经历更丰富、师生关系更和谐、教师发展更有效、师生多元发展需求得到更加充分的满足。他们认为,当学生走出校门时,能获得充足的应对社会生活的能力,能自信从容地应对未来,就是一所优质学校的标准。

为了实现这一理想,让信念变成学校发展的现实,上海市宝钢新世纪学校以分布式领导作为理论基础,让学校领导力分布在多数人的手中,分布于整个学校各个部门及其成员中,分布于课堂教学第一线的人身上,分布于各种角色和职能当中,让学校里的每一个人都承担领导的责任并付诸行动,形成一支富有责任感的学校团队,打造特色学科建设分布式领导力。建设了契合学校办学理念和育人目标的"气正爱满,人人出彩"的课程体系,探索了"双案"联动、弹性预设、互动生成的有效课堂教学模式。

经过十多年的探索与改革,上海市宝钢新世纪学校从原来的办学基础弱、户籍学生流失、教师队伍动力不足,成长为学业成绩优良、教师队伍干劲强、学科建设有特色、教学改革有亮点、社会声誉大幅提升的学校。学校也实现了从单纯追求学业质量向真正育人质量的跨越式转变。

本书分七章介绍了学校的探索历程与心得体会,有问题辨识、理论分析,更有实践分享与经验提炼,重点呈现了学校管理转型、特色学科建设、"双案"联动课堂改革及教师专业发展等方面的具体做法,有理念、有措施、有案例,是近年来上海市宝钢新世纪学校的探索结晶,具有一定的厚重感与前瞻性,值得理论工作者和同类学校借鉴。

"新优质学校"是针对教育发展过程中出现争抢生源、聚集资源、追求升学率的畸形现象,倡导在科学的教育理念引领下,回归育人本原,通过课程教学改革,教师队伍发展,管理文化优化,等等,满足学生多样化的学习需求,使学生内心得到丰富与充盈,让他们满怀希望与自信地迎接未来。上海市已经涌现了这样一批学校,践行了"办好老百姓家门口学校"的承诺,体现了"人民城市人民建,建好城市为人民"的理念,这是上海基础教育优美的风景线,上海市宝钢新世纪学校就是其中亮丽的一笔。"新优质学校"接下来要在党的教育方针指引下,落实立德树人根本任务,根据建设高质量教育体系的要求,努力转变育人方式,办人民满意的教育。期望上海市宝钢新世纪学校继续探索,不断前进,争取为其他同行提供更多、更宝贵的经验。

上海市教科院普教所 汤林春

2021 年 6 月

目 录

第一章 背景分析与理论思考 1

第一节 背景分析 / 2
一、教育发展的改革需求 ·· 2
二、学校发展的问题与挑战 ····································· 2

第二节 理论借鉴 / 5
一、学校管理：OTP 理论 ·· 5
二、课程：课程领导力 ··· 7
三、教师与教研："生态取向"与戴明环理论 ················ 12

第三节 学校规划 / 14
一、问题—解决策略形成对应关系 ···························· 14
二、基于问题与策略分析形成总体规划框架 ················ 17
三、"新优质"探寻方案的初步确立 ··························· 21

第二章 清思：学校管理转型 25

第一节 学校理念的破与立 / 26
一、办学理念：修礼仪之道，塑严谨之风，强健美之体，育创新之才 ········ 26
二、校训：气正爱满　慎思笃行 ······························ 26
三、教风：尚德精业 ··· 26
四、学风：厚基明理 ··· 27
五、办学目标：办一所礼仪之风畅行、教学质量上乘的九年一贯制学校 ········ 27
六、学生培养目标：培养知礼善学、乐群尚美的人 ········ 27

第二节 组织机构的创与生 / 28
一、厘清学科建设领导力主体认识 ···························· 28
二、学校分布式领导力的主体结构 ···························· 29
三、学校学科建设领导力的客体结构 ························· 31

第三节 学校文化的生与拓 / 35

第四节 学校认同的增与长 / 36
一、教师认同是学校发展的基石 ······························ 36
二、学生的认同是学校发展的标识 ···························· 37

1

第三章　创建：学校课程体系建构　41

第一节　问题：积累有余，梳理不足 / 42
　　一、课程结构科学性有待提高 …………………………………… 42
　　二、课程不能凸显学生需求 ……………………………………… 43
　　三、关注办学特色的形成不够 …………………………………… 43

第二节　价值：丰富学生的学习经历 / 43
　　一、整个世界都是"教室" ………………………………………… 44
　　二、贴近学生的心灵需求 ………………………………………… 44
　　三、用系统思维丰富课程 ………………………………………… 44

第三节　方法：课程领导力下的课程建构 / 45
　　一、课程顶层框架设计 …………………………………………… 45
　　二、学科目标体系与课程安排 …………………………………… 46
　　三、课程实施与管理 ……………………………………………… 52
　　四、课程评价 ……………………………………………………… 68

第四节　案例：中小衔接、打破隔离 / 70
　　一、打造"魔'数'世界"——用足课程教材，促进课程整合 …… 70
　　二、"魔'数'世界"的课程优化与再设计 ………………………… 72

第四章　精致：细化特色学科建设　75

第一节　问题：特色不足，质量不显 / 76
　　一、"特色"只具形不具神 ………………………………………… 76
　　二、不能凸显学生需求 …………………………………………… 76

第二节　价值：课堂教学的形变与质变互生 / 77
　　一、学科建设的思考与准备 ……………………………………… 77
　　二、学科特色建设的内涵 ………………………………………… 78
　　三、学科特色建设的基本结构 …………………………………… 79
　　四、学科特色建设的形式维度 …………………………………… 79
　　五、学科特色建设的任务与思路 ………………………………… 81

第三节　方法：特色学科建设的"关键路径"——"双案"联动 / 83
　　一、研究设计 ……………………………………………………… 84

二、核心概念解析 ……………………………………………………… 85
  　三、实施过程 …………………………………………………………… 87
 第四节　成果："双案"联动促学科特色建设的行动研究与案例 / 88
  　一、关于学案的研究 …………………………………………………… 88
  　二、关于教案的研究 …………………………………………………… 121
  　三、关于"双案"联动的研究 ………………………………………… 127
  　四、关于"弹性预设—互动生成"的研究 …………………………… 133
  　五、"双案"联动下的"弹性预设—互动生成"的课堂观察评价研究 ……… 176

第五章　唤醒：教师专业发展的内生力　183
 第一节　问题：学校变革下教师专业发展的挑战 / 184
  　一、调动参与：赋予教师学科领导的权利 …………………………… 184
  　二、目标展望：教师参与学科发展愿景的确立 ……………………… 184
  　三、组织保证：教师参加课程领导的团队 …………………………… 184
  　四、环境支持：营造结构性组织支持系统 …………………………… 185
  　五、智力支持：教师提升课程领导的能力 …………………………… 185
 第二节　价值：做有信念的教育研究者与行动者 / 186
  　一、教育研究者：形成凝聚个人信念的"教学主张" ……………… 186
  　二、教育行动者：依托"教学主张"的教育实践及典型案例 ……… 193
 第三节　方法：微项目循证研究，精细化落实教研品质 / 212
  　一、设计 ………………………………………………………………… 212
  　二、演绎 ………………………………………………………………… 212
 第四节　成果：助力教师专业发展的行动研究与案例 / 218
  　一、教师专业发展的典型案例 ………………………………………… 218
  　二、教师专业发展的反思 ……………………………………………… 223

第六章　呵护：引领每个学生的成长　225
 第一节　问题：学习经历单一，个性化发展欠缺 / 226
 第二节　价值：丰富学生经历，提升自我效能感 / 231
  　一、学有"预案"，有备而来 ………………………………………… 231
  　二、心中有数，全心投入 ……………………………………………… 231

3

三、学有所获,快乐成长 …………………………………… 232
四、多元评价,自主发展 …………………………………… 232
第三节 方法:关注多元学习经历,以人为本 / 232
第四节 案例:助推学生个性成长 / 240
一、学生成长个案 ………………………………………… 240
二、学生个人的课题研究 …………………………………… 243
三、家长反馈的典型案例 …………………………………… 245

第七章 未来:学校改革发展的展望 249

一、学校领导方式的深层次转变 …………………………… 250
二、学校未来发展之路:建立民主而共享的教育与管理体系 …… 251

参考文献 253

第一章

背景分析与理论思考

第一节 背景分析

一、教育发展的改革需求

公平和质量是深化教育改革的主线。我国较早确立了教育改革和发展的两大基本任务——扩大教育公平,提高教育质量。自20世纪80年代以来,我国基础教育改革模式发生深刻变化。随着世界范围内课程改革的演进,课程管理体系力图打破原有的课程权利分配极端化的管理模式,日益趋向民主和开放。新课改对教研工作提出新要求:"以新课程为导向,改进教学研究的工作方式,提高教学研究的针对性和实效性;学校建立与新课程相适应的常规教学管理制度;认真研究和总结课程改革中的经验和问题,积极推广优秀的教学改革成果。"

2011年3月,上海召开基础教育工作会议。会议上明确指出,上海基础教育必须走出依靠分数指标、物质计量、工具价值来判断教育效益的惯性,而要从学生全面发展、学校内容和教育人本价值角度做理性思考和实践回应。也就是要从过度追求现实功利转向追求教育对人的发展价值,必须重新审视教育质量评价标准,对教育质量的理解和追求应该更加科学。会议要求,"今后上海要能够涌现一批新的名校,不是靠学业成绩排名和升学率而成名,而是靠育人质量过硬而成名。包括对困难学生、农民工子女教育取得卓有成效的学校,也能够成为上海教育的名校"。为此,2011年年初,上海市教委设立"新优质学校推进项目",重点研究义务教育阶段的一批不挑生源、没有特殊资源、没有特殊文化积淀的普通公办学校,以"办好每一所家门口的学校"为目标,关注其从普通走向优质的成长轨迹。

2012年1月,上海市宝钢新世纪学校加盟"上海市优质学校推进项目"行列,启动了为期三年的"新优质学校"创建的艰辛历程。上海市宝钢新世纪学校由原宝钢二中和盘古路小学合并而成,是一所九年一贯制学校。生源参差不齐,教学难有起色,学校排名一度位居区域末列。如今,随着新优质学校创建的深入发展,学校办学品质稳步攀升,日渐成为"老百姓家门口"的优质学校。当初,面对着上述办学现状,为扭转学校办学困难局面,学校勇于参加"新优质学校"的创建,在改革中求改变,在创建中求优质。在"新优质"的创建中,首先摆在全校领导与师生面前的关键问题就是:学校该如何实施"新优质学校"的创建。

二、学校发展的问题与挑战

(一) 走向优质的现实需求

教育公平是社会公平的重要基础,教育公平的关键是机会公平。诺贝尔奖获得者弗里德曼教授曾指出,政府的职能主要有四个:建立国防和外交,维护司法公正,提供公共产品,扶助社会弱势群体。周洪宇在《教育公平论》(人民教育出版社2010年版)中说:"提供公共产品,实现教育公平,政府是天生的'第一责任人'。谁也不能代替,谁也代替不了。"教育发展应顺应人民群众对接受更多更好教育的新期盼,这对教育公平提出了更高要求。为广大群众提供更多、更好、更公平接受教育的机会,解决"上好学"的问题,成为当前社会关注的问题。

教育公平包括受教育的权利和受教育的机会公平、教育过程公平和教育结果公平。从本质上看,受教育的权利和受教育的机会公平属于"起点公平"。教育过程公平强调的是整个教育过程中的教育要平等地对待每一个社会成员。教育结果公平要求通过提供的教育使不同成员获得进步,获得平等的教育结果,即教育质量公平。受教育的权利和受教育的机会的起点公平是教育公平的基本前提,教育对待和公共教育资源享有公平是教育公平的重要保证,教育效果和教育质量的结果公平是教育公平的最终目标。教育公平的底线,是教育入学机会的均等,让所有的孩子上好学,学校确保每一个学生的学习权利。教育公平的核心是教育过程的平等,办好每一所家门口的学校,提供教学质量不断进步的教育。教育公平的追求目标则应该是教育结果的平等,办好人民满意的教育,建好人民满意的学校。

办好每一所学校,不仅在于学校教育硬件达标,还必须着重解决教育软件上的公平,以提高办学质量,实现教育结果的公平。没有教育质量的公平只是形式上的公平,而非实质意义上的教育公平。创建新优质学校,实现教育机会公平、教育过程公平与教育结果公平是教育公平的内在要求,是教育发展的宗旨。

迈向"新优质学校",是教育均衡的有效实施途径。

教育的均衡发展本身是有价值导向的,均衡是为了使所有学校优质发展。均衡发展是基础教育转型发展的重要价值取向。教育只有均衡发展,办好每一所学校,才能真正实现教育公平。教育的均衡发展不仅表现在教育设施等物质资源的均等配置,而且应该满足人民群众对高质量、多样化教育的新要求。必须按照科学的教育质量观要求,把"为了每一个孩子的健康快乐成长"作为出发点和落脚点,走出一条以促进公平和提高质量为重点的内涵发展道路。

在教育价值取向上,要从过度追求现实功利转向追求教育对人的发展的价值。不能再把学业成绩和升学率作为评价教育质量的唯一标准,不能忽视学生的身心发展、终身发展,造成教育价值观的误导。必须树立"为了每一个学生的终身发展"的理念,即关心全体学生的成长。要深层次推进学校教育的转型,必须要更加注重教师教育境界和专业能力的提升,树立现代教育理念,掌握科学的教育方法。在教育管理方式上,要从单纯依靠行政手段转向更加注重思想引导和专业引领。通过教育价值观的倡导,促进学校提高教育质量和办学水平。"新优质学校"强调"办好每一所学校",为每一位学生提供优质的教育。"新优质学校"的创建成为实现教育均衡的有效举措。因此,在教育公平与均衡发展的背景下,"新优质学校"创建中不断涌现出高成长性学校,表明了"新优质学校"创建的教育发展价值。

(二)课程缺乏系统性、缺乏优势学科

课程建设、学科发展是学校发展硬实力的主要路径,学校依托课程体系开展教育教学,学科课程教学是学校硬实力的集中反映。学科建设是学校办学的基础,是兴校之本,是实现"新优质学校"的支撑点,也是落实学校培养目标的基本途径。通过学科特色建设,构建丰富多元的课程体系,打造充满活力的教师团队,开发优质高效的教学资源,铸就富有影响的品牌课程,培养自主有意义的学习方式,进而营造乐学善思的校园文化,提升学校办学品质。

每门学科都要寻找具有教育(课程教学)意义的突破口,从而有益于学生全面发展与终身发展,这是全面实现素质教育的需要。学科特色建设是指通过一定的组织机制、组织政策、组织行为推进学校不断优化学科结构,凝练学科特色,发展学科优势,提高学科整体水平的发展过程。推进各学科的建设必须遵循规律,形成有效的、符合学科特质的、情境化(校本化)的具体学科建设经验,然后在此基础上获得学科建设的一些经验,最后获得对"新优质学校"办学的规律性认识。建构系统化、科学化的课程体系,发展优势学科,是落实学校发展目标、促进学生全面发展的重要载体。

正确理解学科特色建设中的"特色"含义,理清思路,才能明确方向。学科特色建设要在最基础的各学科教学中将工作做好、再逐步发展凸显出来。每一门学科都有着其特定的教育价值,抓好每一门学科是为学生终身发展负责。学科特色建设旨在使学校所有学科都有最佳的发展,形成优势,提高质量,而不是以一门或者若干门的学科建设为目标的部分取向。同时,学科特色建设不是为追求"特"而"特",特色要有广泛的学校普适性的教育价值;不是追求"不同",要在符合教育规律上做得更好;不是文字表述上的"特",而是实践成果上的出色。学科特色建设是一种学科建设的策略,在学科建设中抓住关键,明晰突破口,取得各学科建设的高效发展,从而推动全校所有学科建设的均衡发展。这才是学科特色建设的真正价值所在。

(三) 教师队伍建设中的瓶颈、断层、优质教师不足

正如前面所提到的,上海市宝钢新世纪学校在"新优质"探索期间正面临教师队伍建设的瓶颈问题。以2012年为例,学校占地32.1亩,有学生1300多名,教职工132名,教学班35个(其中小学15个,中学20个)。学校现有专任教师共112名(其中小学47名,中学65名),中学高级教师23名,历届区级学科骨干39人。学校缺乏教师队伍建设相应的规划与方案,特别是青年教师与骨干教师的培养机制缺失;校本研修缺乏相应的研修机制与系统性序列性的设计。获得历届区"优秀教研组"荣誉称号的只有中学部的英语组;各学科发展合力不强劲,学科教研组研究能力基础薄弱,学科骨干少也大多单打独斗,学科引领与辐射能力不强,难以凝聚教研组共识并带动学科整体发展。

(四) 价值取向,指向学生的发展

"新优质学校"的本质是学校办学的价值取向,也就是学校办学为了什么?为谁办学?这就是我们学校在寻找"新优质学校"建设的突破口时的出发点。我们坚信,每个学生都是重要的,每个学生都是平等的,学校要落实全纳教育。《上海市中长期教育改革和发展规划纲要

(2010—2020年)》指出,上海的教育的目标是"为了每一个孩子的健康快乐成长"。关注学生的发展是上海基础教育转型发展的重点之一。教育的目的就是让学生健康成长,即学生的全面发展、和谐发展。

"新优质"的"新"就是指在"不'挑'学生,没有政府集中大量优势资源投入,缺乏足够文化积淀"的学校中产生的高成长性的学校。"优质"就是能"让每一个孩子得到适合的发展"的学校。这就要求我们创建"新优质学校"时必须以学生的发展作为价值判断的依据。"新优质学校"不能哗众取宠,不是操作知名度,而必须以学生的发展作为新优质的表征。如何促进学生的发展就是我们找准"新优质学校"建设突破口的前提条件。

"新优质学校"的"优质"不仅表现在办学指标的评估上的良好表现,更体现在学校所提供的教育服务对学生与家长合理要求的积极回应与满足。在学校办学理念的选择、教育项目的确定、教育举措的实施中表现出责任意识,将学校的使命融入学校的各项任务与工作之中,将学校办学理念内化为全体成员所共享,把学生培养好,这就是学校办学的最大的特色。特色不是"奇",不是脱离教育,集中教学最有价值的学生学习,搞一些偏门的"人无我有"。教育的重要基本规律就是遵循学生的身心发展规律,同时教育有着不以人的意志为转移的基本内容。我们认为特色是学校在长期的办学过程中积淀下来的、为大家所公认的、独特的、稳定的、良好的生存和发展方式。

我们坚信,按照教育规律把学校最基本的办学工作做深做透,就是学校的个性、特色。特色不能脱离学生发展需要,更不能强加给学生。我们认为,新优质学校的办学特色应该与学生发展一致,满足学生健康成长的需要。

第二节 理论借鉴

一、学校管理:OTP 理论

在培训需求分析实践中,核心的模式有两种:绩效分析模式(performance analysis model)和组织—任务—人员分析模式(organization-task-person analysis model,简称OTP模式)。它们都起源于工商业培训领域。其中,绩效分析模式聚焦于确定预期绩效与实际绩效之间的差距,分析差距产生的原因,从而识别培训需求。这种模式的优势在于:可以比较明确具体地找出培训需求;操作较容易,可以根据目标任务或绩效标准与实际绩效考核情况比较,并结合技能与态度进行分析。其局限性在于更适用于操作性员工,以及需要有良好的工作岗位设计与分析资料,具备完善的员工绩效考核体系。

教师不是"操作性员工",教育教学情境本身是不确定的、复杂的,教师从事的是面向人的发展工作。在实践中,我们更倾向于采用OTP模式开展教师学习需求分析。

（一）OTP 分析模式及在教师培训中的运用

OTP 模式是由麦克吉(McGehee W.)与泰耶尔(Thayer P. W.)于 1961 年提出的。他们认为,培训需求分析要注重系统性,只有从组织、任务和人员三个层次上综合分析,才能客观、准确地识别培训需求,三个层次是相关联的。这一分析模式成为后续理论发展的重要基础。

从组织层面来说,教师所在的学校是重要的组织,可以从学校发展目标、组织特征、组织环境、管理者态度、培训资源五个方面去考虑。任务分析层面则可基于教育部颁发的中小学《教师专业标准》的要求,并根据本校教师实际进行预期与现实的比较。而人员分析则再具体到参与培训的教师个人的实际情况。这是相对系统的分析思路。

（二）教师学习需求分析的三个视角

结合对教师学习需求分析中常有的失误分析以及 OTP 模式带来的启发,可以从以下三个视角考虑教师需求。

1. 从教师"个体"到"群体或类群"需求的考虑

由于群体中学科、教龄、职前经历等的不同,教师所面临的教育教学的困惑是不同的,如进一步分析部分青年教师群体,是有一些"类群",且各具典型特征的。例如,具有研究生学历的新教师,尽管有一定的理论基础和思考问题的能力,但缺少实践经验;具有近 10 年教龄的教师,面临寻求自我突破的瓶颈;专业背景与所教学科无关的教师,在学科把握上更多地存在所学与所教相互抵触还是相互促进、激发创造的问题。下表为 OTP 分析模式及在教师培训中的运用。

表 1 OTP 分析模式在教师培训中的运用

分析维度	具体内容	教师培训中的运用
组织分析	通过对组织的发展战略、资源、环境及氛围等多个方面的分析,识别组织发展中存在的问题以及面临的机遇与挑战,从整体上确定是否需要培训及在什么条件下培训	学校发展目标分析;学校组织特征分析;学校组织环境分析;学校管理者态度分析;学校培训资源分析
任务分析	侧重于描述某一特定工作任务或岗位的性质,明确员工的工作职责及任职条件,以明确培训的内容	可以以中小学《教师专业标准》为依据
人员分析	从员工的实际状况出发,考察员工的知识结构、技能、态度、行为表现以及工作绩效,以确定在组织中哪些员工应该接受培训及接受何种培训	对教师本人所处的发展阶段、所任教学段/学科、专业背景、个人在教育教学上的优势、不足等的分析

2. 从"当事人"角度到"学校组织发展者"角度的考虑

对教师培训的评价主要不是看课程数量和活动内容是否满足学员的个体兴趣,而是看多大程度上与学员知识的增加、行为的变化和工作的改进联系在一起,以及多大程度上体现学校组织发展的需要。学校组织发展是进行教师培训需求分析的重要基点。

因此,出于考虑从学校角度明确青年教师的发展方向,我们与相关"知情人",即 A 校的领导开展交流,试图从更具有"整体观"的管理者处了解学校对青年教师群体的发展期待。在 A 校,35 岁以下教师占近三分之一,其中包括不少编外的代课教师,很多具有研究生学历。管理者认为:"总体上青年教师对自身专业发展愿望强烈,喜欢创新,但在责任心、宽容度、尊重方面有欠缺,遇问题容易急躁。"可见,基本的师德修养等是学校希望这些青年教师首先要提升的。但当事人本人则很难提出"师德"方面的学习需求。

3. 从"孤立"到"比较"角度的考虑

从"孤立"考虑教师需求转变到从"对照、比较"角度考虑 OTP 模式中有关"任务分析",明确某个岗位上员工的工作职责及任职要求,以明确员工的预期绩效标准。对教师来说,这种参照比较,可以以中小学《教师专业标准》为依据,也可以与同群教师中更为优秀者进行比较。

由此,学校组织青年教师课堂展示就是一个很好的载体。所有青年教师都"亮相"自己的课堂,由学校管理者、教研组长、其他教师以及外部专家组成的团队共同观摩、评议。

二、课程:课程领导力

什么是课程领导力?要厘清课程领导力,首先要理解什么是课程领导。

"课程领导"概念被首次提出并进入研究视野是在 20 世纪 50 年代,哈里·帕素教授第一次在他的博士论文中提出这个概念,但当时并未引起学界的注意。美国的课程专家在对这一名词进行细致的考察与论述之后,提出了相关的课程领导概念,包括"分享式课程领导""创造性课程领导观""转型的课程领导观"等。随着课程实践领域的不断发展,美国的 CLI(Curriculum Leadership Institute)模式、澳大利亚的促进有效教学的课程领导模式、英国的学科课程领导模式和加拿大的 DIME(Development, Implementation, Maintenance, Evaluation)模式逐渐成为有代表性的课程模式。当前,世界范围内对课程领导的界定主要有五种视角,分别是"功能观""过程观""内容观""特征观""行为观"。这些视角基于对概念内涵的理解,把课程领导界定为既是课程实施的过程又是课程发生的行为;既是特定情境中完成的特定内容,又指向预期目标。之前被大家广为运用的"课程管理"正渐渐被"课程领导"所替代。"课程管理"是接受行政部门指令后的"监控","课程领导"则摆脱这种"管制"思想,学校决策的课程模式与活动不再受上级行政管理部门的驱动,而是走向了"自发"。"课程领导"的本质是引导和统率课程,包括课程开发与发展等具体内容。作为一种课程实践,它是各项活动的总称。"课程领导"的根本目标是更有效地达成对于课程的正确理解,获得实施课程的有效方案,并能给予评价,进而促进学校文化建设,打造优良课程品质,提高教师队伍的专业水平。[①]

(一) 课程领导力的内涵与要素

从课程领导所包含的要素的角度上来阐述课程领导的内涵,不同学者提出了不同观点。

美国学者克鲁格(Krug)认为,课程领导包括五个元素:订立愿景、管理课程及教学、监督教学、监控学生进度、提高教与学的气氛。美国学者萨乔万尼(Sergiovanni)在《校长学:一种反思性实践观》(张虹译,上海教育出版社2004年版)一书中将校长课程领导分为以下五个方面:技术领导(technical leadership)、人性领导(human leadership)、教育领导(educational leadership)、象征领导(symbolic leadership)、文化领导(cultural leadership)。

我国台湾地区学者钟添腾指出,课程领导以领导的力量,结合学校内外的资源,来支援课程的革新与教学的改进,它可以说是同时包括课程、管理、教师教学、学生学习和学校文化等层面的领导行为。

美国学者格拉索恩(Allan A. Glatthorn)提出,作为课程领导,应订立愿景与目的,重新学习思考,致力于以学生为中心的课程安排,统整课程内容、课程联结和监控课程实施的过程。

我国台湾地区学者高新建指出,课程领导在民主化改革的过程中面临着道德的挑战。课程领导要思考的内容有:教育的理想、系统的改革、协同合作、公开支持、建构认知。

美国学者亨德森(Henderson)和霍索恩(Hawthorne)在《转型的课程领导》一书中指出,转型的学校课程领导具有以下特点:其一,以觉知教师的课程意识为核心;其二,以建构合作、对话、反省、慎思的学校文化为途径;其三,以改善学生的学习成效为目标。这种把学校不仅仅当成一种组织,而且作为一种学习共同体来营建的转型领导,通过学校课程的道德领导使主导学校课程文化的范型逐渐发生转变,与传统学校行政领导相比具有截然不同的内涵。

张华对课程领导的定义为课程领导是课程变革中不同课程利益相关者通过民主合作而进行的创新性课程工作,旨在促进教师的专业成长和学生的个性发展。它把民主合作与课程探究或问题解决化为一体,把课程变革实践与课程问题的反思批判熔于一炉,并与教学领导形成有机整体。它是20世纪70年代以后伴随着教育民主化运动的深入、课程领域的"范式转换"和课程变革过程研究的深化而产生的新兴课程研究领域。[②]

郑先俐、靳玉乐认为,课程领导是在课程权力共享和民主参与的基础上,引导相关组织和人员做出高层次的课程决策和自我管理,以达到提高教育内容的品质、增进学生学习成效的最终目的。[③]

以上讲的是课程领导,有学者认为,对于学校来说,课程领导力就是指校长领导学校全体

---

① 赵月,朱宁波,刘杨. 小学教师课程领导力提升的困境及对策[J]. 教学与管理,2015(26):1—3.
② 张华. 论课程领导[J]. 教育发展研究,2014(2):1—9.
③ 郑先俐,靳玉乐. 论课程领导与学校角色转变[J]. 河北师范大学学报(教育科学版),2004(3):99—103.

教师创造性地实施新课程,全面提升教育质量的能力;它是学校对课程规划、建设、决策、引领、实施、管理和评价的能力。包括对国家课程的正确理解和对学校课程的准确定位、相互补充与整体功能的思考;包括发展和完善各种实施策略,建立健全各种保障系统,保证课程政策与要求落到实处;包括对学校内外教育教学资源的挖掘、组织和整合;包括对学校课程文化的建构能力;等等。[①] 课程领导力的落实需要有优秀的校长作为核心,但课程领导力绝不是校长一个人的事情。

裴娣娜教授认为,课程领导力是指按照一定的办学定位、培养目标所进行的学校课程开发建设与实现全面提升学校教育质量的能力。课程领导力的内涵要素主要包括:领导教师团队创造性实施国家课程计划的能力,开发和整合教育资源建设校本课程的能力,学校课程实施能力,组织学校课程实践的决策、引领和调控能力。[②] 她还认为,学校在进行课程总体设计时需要思考的三个立论点,即学校办学的传统及传承的理念、已有改革积淀的经验和学校未来发展的愿景。学校课改应注意把握以下几个基本方面:学校教育理念和课程领导力,是深化课程改革的关键;地区教育领导阶层的战略决策力,是保证课程改革顺利推进的核心;课程改革的实践模型,关键是学校发展模式的转换;以人为本、多元文化和自主选择,是学校课程改革的核心教育价值和基本观念;坚持发展主体意识和特色意识,坚持差异性和多样化发展,坚持开放和整合,防止形式主义、功能主义和实用主义的倾向。

综上所述,课程领导是课程理论和领导理论不断发展而相互融合的产物。其本质在于更好地增进学生学习品质,要求打破传统课程活动中以指令、监督、控制为主的管理理念和模式,强调更多地将课程活动(包括课程设计、课程实施、课程评价等)视为一种课程领导者与所属成员共同探究课程问题的互动过程。课程领导力即为课程领导者(校长/教师)为完成课程教学在一系列课程互动活动过程中所表现出来的领导能力。

课程领导力通常被认定为是校长的核心能力,是一所学校教育教学质量的集中体现。但教师作为课程的实施主体,对课程的设计、开发、评价等都占有不可替代的优势。因此,课程领导不仅是指校长的课程领导,也包括学校中其他成员的课程领导,尤其是教师对课程的领导。

(二) 校长课程领导力

什么是校长课程领导力?如何提升校长多课程领导力?这是深化学校课程改革过程中急需研究解决的焦点问题。谢利民认为,提高校长课程领导力与教师课程执行力,对课程改革目标有效达成具有重要的意义与价值;课程领导力是校长的基本能力;课程领导是以校长为代表的行政首长在学校课程开发建设过程中,对教师的引领、导向和重要指导;课程领导力体现为

---

① 王月芬,徐淀芳.学校课程计划与课程领导力的实现——基于上海的实践探索[J].教育发展研究,2009(2):46—52.
② 丁锐.深化课程改革背景下学校课程领导力的提升——第二届基础教育课程改革与发展论坛综述[J].课程教材教法,2012(12):102—107.

校长的思想力(具备有主见、有远见、有创见的领导的素质),以及校长的课程知识修养;提高课程领导力着重在加强和提高对学校课程建设和教学计划的领导力,对课程实施的领导力,以及对校本教研的领导力。①

刘启迪认为,课程领导根本上是一种课程文化的领导;课程领导力实际上是课程文化力的辐射;探讨校长的课程领导力的提高问题,理应从课程文化的视野展开,这对提高校长的课程领导力具有普遍意义。他从校长人格魅力的角度,分析了校长的课程领导力的文化内涵——校长是学校课程文化的领导人,是教师的导师与学校灵魂工程的总设计师,校长的人格决定课程领导力的品格。②

綦春霞教授认为,校长课程领导力是指以校长为核心的学校课程共同体,根据培养目标和办学定位,领导学校课程设计、实施并结合课程文化建设的领导能力。③

王永丽则认为,校长的课程领导力表现为三个维度:其一,校长课程价值思想的指导力,包括课程价值识别、引导、认领能力,课程价值的辩护与整合能力,课程价值的实践能力;其二,校长的课程教学的指导力,包括课程实施的规划力、课堂教学的指导力、课程评价监督的机制力;其三,校长的课程资源整合力,包括师资队伍的建设、家校联动、社区资源的利用等。④

综上所述,领导力是一种综合能力,校长课程领导力的形成与发展取决于校长的专业素养和教育敏感度,以及对教育教学、行政管理和实践决策的综合把握。校长课程领导力是以校长为核心的学校课程共同体,根据培养目标和办学定位,领导学校课程设计、实施、评价和课程文化建设过程的能力。校长课程领导力由校长课程设计领导力、校长课程实施领导力、校长课程评价领导力和校长课程建设领导力构成。

界定了校长课程领导力的内涵和组成后,还需要采用一定的评定方法。校长的课程领导力对教师教学和学生学习有着重要的影响。校长课程领导力的调查分析包含三个方面,分别为课程决策与计划、课程组织与实施、课程管理与评价。校长课程领导力指数是通过采集教师问卷数据,进行数据分析得到的结果。

综合对课程领导力已有的研究,笔者发现目前国内对学校或校长课程领导力的关注主要集中于五个方面,包括课程理解、课程研发、课程实施、课程评价和课程文化。项目组详细分解了各个维度的聚焦点后,对课程领导力的评价维度、评价指标和数据来源等初步描述如下。

---

① 刘启迪.深化课程改革与校长课程领导力研讨会综述[J].课程教材教法,2011(12):3—4.
② 刘启迪.深化课程改革与校长课程领导力研讨会综述[J].课程教材教法,2011(12):3—4.
③ 丁锐.深化课程改革背景下学校课程领导力的提升——第二届基础教育课程改革与发展论坛综述[J].课程教材教法,2012(12):102—107.
④ 王永丽.中学校长的课程领导力[D].上海:华东师范大学,2009:16—17.

表2　学校课程领导力的评价维度和框架

评价维度	评价指标	数据输入	数据来源	数据输出
课程价值理解力	课程理念 课程目标 课程体系	学校发展的理念定位、校本课程类型、数量与体系、对学校课程愿景描述、功能定位和体系结构的理解	区域学生信息采集数据库 教师问卷 校长访谈	课程理念
课程内容研发力	团队组建 资源整合 课程结构	相应骨干教师的培养，课改机构的成立，校内外资源的应用，课程开发规划、研讨与决策	教师问卷 校长访谈 学生访谈	课程建设
课程实施组织力	实施规划 教学指导 实施制度	课程实施进程安排 课程教学团体研修 课程实施规范制度	课堂观察 教师问卷	执行能力
课程评价指引力	课程计划评价 实施课程评价 学生发展评价	实施课程是否达到预期的课程计划与目标	一致性评价 学科测试	实施效果
课程文化建构力	团体认同 制度保障 改善空间	教师认同课程规划 有相应的执行制度 留有自主改革弹性	教师访谈 教师问卷	课程引导力

（三）教师课程领导力

宋艳梅认为，教师课程领导力是指教师能为学校课程的设计、开发、实施提供相关建议的能力，包括课程的设计能力、开发能力和实施能力，实施能力主要体现在课堂教学领导力方面。[1]

教师课程领导力是课程领导力的下位概念，从情境来讲包含教师、学生，在课程领导力的概念体系里占主要地位。教师课程领导力体现了平等与合作的方式，在教学实施过程中，表现在能对课程体系进行积极领悟、对课程实施进行自主实践。教师课程领导力主要包括教师的课程意识力、课程设计力、人际领导力、课程实施力、文化领导力和道德领导力等。课程实施能力是教师课程领导力的主要部分，体现在能够结合《课程标准》对全年的教学进行规划，在课堂教学层面能够根据学情拟定教学方案，以教学智慧补救教学，发挥自主权，并有计划地进行课程评价。[2]

教师课程领导力包括多个维度，即引领、共识、创生、构建，甚至共享资源的方式方法。多个维度彼此联系，包含了教师能够面对课程愿景，彼此消解矛盾，搭建相关平台，塑造校园文化，进而树立为教育事业奉献一切的世界观。课程领导力体现了教师灵活的教学智慧和独特

---

[1] 宋艳梅.西部农村地区教师课程领导力提升的困境与出路[J].河南社会科学,2010(3)：143—145.
[2] 赵月,朱宁波,刘杨.小学教师课程领导力提升的困境及对策[J].教学与管理,2015(26)：1—3.

的教学方式,教师能够依托师生情感与学生共同分享文化知识。从这个意义上来说,教师课程领导力本质上体现了一种教育智慧,需要具备包含课程观、教师观和学生观在内的先进的课程领导理念。[①]

有学者认为,教师课程领导力是教师对课程系统的认识、课程行为的自觉程度,以及对课程设计和实施的系统把握,主要包括教师课程意识力、课程设计力和课程实施力。它同时包含两个方面的内涵,一方面,教师在学校课程领导中,以平等、合作、分享的领导方式,能够为学校课程的发展提出意见和建议,共同对课程进行决策,从而实现课程发展的目标。另一方面,教师在课堂层面,充分发挥其自主权,根据《课程标准》的要求,制订学年教学计划,拟订各单元计划,充实课程与补救教学,定期进行课程评价;同时体现在教师以独特的方式充分发挥其教学工作中积淀的课程领导智慧,形成独特的教学方式,并在课堂管理中投入自己的情感与管理智慧,与学生在知识共享中达到心灵共通的默契,形成对学生积极的影响。[②]

根据已有研究的经验,本研究将教师课程领导力界定为:为了实现课程愿景,提升学生学习品质,教师在课程设计、开发、实施和评价等课程事务过程中,对课程活动相关成员进行引领和指导的能力。由教师课程设计领导力、教师课程开发领导力、教师课程实施领导力和教师课程评价领导力构成。

教师课程设计领导力和教师课程开发领导力主要体现在个性化学习课程设计和开发、一般教学设计和开发、地方课程和校本课程设计和开发以及国家课程校本化设计和开发四个方面。教师课程实施领导力则表现为教师能否营造良好的学习环境与氛围,激励学生投入学习从而有效实施教学,并通过启发式、探究式、讨论式、参与式等多种方式调控教学过程。教师课程评价领导力是指教师清楚认识到教学理论与实践中的差距,有效地开展教育教学效果和课程设计的自我评价,及时调整和改进教育教学工作,确保课程设计的科学性、内容的适切性、形式的多样性等。教师课程领导力指数则是通过采集学生问卷数据,进行数据分析得到的结果。

三、教师与教研:"生态取向"与戴明环理论

(一)教师专业发展的"生态取向"

20世纪90年代以来,"生态观"成为一种普遍被接受的思维方式,教育界也很快受到影响,将其用于进行界定、分析和解决教育中的各种问题。生态观念当然也影响到教育界对教师专业发展问题的认识,生态文化取向由此兴起并被迅速接受。相较于其他取向,生态文化取向采取更为宏观的视角,强调文化、社群、合作、环境的作用,从整体的、情境的和联结的视角出发,提倡在群体合作、和谐共生的基础上,关注教师发展所处的文化氛围、专业背景和社群关系,认为教师专业发展是个体、群体和环境之间互动发展的产物,强调通过环境、社群关系来促

---

① 赵月,朱小波,刘杨. 小学教师课程领导力提升的困境及对策[J]. 教学与管理,2015(26):1—3.
② 王钦,郑友训. 新课程背景下的教师课程领导力探析[J]. 教学与管理,2013(7):3—5.

进教师的专业发展。

哈格里夫斯(Hargreaves A.)曾将教师文化划分为个人主义文化、派别主义文化、自然合作文化和人为合作文化四种类型。个人主义文化是指教师之间相互隔离、不相互合作,并且教师之间没有相互合作的要求和习惯;派别主义文化是指教师在工作中为了争取某些利益和资源而处于相互分离、相互竞争的状态;自然合作文化是指教师在工作中自然形成的相互开放、信任和支持的关系;人为合作文化则是指由于外部行政权力的控制,迫使教师之间在工作中进行"合作"。教研员作为"拥有行政职衔的优秀教师",是教师职业中的特殊群体,在教研工作中也存在四种不同类型的教研员文化即教研文化。教研员在教研工作或者教研活动中,教研风格是个性化的,往往处于孤立的境地之中,还没有形成合作的教研员文化。教研员要获得专业发展,仅仅依靠自身去发展和完善其专业知识和能力是不够的,需要同事之间相互交流和帮助来提升自身的专业发展水平。因此,教研员与教师的专业发展在很大程度上依赖于建构合作文化氛围,其理想的专业发展方式就是合作型的发展方式。

此外,哈格里夫斯从内容和形式两方面对教师生态文化做了阐释。他认为,教师文化的内容是指在一个特定的教师团体内,或者在更加广泛的教师社区之内,各成员共享的实质性的态度、价值、信念、观点和处事方式,它反映在教师的信念和言行之中,分享和共识是教师文化内容的基本要素。而教师文化的形式,是指在该文化范畴的成员之间具有典型意义的相互关系类型和特定的联系方式。总的来说,生态文化取向下的教师专业发展强调"教育社会"或组织架构、教师群体文化对于教师个体的影响,即教师在"社会互动"中的发展与进步,倡导建构合作共享的教师文化。

（二）"戴明环"运作方式

"戴明环"(PDCA)是管理学中的一个通用模型,它是全面质量管理所应遵循的科学程序。20世纪70年代后期被引入我国,并对我国的学校管理产生影响。

"戴明环"最早是由美国质量管理专家休哈特(Walter A. Shewhart)于1930年左右构想的 PDS(Plan Do See)演化而来。20世纪50年代,美国质量管理专家戴明(Edwards Deming)将其改进成 PDCA 模式,所以又被称为"戴明环"或者"PDCA"循环。PDCA 分别是英文单词 Plan(计划)、Do(执行)、Check(检查)和 Action(纠正)的第一个字母。它是一种质量管理体系,从质量计划的制订到活动的组织实现,是执行全面质量管理必须遵循的科学程序,这个过程就是按照 PDCA 循环、按照既定计划和组织实施步骤周而复始地运作(如图1)。

图1 "戴明环"循环方式

"戴明环"对我国中小学的管理产生了很大的影响,学校管理过程基本上都是按照这样的思路来进行的。但与"戴明环"思想不同的是:其一,学校管理将四个阶段称为"计划—实行—检查—总结",并按其初步制订计划,规划未来要做的工作;计划通过后按计划实行;阶段中对计划实行情况进行检查,解决所发现的问题;阶段结束时对计划实行情况进行总结,总结经验与问题;下一个阶段再重复这一过程。其二,这一过程并不是不断发现问题、解决问题的过程,而是一个布置任务、检查落实、考核奖罚的过程。其三,这一过程虽然也是不断循环往复的,但基本上是原地重复,前一阶段和后一阶段之间更多的是按照时间阶段来划分。

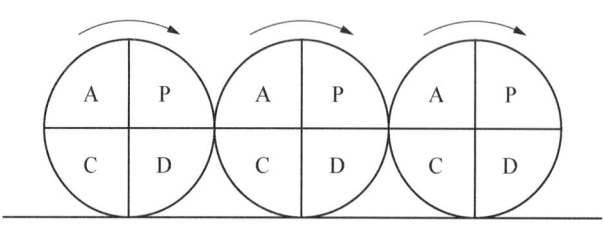

图 2　教研组"戴明环"的运作方式

第三节　学校规划

一、问题—解决策略形成对应关系

围绕着学校发展的瓶颈问题,学校确立了"科研引领学校变革"的整体思路,对应课程建构、教学转型、教师发展、学校管理、科研激励等方面,形成了多线协作的规划。

（一）课堂教学制度

我校以课堂教学模式为核心,在课题研讨交流会、行政会议、教研组会议、备课组会议等不同层面进行探讨与交流,最终确定了"弹性预设—互动生成"的课堂教学模式。

"弹性预设"体现的是教师在备课的过程中,通过分析学生的学情设计弹性的预设方案,即在预设时要考虑到如何在教学过程中给学生发挥创造性提供条件,如何留给学生自主构建知识体系的空间。

"互动生成"指的是在课堂中教师通过生生互动、师生互动等教学活动环节激发学生的创造力,鼓励学生提出问题并解决问题,从而促进学生对知识的理解和运用。

目前,"弹性预设—互动生成"的课堂教学制度让教师在备课上更加精细化,更以学生为本,而学生在课堂上也更加敢于提出问题,课堂在互动中促进了学习的有序和高效。

（二）教育科研制度

我校围绕着课题内容,以研训室为主导,各学科教研组为核心,制订了详细的课题研究计划,确立了校教育科研制度。

1. 研训室层面

研训室在课题研究的各个阶段,开展了各项教育科研理论学习和实践活动。在课题确立之前,研训室组织各年级、各学科开展教学问题探讨主题活动,鼓励广大教师畅谈教学中存在的问题,在问题中发现课题研究的切入口。课题确立初期,研训室开展了"如何撰写开题报告""情报综述的撰写方法"等系列讲座,加深教师们对课题研究的科学性认识。在课题进行的过程中,研训室组织各教研组开展大量与课题主题相关的听课评课活动,并搜集相关案例,意在让科研与实践相结合,避免课题研究的泡沫化。在即将结题之际,研训室召开了结题汇报会议,征求各学科教研组对完善课题的意见和建议。

2. 教研组层面

教研组是课题研究的中坚力量。在课题研究的过程中,各教研组在研训室干部的带领下,开展了以下活动:第一,集思广益,探讨教学中存在的问题,发现值得研究的教育问题;第二,参加课题研讨会议,学习教育科研的理论性知识;第三,组织开展与课题相关的实践课开课、磨课、评课活动,并完成相关案例的撰写;第四,在结题会议上,对课题的完善出谋献策。

(三) 教师培养制度

在研训室的组织统筹、教研组的积极配合下,课题研究得以有序推进,而学校的教育科研制度逐步趋于完善和优化。为培养青年教师、实现学校师资队伍的可持续发展,在我校校长、书记的支持下,研训室统筹策划,于2013年11月25日正式成立青年教师"新竹社","新竹"青年教师社团一共有19人,他们均有扎实的学科基本功、良好的教学素养,敢于展示自我,有较强的职业发展潜质。学校从课堂教学和教育科研两方面关注青年教师的专业发展。

1. 课堂教学

课堂教学是青年教师职业发展的立足点,也能为青年教师自己做课题研究奠定实践基础。"新竹社"以培养青年教师的教学技能和教学素养为出发点,开展了"名师进课堂"活动,开设了若干节骨干教师展示课和名师经验分享会,以榜样的力量鼓励青年教师学习优秀教师的教学经验,完善自己的课堂。此外,"新竹社"每月开展新教师师徒结对公开课活动,为新教师提供了展示的平台,并通过评课说课活动让新教师了解自己的优点和不足,从而促进其扬长避短,逐渐进步。部分青年教师还开设了与课题相关的实践课,在课堂实践中加深了对课题的理解。

2. 教育科研

学校注重对青年教师教育科研能力的培养和发展。在"新竹社"社长的组织统筹下,社团开展了课题撰写主题讲座,引导青年教师在主课题的基础上确立自己的子课题,选择可行的、具体的某一点进行子课题的研究,尝试为子课题撰写开题报告。在研训室领导的帮助指导下,青年教师们对自己的开题报告做出修改改进,并制订子课题研究计划。

学校抱着"青年教师决定着学校未来发展"的坚定信念,以"新竹社"为载体,以培养出教学、科研双发展的新世纪优秀教师为目标,为青年教师提供学习的机会和展示的舞台,推动着青年教师的专业成长。

(四) 长期激励制度

为了使更多教师能够参与到课题研究和教育改革的实践中,学校建立了有关激励制度,从目标激励、精神激励、环境激励三方面激励教师。具体情况如下:

1. 目标激励

目标任务是教师行为的风向标。学校设置了具体可行并有一定难度的目标任务激励教师明确自己的科研发展目标。

研训室组织了全校性的教育科研读书征文活动,鼓励教师要主动学习,提升自我教育科研修养,在读书的过程中对自己教学过程中存在的问题进行思考,为课题研究提供养分。此外,学校还设置了围绕课题的晒课评课以及案例撰写任务,激励教师注重实践,将实践与理论相结合。

在目标任务的激励下,教师们对教育科研的认识逐渐加深,看到了自己事业发展的前景并获得了个人价值实现的满足感,从而强化了目标激励的效果。

2. 精神激励

为鼓励教师参与教科研的热情,充分肯定教师在教育科研上取得的成绩,我校通过多种途径对优秀教师进行精神激励。

其一,尊重人才,在课题研讨会上表扬激励在课题实践课中表现优异的教师,并为其颁发奖项和荣誉称号。

其二,关心支持教师科研素质的发展。校行政领导干部积极参加各教育组开展的课题实践课,对教师的表现给予肯定。在课题研讨会上了解教师在研究过程中遇到的困难,并为其出谋划策。

3. 环境激励

我校为广大教师做课题研究提供了良好的人文环境和必要的硬件设施。

其一,在行政领导的带领下,教研组长统筹安排听课评课和课题研讨会,各教研组群策群力,齐心协力。学校也为各教研组搭建了展示的平台:在学校的课题研究展示会上,各教研组代表分享了课题研究中的收获与反思。

其二,学校为广大教师提供了大量的教育研究资料和网上图书资源,对优秀教师的实践课进行了录像,作为影像资料保存,为日后的研究提供了宝贵的资源。

在"科研兴校"理念的引领下,我校制订了"弹性预设—互动生成"的课堂教学制度;以研训室为主导,各学科教研组为核心的校教育科研制度;以"新竹社"为载体,以培养出教学、科研双发展优秀青年教师为目标的教师培养制度和以人为本、促进教师专业发展的长期激励制度。

综上所述,课题的研究和实践促进了学校制度的日益完善。

(五) 学校管理制度

有效的管理制度是课题扎实推进的重要保障。在课题推进过程中,与常规校长"包打天下"的认知不同,我们吸纳西方分布式领导的管理理念。分布式领导思想认为,校长的第一要务并不是直接改进课堂教学和学生的表现,而是树立目标、培养文化、发展具有共享价值观的学习共同体,而后通过分布于组织中各个工作团队的领导"流",来改进课堂教学和学生的表现。相较之下,教师才是教育改革的关键。因为他们不仅拥有学科专业知识,而且常年植根一线,真正了解学校课堂改革及自身发展之需求。

为此,在课题研究过程中,我们积极落实分布式领导这一民主管理制度,自上而下放权。校长是课题领衔人,但不是唯一领导者,以期打破行政藩篱、骨干与非骨干的界限,全员动员,"人尽其才,才尽其用"。具体做法如下:加强教研组同学科教师的对话交流,树立人人平等、智慧共享的意识。教研组层面,围绕课题推进中暴露的问题或延伸的新思考,群策群力确定研究主题。备课组层面,通过集体备课的形式,聚焦研究主题,寻找相关突破点,以此进行教案设计,并由同年级组两到三位老师开展同课异构。最后,教研组再次开展研讨,总结提炼成败得失,思考商议下阶段推进的主题。这种教学与研讨的方式已形成我校校本研修的特色,激励着教师不断探索课堂教学实践研究的生长点。

二、 基于问题与策略分析形成总体规划框架

基于问题分析,学校拟订了新时期规划的方向:

(一) 学科文化先进

学科文化先进有两个方面:一是关于学科理念,即对学科价值以及学科的育人价值的观念;二是关于学科建设的理念,即如何建设学科的观念。这两个方面是互相关联的,持有什么样的学科观念会直接影响如何开展学科建设。在学校里,每个学科教师对待自己所从事的学科工作都持有一定的观念,因此学科教研组都有以学科理念为核心的组织文化,有的是有着很明确的学科核心文化,有的则呈弥散的观念状态。

先进的学科文化应该具有正确的学科理念作为核心价值观念,此外还要有与之匹配的组织制度与行为准则。先进的学科文化包括学科课程文化、学科教学文化等。学科文化先进主要表现在有着明确而正确的学科方向与学科建设方向。学科方向是学科建设的基础。学科方向建设中要坚持不断地凝练学科方向,明确学科课程、教学的发展方向,以适应学校的办学方向与培养目标。

(二) 学科课程完善

学科课程完善包括学科门类丰富多样,可以为学生提供更多学习的空间。要确立适合学

校的学科课程方向,选择能更好地培养学生学科学习兴趣、掌握学科知识与能力等的学科课程内容,对学生学习学科能产生重大影响的学科课程,并以此为重点加强建设。重点建设的学科课程其方向应具有基础性、校本性,体现自身优势。要不断寻找学校学科发展的新生长点。学科建设变化很快,新的生长点能使学科建设充满生机,而生长点具有时代性、灵活性、不确定性,需努力创新和追踪。

（三）校本教法形成

学科教学是学科实现其目标的最基本形式。形成适应学校学生的学科教学法是学科特色建设的重要内容。对于中小学基础教育而言,教学方法是十分重要的。高等学校在学科建设中,课程标志着学科水平,而中小学必须十分重视教学方法。教师的"教"如何适应学生的"学",如何引导学生"学"是教师的基本职责。

学校的每门学科都应该根据自己学校的特点,依据学科本身的教学规律,充分研究学生学科学习的情况,积极探索与形成富有校本性的学科教学法。这标志着学校在学科建设最基本的领域中突出重点、有所作为。

（四）学生学习主动

学科建设成功与否的一个重要的标志是学生对这门学科的态度。一门建设成功的学科,学生大多喜欢这门学科,学习兴趣浓厚,学生会主动学习、掌握学科学习特点,运用相应的学习策略与方法。如果学生对开设的学科学习兴趣不高,则在一定程度上反映了这门学科的课程、教学、师资等方面存在问题。

学生是学科学习的主体,学习归根到底是学生自己的事情,学科教学如果没有学生的参与简直是不可想象的。学科建设的成功标识就是学生学科的学习成效。学生感受到学习成功的快乐,才能乐学。学生如果总是被学习失败的阴影所笼罩,他们迟早会丧失对这门学科学习的兴趣。提高学生学科学习投入率,可确保学生学科学习的成功率。

（五）师资结构良好

良好的学科教师队伍是学科建设的基本保证。学科特色建设更需要有一批富有学科课程与教学创新的教师。学科教师队伍不仅要有数量上的基本保证,而且要有一定的质量,具体表现为学科教师梯队结构的良好。

师资结构是指对教师群体构成情况的描述,比如性别结构、年龄结构、学历结构、学缘结构、智能结构、个性结构(性格、气质)等。通过对教师结构的描述会对教师群体有一个整体的认识。在学科建设中,优化教师队伍的年龄结构、学历结构和学缘结构,稳定骨干教师队伍,造就教学带头人、拔尖人才,形成和聚集一批有相当影响力的教学创新团队,建成一支整体水平较高、充满活力的能适应学校事业发展需要的师资队伍。学科特色建设中更要关注高层次人才的培养与涌现,充分发挥他们"领头雁"式的引领和集聚效应,以点带面,推动师资队伍学缘结构的不断优化。提升每个学科团队,建立以教师领导者为核心、专业结构合理、年龄结构合理的有创新能力的师资梯队。

(六) 教研质量凸显

教研质量是学科教研组水平的标志。教研活动的含金量反映了学科课程教学水平,也反映了学科研究的水平。教研质量不是以教研形式与主题为标准,而是以教研中教学探讨、研究的深度、效度为标准,也就是以过程的效果为质量的标准。高质量的教研标志着学科教研组的成熟程度,只有洞悉当前本学科的发展趋势,把握当前学校学生学习本学科的状况,才可能研究有价值的教研主题、找到适切的教研方式。跟风、漠视学科规律的教研不会取得真正的成效,也反映了学科建设的幼稚。

学科教研组教研的高质量需要有良好的教研生态,包括多种教研组织、多种教研活动等形式。教研活动要通过多组织制度创新来保证多组织的建构,形成行政性组织、非行政性组织交互的多性能、多层次、多范围、多形式的教研组织体系。这种多组织教研使教师参与教研的选择性增加,适应度增强,教师的专业成长在教研活动中得以实现。多组织教研的教师角色的转换性,使教师的教学方式、学习方式、研究方式得到更多的关注,教师可以更好地参与和深入研究课程教材改革中存在的问题,并以研究为纽带,加强由专业研究人员与教师合作的学习性教研团队建设,逐步创建教研团队的活动制度、交流制度、评价制度和资源共享制度,从而促进教师专业发展的长期性和有效性。

(七) 科研水平提升

学科科研水平反映了学科组在学科特色建设中理论与实践结合的水平,解决课程教学实际问题的能力,以及对学科发展前沿的把握水平。教育科研是针对教育现象中一些不确定的问题,运用科学的方法进行探索,进而揭示其本质和规律。教育科学研究是学科发展的内部动力,是学科走遵循规律内涵发展的道路的必然要求。学科特色建设离不开教育科研,学科教研组应该有学科课题,建立起课题群,以学科组的主课题为龙头推进学科特色建设,同时设置一批小课题,鼓励教师在课程教学上的自主发展。

在学科特色建设中科研的价值取向是基于问题与发展,科研成果要注重实用与创新,以此促进学科特色建设。学科科研是教师专业成长的有效途径之一,教师结合自己的教学开展科研,提高自身的研究能力,从科研中拓宽自己的专业知识,从科研中转变自己的教育观念,从科研中发展自己的专业化知识,从科研中改变自己的工作状态。因此学科组的科研水平与课题研究成果是学科特色建设的重要标志。

(八) 教师领导者涌现

教师领导者的涌现是学科特色建设又一标志。学科建设的核心力量是教师,教师是学校课程教学的主要实践者,因此教师应该成为学科建设中的领导者。教师领导力是教师通过专业权力以及自身的专业知识、能力以及一些个性特质方面的因素共同作用形成的一种在学校群体活动中的影响力。教师领导者不仅指传统的教研组长,更指在学科活动中自然形成的具有影响力的教师。教师领导者往往在学科建设中表现出很强的领导力。这些教师领导者在学科活动中,通过自身的专业权力以及所具有的非权力性要素(如教师本身的知识、能力、情感等)相互作用,形成对活动中的其他成员产生的一种综合性影响力。他们的领导力来自教师专业权力、在专业发展中的参与决策的权力、参与教研的权力、参与评估的权力等,也有部分来自教师自身所具有的影响力,比如由教师的知识、能力、情感等形成的综合性影响力。教师领导者在学科特色建设中有着很强的能量。他们由于专业水平高,在学科活动中能起到自然影响力而非包装的影响力,这样的学科领导者能促进教师之间的沟通和理解,使教师之间分享经验,激发课程教学热情,促进教师不断学习,获得自我发展,促进课程领导的人文环境改善,以及决策、执行和操作各层面之间的和谐。

同时,学科特色建设中学科教研组长是很重要的学科建设领导者。教研组长应该是学科建设的领导者,在学科组织中有很大的影响力,这体现了学科建设中的专业领导。特别是教研组组长的这种影响力来自自身的专业影响力,学科特色建设的方向把握与实践的成效很高。

(九) 公共关系开放

学科特色建设应该是开放的,环境闭塞、视野短浅只能导致学科特色建设迷失方向。中小学现在存在着一种较为普遍的现象,谈论学科专业是往往用一般通用的"以学生为本""德育渗透""三维目标"等话语表述,缺乏自己学科的专业语言,不少教师连自己学科的学科能力是什么都不知晓。这是由于真正意义上的学科讨论与交流很少,教师没有养成独立思考与学术讨论的专业习惯,更重要的是对开放缺少正确的态度,惯于被动吸纳,导致学科专业上做"思想懒汉"、说套话成习惯。

学科特色建设中要有一种积极开放的公共关系。这种积极的开放关系的核心是以科学态度开展专业交流。学科组的对外开放表现在两个方面:一是学科教研组及其成员保持与校外的专业机构与同行的联系,能获得广泛的学科信息,得到专业支持;二是能对外开展交流,交流学科组与成员的学科方面实践与研究的成果与经验,并展开深入探讨,由此对外产生专业影响力。

(十) 学科成绩显著

学科特色建设的成效必须是学科发展成效显著,首先应该在校内领先,学科发展取得明显成效,然后在某一方面或者全面达到一般或者超前的发展水平。

学科发展的成效明显应该是可以检测的,为社会与同行所公认的。这里的"公认"有三层含义:一是同行的公认,不是炒作出来的,具有真实的信任度;二是科学的,经得起时间的检验;三是学科建设成效能以学生的发展为表征,这是最为重要的。学科特色建设的成绩不能以教师的发展为表征,例如名师不以优秀学生的培养或者学习困难学生的转变为表征,而以获得教学奖项为表征,重在是否有真才实学。

中小学学科建设的学科成绩与大学也有不同,大学可以以学科学术成就,例如获得学科理论重大突破、学科上获得国内外奖项来表征其学科发展水平,而不一定以学生的成就来表征其学科水平。但是中小学必须以学生学科上的成绩来表征学科建设的成效。因此这条学科特色建设标准要求学科建设不是以"特"为特,而是"特"在遵循学生学习规律、促进学科建设的水平上。

三、"新优质"探寻方案的初步确立

多线协作的规划为学校"新优质"提供了全方面的支持,在系统的问题分析与方向展望基础上,学校牢牢抓住"教师、教学、教研"的生命线,分"三步曲"初步确立了"新优质"探寻方案。

新思想 优策略 质卓越——"新优质"探寻方案

2011年岁末,我校有幸加盟"上海市新优质推进项目"。迄今,怀揣着对教育梦想的憧憬,"打破常规,更新思想;挑战自我,优化策略;提升品质,追求卓越"已成为新世纪学校行走于"新优质"路上的精神导向。回首来路,从对"新优质"的懵懵懂懂,到专家点拨后的振聋发聩;从探寻"新优质"的山重水复,到开展"特色学科建设"的柳暗花明,一波三折,颇具回味。下面,我将与在座分享我们探寻"新优质之路"的历程。

一、感悟"新优质"之精神

"新优质"是贯彻落实国家及上海市规划纲要精神,实现基础教育价值取向和质量评价标准转型之选。"新优质"是对当下具有较强竞争性的教育体制的审视与反思,表达了对教育民主、公平、均衡发展的诉求。结合系列培训学习及我校的实际探索,我认为"新优质"的精神主要体现在以下四个方面:其一,反思"应试教育"短视行为,着眼学生长远发展;其二,批判"教学功利"浮躁心态,倡导多元培养模式;其三,冲击"教材至上"惯性思维,提升课程开发力度;其四,突破"论资排辈"既有定位,激励学校转型发展。

二、探寻"新优质"之所在

如果说参与"上海市新优质推进项目"的43所学校是上海市教育田野上的43朵花,那么探寻学校"新优质"之所在则是探寻奇葩绽放之所在。为此,我校行政人员携全体教工,群策群力,共同探寻我校"新优质"之所在。其历程,姑且用"三步曲"称之。

第一步:苦练内功——寻找学校"最近发展区"

2011年年底,我参加上海市教委组织的"新优质学校"校长培训,并利用寒假,对我校已有优势及发展空间做进一步梳理,力求寻找学校最近发展区,并于寒假后开学第一天,向全校教工开设培训讲座,以期形成共识,谋求发展。

已有优势：

(1) 已形成富有我校特色的校本研修体制，并取得显著成效。我校从个体研修、团队研修、区域研修三个层面多举并行，助推教师专业发展。迄今，各教研组已形成丰富多元的教研模式，且在市、区级优秀教研组评比中获得佳绩；师资队伍建设呈现科学、合理、可持续发展的态势。

(2) 已打造适应我校特点的学科专业委员会，并发挥示范引领作用。以各学科骨干教师为成员，以"自由生培养""中、小学衔接"为核心项目，以师徒带教、教学论坛等任务驱动，充分发挥骨干教师在教学、科研等方面的引领辐射作用。

(3) 已形成契合我校转型发展的新办学理念，并形成学校精神方向标。以"修礼仪之道，塑严谨之风，强健美之体，育创新之才"为新办学理念，以"办一所礼仪之风畅行、教学质量上乘的九年一贯制学校"为办学目标，以"培养知礼善学、乐群尚美的人"为培养目标，以"气正爱满　慎思笃行"为校训，以"尚德、精业"为教风，以"厚基、明理"为学风。办学新理念淡化了教育的功利性，从塑造"人"的角度出发，对师生在德、智、体、美方面的发展予以新的诠释。

发展方向：

(1) 教师教育教学行为仍受"应试教育"的羁绊，"减负增效""课堂增值"策略有待进一步探究完善。

(2) 当前学校生源参差不齐，部分教师对教育教学瓶颈分析存在外部归因倾向，在如何正视学生差异、树立资源意识、挖掘开发学生潜力方面有待进一步提升。

第二步：大胆剖析——全面展示学校条线工作

2月29日，市"新优质学校推进"项目组领导专家一行莅临我校。项目组以"思变求新，创优品质"为主题，从学校学术团队的构建、办学理念的更新、龙头课题的推进、礼仪教育的开展、校本课程的开发等方面大胆剖析，为与会来宾全景式地展现了学校发展面貌。与会者充分肯定了我校扎实的基础工作，还从梳理学校历史发展渊源、发挥九年一贯制学校特色的策略、教育立意应高瞻远瞩等方面着重提出开展特色学科建设。与会者从不同角度提出了一些自己的看法与建议，激励我们进一步寻求"新优质"之路。

第三步：目标聚焦——规划"学科特色建设"

环绕学科特色建设还是特色学科建设展开了深入的讨论，经过理论评析与一段时间的实践，我们越来越认识到学科建设中的"特色"必须符合教育均衡与学生全面发展的总原则，而不是为了特色而牺牲学生的全面发展。以"依托学科特色建设，提升学校办学品质"为主题，我校明确了"新优质学校"发展的方向，这就意味着每门学科都应该以其特色——高品质，促进学生学好各门学科。学科建设是学校教育教学改革和发展的根本所在，致力学科建设,通过构建丰富多元的课程体系、打造充满活力的教师团队、开发优质高效的教学资源、打造各门高品质学科吸引学生、培养多元多样的学习方式、营造乐学善思的校园文化等,可以提升我校的办学品质。据此,从学科课程建设、学科教学建设、学科团队建设、学科课题研究四个维度上的做深做透、做好上凸显特色,从宏观的实施路径到微观的具体举措对学科特色做了合理的阐释。"学科特色建设"作为我校"新优质"之所在,增强了我们开展学科特色建设的信心,激励我们进一步寻求切实可行、行之有效的实施策略。

三、开发"新优质"之路径

在探寻"新优质"路径过程中,我们坚持了从四个维度与一个保障上实践,并重新规划。

(1) 学科课程建设:

选取切入点,倡导教师小切口、深挖掘;

具体实施中,倡导教师小步伐、稳推进;

成果提炼时,倡导教师小细节、勤积累;

课程编制时,倡导教师小而精、重实效。

(2) 学科教学:

鼓励教师提炼"教学主张",锻造教师的教学风格;

依托学校龙头课题《基于"双案"联动的"弹性预设—互动生成"课堂实践研究》,彰显教与学、师与生双边联动的特色;

进一步提炼"资优生培养""中小学衔接"的特色之处。

(3) 学科团队:

依托学科专业委员会,发挥教研组长引导力,从特色学科建设的理念建构力、发展决策力、活动策划力、资源开发力、团队组织力、课程创新力、课题研究力等方面,提升师资队伍水准。

(4) 学科研究:

为保障学科特色的方向正确,以及学科特色主题的合理,必须开展学科课题研究或项目实践,在研究中把握学科特色建设的规律,在学科特色建设的规律指引下实践。各学科组确定课题与项目,并组织实施。

其次,从学校层面,有计划、有步骤地实施跟进。一是,学校成立学校"学科特色建设"项目组(见表①)。二是,学校积极动员各学科群策群力,寻找突破点,制订切实可行的学科建设方案。三是,基于各学科建设规划方案,学校将从整体上宏观构架学科建设方案。四是,出台相关评估细则(见表②)、《宝钢新世纪学校学科特色建设方案》《宝钢新世纪学校"学科特色建设"项目组分工职责表》《宝钢新世纪学校"学科专业委员会"成员职责条例》《宝钢新世纪学校"学科特色建设"奖励明细表》《宝钢新世纪学校"学科特色建设"规划方案》及具体学科相关规划方案等规章条例,并以学期为单位,为每个学科组拨发一定的研究经费,并就具体实践研究中教师的需求校方给予鼎力支持,为"学科特色建设"保驾护航。

表① 宝钢新世纪学校"学科特色建设"项目组

职　责	人　员
项目总领导	施忠明
项目分管领导	陆颖丹　朱思恩　王支明
项目核心组组长	刘娟
副组长	张亚萍　周晓艳
项目核心组成员	张晓东　彭芸　吴惠琴　王英　徐月华
项目组其他成员	我校学科专业委员会相关成员

表② 宝钢新世纪学校"学科特色建设"评估细则(讨论稿)

评估内容	评估细则
学科课程建设	①是否开设学科"特色课程";②开设"特色课程"的成效;③学科特色亮点的提炼;④学科课程案例的积累;⑤校本课程的开发
学科教学建设	①是否提炼"教学主张";②落实"教学主张"的成效;③学科规划方案的研制;④教学风格的完善;⑤课堂面貌的更新
学科团队建设	①参与项目的积极性;②推进项目研究的作用;③阶段性成果的呈现;④对教师的引领示范性
学科研究成果	①独立开发校本课程;②出版个案研究文集;③子项目研究成果显现;④教学及科研方面成绩突出

这份"施工图"极大地激发了学校与教师做出改变的积极性与自信心,开始形成一种自上而下规划发展方向、自下而上撬动变革的氛围。在之后近十年的发展中,学校在管理模式的转型、课程体系的重构、学科建设的精致、教师发展的唤醒等方面取得了重要突破。学校整体教育质量获得极大提升,教师发展、学生成长、社会认同都取得重要发展,真正在行动中体现了"走向新优质"。

第二章

清思：学校管理转型

第一节　学校理念的破与立

一、办学理念：修礼仪之道，塑严谨之风，强健美之体，育创新之才

办学理念是学校文化教育底蕴的积淀，是学校形象定位与传播的基点，它对内激励教师为学校的办学目标而奋斗，对外展示学校的价值追求。

教育的宗旨为培养德、智、体、美等方面全面发展的社会主义事业的建设者和接班人。遵循此宗旨，秉承"以人为本"的原则，我校办学理念在原有基础上推陈出新。"修礼仪之道"意为：弘扬孔儒思想，遵循礼仪之道，教师要为人师表、以礼育人、以德化人；学生要完善自我、修礼以道、修身以德。"塑严谨之风"意为：优化教风学风，启迪学习智慧，教师要严谨治学、锲而不舍、诲人不倦；学生则谦虚好学、勇于探索、科学求知。"强健美之体"意为：强健肌体，实现身心和谐，使师生共享美好人生。"育创新之才"意为：传承文化，繁衍智慧，推陈出新，教师以开创进取之精神，引导学生"异想天开"，启迪学生"敢想敢为"，鼓励学生勇于创新。

二、校训：气正爱满　慎思笃行

校训是学校制订的对全校师生具有指导意义的行为准则，是对学校办学传统、办学目标、办学特色的高度概括；也是学校面向社会的一种精神标志。我校校训旨在呈现学校精神风貌既充满正气、洋溢爱意、温馨和谐，又有慎思笃行、知行合一的学院风范。

具体言之，"气正"是学校精神文化的表征，体现个体成员、单位集体良好的风气、整体的素质和形象，"气正"才能风正，风正才能人和，人和才会有凝聚力、战斗力。"爱满"意指目中有人、心中有爱；施爱于人，大爱无疆。"气正爱满"旨在在师生间弘扬正气，教师要敬业爱岗、爱生爱校；学生要乐于求知、爱己爱人。"慎思笃行"出自《礼记·中庸》十九章："博学之，审问之，慎思之，明辨之，笃行之。"原指为学的几个层次，简言之，做学问要博学广知、善于发问、审慎思考、践行真知。校训中的"慎思笃行"则延续古人治学、求学之风，学思结合、知行合一，教师要"教""研"结合，学生要善学善思、身体力行，师生共同将机械的知识变成灵动的智慧。

三、教风：尚德精业

教风是教学风气、教师风范的综合体现。从某种意义上讲，教风是一所学校崇高的精神旗帜。良好的教风，凝聚学校教工精神的精华，是学校持续发展的动力。

我校教风旨在凸显教师师德至上、精业乐业的内涵，以期打造一支崇尚师德、身正垂范、敬岗爱业、精益求精的教师团队。师德是教师的道德意识、道德关系和道德活动的总和，是体现教师素养的核心。"尚德"意为崇尚师德。"身正为师，德高为范"是对教师师德的规范，"一日为师，终身为父"则体现教师师德影响之重要。提高教师师德风尚惠及学生道德品性的养成，利于丰富学校发展底蕴。为此，"尚德"成为我校师风建设之首。"精业"，基于"敬业"。中国古

代著名思想家朱熹曰："敬业者,专心致志以事其业也。"即从业者要敬重自己的职业,兢兢业业、埋头苦干。"精业"从字义言之,以恭敬之心履行职责,精益求精、力求完美。由此可见,"精业"是"敬业"的升华。对教师职业、职责的描述古已有之,"师者,所以传道授业解惑也"。面对当今复杂的教育教学现状,单纯以知识传授描述教师的职业责任明显已属狭隘。为更好地履行教师的职责,不断提升自身专业素养、团结互助分享教学智慧、精益求精提升育人技能、乐于奉献爱满于心等,便成为我校校风"精业"的内涵。

四、学风： 厚基明理

学风是衡量一所学校办学水平的重要标志。良好的学风有如巨大的精神力量弥漫整个校园,熏陶和感染着每一个学生,简言之,学风正,学校才能更好地实现教育的价值。

我校学风立足九年一贯制学校注重夯实基础的特点。"厚基"内涵丰富,泛指夯实知识之基、道德之基、礼仪之基等。"明理"涵盖为学与为人,就为学之道而言,不拘泥于书本知识的机械记忆,贵在思考探索其中的道理,旨在树立科学的学习观,为学生的探索求知指明方向;就为人之道而言,做人要明白事理,严于律己、宽于待人、讲礼貌、重修养等,旨在引导学生树立正确的人生观、价值观,为其人生之路导航。

五、办学目标： 办一所礼仪之风畅行、教学质量上乘的九年一贯制学校

中华民族,以"礼仪之邦"享誉于世。"礼"是规,是天地自然之道,也是德。"仪"是矩,是准则,是治国和做人的尺度。礼仪,是文明的象征、道德的规范。人类社会要发展,必须弘扬礼仪之道,学校教育要发展也必须凸显礼仪之重要。

我校办学目标兼顾育德与德育、授业与学业。"礼仪之风畅行"意为：学校倡导礼仪,教师"以德至上",恪守师德,身正垂范;教育以"德育为先",学生彬彬知礼,道德高尚。"教学质量上乘",既是教师教书育人的价值追求,也是衡量学生学习水平的外在标准。我校的办学目标勾勒了学校的发展愿景,即通过全校师生不断的努力,让学校成为文化知识传播的殿堂、学生生活学习的乐园、教师专业发展的舞台、社会认可满意的教育阵地。

六、学生培养目标： 培养知礼善学、乐群尚美的人

培养目标是教育目的的具体化。教育的目的在于促进人的全面发展。立足我校办学实际,我们的培养目标基于当下,放眼未来,以"人"为核心,致力于培养一个具备知书达礼、乐学善思、团结友爱、情操高雅、身心和谐等良好素质的人。

具体而言,"知礼善学"兼顾德育、智育。孔子说："好学近乎知,力行近乎仁,知耻近乎勇。"(好学的人,离智者也就不远了;无论何事都竭尽所能去做的人,离仁者也就不远了;时时刻刻把"荣辱"二字记在心上的人,离勇者也就不远了。)古人的智慧警示我们知行合一、德业并举之重要,为此,围绕"立德树人"的教育宗旨,我们不仅要培养学生乐学善思的求学态度,还应关注

学生的道德修养、人格塑造。"乐群尚美"着眼于美育,"乐群"意为乐于合作、融入群体,克服一己之私欲,在集体中悦纳他人,善于团结、乐于分享、荣辱与共,在提升集体智慧中实现自我的升华。"乐群"是一种美德,是人的德性品行的外在显现。较之"乐群"塑造的外在美,"尚美"则更注重内在美的铸造,即通过组织丰富的学校精神文化生活,让学生体悟艺术之美、自然之美、社会之美、科学之美等,培养学生的高尚情操,提升学生的审美情趣,进而鼓励学生认识美、鉴赏美、创造美。

第二节　组织机构的创与生

在"新优质学校"创建过程中,我们以"学校分布式领导力"为基础,以"让每一门学科为学生所喜爱"为理念,推进学科特色建设,提升学校课程教学品质,促进"新优质学校"的建设。在这个过程中我们深切体会到必须坚持理论思考实践创新。

"一个民族想要站在科学的最高峰,就一刻也不能没有理论思维。"依靠一个领导还是广大学校师生创建"新优质学校",办学的关键在什么地方,必须有理论思考。"领导力的范式转换",这是我们学校以分布式领导力推进学科特色建设的理论基础。我们依靠广大师生,相信学校领导力分布在多数人的手中,分布于整个学校、各个学校部门以及其成员中。我们坚持领导力分布于课堂教学第一线的人身上,分布于各种角色和职能当中,应该授予他们权力,让他们承担领导的责任并付诸行动。

构建一支富有责任感的团队,这是学科特色建设的组织保障。学校的成功与否将取决于能否构建一支富有责任感的团队。校长或学校的主要领导者对学校效能及改进具有十分重要的作用,但是教师领导力对于学校和学生的改进则更为重要。通过教师领导力来引导学校创新和变革,通过增强学校分布式领导力,促进学校学科特色建设,这就是我们学校创建"新优质学校"的战略思考。

一、厘清学科建设领导力主体认识

在对于领导力主体这个问题的认识上是有一个渐进的过程的。最初学校领导力是与身份、职位画等号的传统观念一直占据着主导地位,并且主要重点放在校长身上,推崇"英雄校长观"。与此同时,也有学者呼吁应该赋予领导力新的诠释,并呼吁进行"领导力的范式转换",以摆脱学校领导力的传统观念。国内外有众多研究者提出,"应该对传统领导力模型进行彻底的重新解读……在社会发展日新月异的今天,我们需要竭尽全力地寻找最具有适应性和灵活性的组织形式"。加拿大著名教育改革专家富兰也指出,"领导者以无所不能的英雄形象来实施学校管理并不能奏效。自上而下的指令和激励是推动学校改进的外部力量,但这在一定程度上还不够强大,还不足以形成动力机制以促使全体组织成员致力于学校改进。未来,学校的成功与否将取决于领导者能否挖掘出组织内部人力资源的潜力,能否提升自身的内涵和领导意识,能否构建一支富有责任感的团队。"在当今的时代条件下,要提升和改进学校课程显然不能再仅仅把领导力和管理问题看作高层管理者的专属领域,这样的趋势将越来越明显。在效能高的学校,领导力通常不只局限在高层管理团队,而是扩展到学校的其他群体当中,具有不同层次的领导力。这就显示,领导力应该视为"可转移的"或"可释放的"。最近,有研究者认为,在真实和复杂的教育情境中,传统的领导力理论不再具有说服力。理论家们正在呼吁领导理论的新视角,提倡在学校实行领导的分权、转移和共享。因此,需要对课程领导力的主体以新的视角予以认识,实施分布式领导时教师应当占据核心地位,强调教师参与领导的重要性。这就提示,当今国际上对课程领导力的主体已经从传统的走向现代。

过去我国长期实行课程的中央集权,2001年《基础教育课程改革纲要(试行)》中提出,"改变课程管理过于集中的状况,实行国家、地方、学校三级课程管理",对课程领导的认识有了一个新的起点。到2010年,随着校本课程建设的深化,对课程"三级"管理明确提出了"课程领导力",并主要指向"校长课程领导力"。可是有的地方还是盛行"校长课程领导力、教研员指导力、教师执行力"。随着教育领导力研究的深入,有学者在2011年初就对此提出了质疑,并组织课题开展教师领导力的研究。课程的领导力要从根本上改变传统的课程管理模式,首先必须确立课程领导力的主体,从而积极发挥教师、校长等课程领导的功能。这个问题实质上就是教育领导力与学校领导力的主体问题。某些地方在学校领导力,包括学科建设领导力上由于受课程领导力的"三力"影响,也产生了对学科建设主体的不当认识。因此厘清学科建设主体有利于学科建设的健康发展。

二、学校分布式领导力的主体结构

"当前中小学学校领导力得到了广泛的关注,但是不少关于学校领导力的论述与实践还是停留在传统的学校领导力上。一提到学校课程领导力就认为是校长课程领导力,这是一种错误的理解。学校课程领导力的主体是校长、管理人员、教师、学生、家长、社区人士等共同组成的共同体,以及这个群体中的个体。我们应该从这个逻辑起点来讨论学校课程领导力的问题。"组织或者个人的课程领导力并不意味着一个头衔或职务可以自动创造一种领导力。领导不是职务地位,也不是少数人具有的特权专利,而是一种积极互动、目的明确的动力。

学校领导力的主体标志是必须具备影响力和引领作用。因此,不具有领导力而只有地位与权力者,难以在学校工作中施以影响力实施领导,只能是命令强制,实际上缺失领导力的主体地位。没有领导职位者,也可以发挥其领导力,以其专业与人格影响力实施领导,例如教师课程领导力。学校领导力是指特定的人或者组织在学校办学的决策与实施上所具有的能力。

学校领导力分布为学校组织领导力与学校个体领导力。

（一）学校组织领导力

学校组织领导力是指学校作为一个组织整体，对其他组织和个人的影响力。这有三个层次：

1. 学校（整体）领导力

这是学校作为一个组织的整体领导力。学校作为办学单位所具有的学科领导力属于组织领导力。学校学科建设领导力主要通过、环绕着学校的学科建设活动表现出来的。学校学科建设领导力作为学校整体的领导力有着系统价值。这个层面的领导力涉及组织的文化、战略及执行力等。学校作为一个组织的整体所具有的学科建设领导力是学校学科建设领导力的表征，具有对系统的强大的影响力。学校学科建设领导力水平直接影响学校学科建设发展，学校学科建设领导力有着独特的地位与不可替代的作用。

2. 学校职能部门领导力

这是学校内的职能部门所具有的领导力，例如教导处、德育处的领导力等。这些组织在学校办学中表现出领导力，从而成为学校领导力主体的组成部分。学校学科建设领导力作为学校整体的领导力有着系统价值。这个层面的领导力涉及组织的文化、战略及执行力等。学校作为一个组织的整体所具有的学科建设领导力是学校学科建设领导力的表征，具有对系统的强大的影响力。

3. 教研组、年级组领导力

学校教研组、年级组在本组的活动中表现出来的领导力。这些组织是学校办学中教师的最基本的组织，因此在分布式领导力中具有特殊的作用。

（二）学校个体领导力

学校个体领导力是指学校组织系统里的成员个体在其不同的岗位上有着相应的领导力。学校个体领导力分布于：

1. 校长领导力

这是学校领导者的领导力。校（园）长是学校的法人代表，校长学科建设领导力是校长领导力的一个重要部分。校长在学科建设工作上负有全责。校长的学科建设领导力主要是指校长领导教师团队创造性实施学科建设，全面提升学校课程教学质量的能力，表现为在学校学科建设上的决策、引领、组织实践的能力。校长学科领导力表现在领导全校的学科建设，并贯穿于学校整个办学过程中，在学科建设活动的全过程中发挥影响力，带动全校师生共同实现学校发展目标，包括学科建设目标。

2. 职能部门负责人领导力

学校职能部门负责人的领导力是指学校的职能部门负责人在学校办学中所具有的领导力，例如教导处主任、德育主任等的学科建设领导力。这些学校职能部门负责人分工是明确的,分别承担学科建设工作的一个部分,他们在学校学科建设的日常工作中发挥课程领导力,主要表现出参与学校学科建设的决策、自己负责的职能部门学科建设的决策以及相关的学科建设实施管理、资源开发等。他们是学校学科建设工作操作上的组织者,是学校学科建设领导力系统中的重要环节。

3. 教师领导力

教师学科建设领导力属于非职位性领导力。非职位性领导力是指在组织中没有正式的领导职务人员所具有的领导力。在国外的文献中提出"非正式的教师领导力"这个概念,"非正式领导力是指不论教师是否担当某种管理职位,或被指派某种任务都能行使的领导力"。在传统领导中,教师领导力在学校中受到忽视,教师甚至被认为没有领导力,只有执行力。现代领导力理论发展的一个重要表现就是承认并强调非职位性领导力的重要性。只有广泛调动与不断增强教师学科建设领导力,学校办学与课程改革才有希望。

教师具有学科建设领导力,尽管他们不一定有领导职位,但是他们参与学校学科建设的决策,对自己从事的学科以及课程教学有着决策权,是难以替代的。教师学科建设领导力涉及一般教师,也包括教师领导者(teacher leader)。教师领导者是指有非正式职务的教师,例如,学校的教研组长、备课组长、项目负责人等。他们对学科建设负有一定的领导责任,需要很强的学科建设领导力。

三、学校学科建设领导力的客体结构

学校学科建设领导力是在指向学校学科建设的一定要素,例如学科建设文化、学科建设实施、学科建设资源等产生作用时表现出的导向目标实现的影响力。上述列举的学科建设要素是学科建设领导力指向的客体,学科建设客体不等于学科建设领导力,客体是领导力的作用对象。没有这些客体,领导力就没有作用点,也无法表现其领导力。学科建设领导力也一定体现在这些学科建设的客体上。学校学科建设领导力的客体结构由七个要素能力构成。

(一) 学科建设的理念建构力

学科建设理念建构力是指对学科建设文化,尤其是学科建设文化的集中体现的学科建设理念的主题确定、内涵解释、物化表征等的形成与培育能力。学科建设理念是学校办学思想在学校学科建设上的集中反映。通过学科建设理念的滋养可提升学校学科建设领导的实践品质。学科建设理念建构力在本质上是学科建设价值领导力的体现。

学科建设文化是学科建设范畴的特定文化和精神产物。学科建设理念的建构需要选择与确立学科建设的核心价值,必须回答"学科建设是什么""什么样的学科建设是有价值的""学科建设的主体"等问题,就是关于学科建设的哲学。观念是行为的先导,学科建设理念是学科建设领导力的内核,学科建设领导首先是学科建设理念的领导。

学科建设理念建构首先要求学科建设领导者必须把握学科建设的本质、价值与作用,从内

心深处认同学科建设,建构先进的学科建设理念,明确学科建设建设的方向。其次,增强在学科建设理念建构上的领导意识。只有充分意识到学科建设文化与学科建设理念的领导力功能,认识其在领导作用上的重要性与必要性,才会形成学科建设建设上的自觉、主动的行动。要通过学科建设实践,使教师认同学校学科建设文化,并聚焦为学科建设发展目标。再次,教师团队要增强学习能力,自觉加强理论学习,通过各种渠道广泛吸收国内外学科建设信息,独立思考,坚决摒弃"鹦鹉学舌"的学习风气。

（二）学科建设的发展决策力

学科建设发展决策力是指对学科建设发展在获取与把握基本情况的前提下做出分析判断,并提出行动方案或者举措的能力。学科建设决策是学科建设行动的第一步,决策错误必将导致学科建设行动的失败。学科建设决策能力表现在监控与评估学科建设实践中特定时间点正在发生的状况,认识到许多不同行动方案与方式的可能,依据一定规则与理由选择一个方案与举措,评估选择的结果。

学科建设领导主体在学科建设决策时要对学校的办学理念、办学目标、办学特色以及学科建设发展的条件,以及实施学科建设的内外部环境等有准确的把握和敏锐的洞察,形成正确的学科建设决策。学校学科建设决策主要包括学校学科建设发展的规划、学科建设实施计划以及学科建设领导行动等。学校学科建设发展规划对学校学科建设决策起着关键的导向作用,必须予以充分的关注。学校学科建设决策力的发展需要有计划、有步骤地培养,特别是不能用行政拍板方式来代替专业的决策。学科建设决策的关键是确定学科建设发展的目标。学科建设发展目标的正确性不仅影响政绩目标是否能实现,更关乎学生成长的生命价值是否被消蚀。

提升学科建设决策的领导能力,要增强学科建设意识,要引导教师积极参与决策,提高所决策的学科建设规划、计划、方案等的质量。增强学科建设创新意识,以科学的精神解决学科建设中面临的困难问题,探索学科建设发展中的新问题。

（三）学科建设的实施管理力

学科建设实施管理能力是指实现学科建设目标过程中所表现出来的学科建设管理与实施的行为能力。学科建设管理可以表现为正性行为,起到积极推进学科建设发展,落实学科建设目标;也会出现负性行为,起到消极的阻碍学科建设,影响学科建设目标的实现;还会有零性行为,即不作为。学科建设实施能力强的领导对于学科建设的实施的目标、内容与形式有清晰的理解,并能以正确的学科建设理念引导自己的学科建设领导行为,而学科建设领导能力较弱者的学科建设价值观模糊,在学科建设领导中对应该做什么不清晰,行动摇摆不稳定,反复无常。

学科建设领导也体现在学科建设实施过程中,学科建设实施的过程需要通过学科建设管理的过程。学科建设实施管理能力主要表现在对学科建设标准的贯彻、学科建设计划的实施、学科建设的落实、学期学科建设工作的实施、教研活动的安排与落实等。要注重基础型学科建设、拓展型学科建设和探究型学科建设的实施,对学科建设校本化的推进,重视对校本学科建设的领导,促进学校适应学生发展的需要。

学科建设实施能力的增强需要良好的环境与条件。首先是授权,这是领导的基本要义,没有明确的授权,没有职责权的界限,学科建设执行人员无法大胆操作。没有充分充分的信任,难以调动学科建设执行人员的主动性,激发他们的创造性。加强对学科建设实施过程的领导,就要关注提高学科建设实施的有效性和到位度,尤其提倡在学科建设实施中的专业支持。

(四) 学科建设的资源开发力

学科建设资源开发能力是指按照学科建设发展的需要,开发、运用与整合各种学科建设资源的能力。学科建设资源是形成学科建设的因素来源与必要而直接的实施条件。学科建设资源有两大类,一是素材性学科建设资源,能够成为学科建设的素材或来源,例如知识、技能、经验、价值观等;二是条件性学科建设资源,其作用于学科建设,在很大程度上决定学科建设的事实范围和水平,但并不形成学科建设本身的直接来源,例如实施学科建设的人力、物力、时间、场所、设施等;另外,对学科建设的认识、学科建设价值观等也属于条件性学科建设资源。学校学科建设资源开发要有利于体现学科建设的多样化、个性化和综合化,让学科建设适应每一个学生的发展,也有利于学校在均衡发展的基础上个性化发展,为在学科基础性建设上形成学校学科特色建设服务。

学科建设资源开发能力主要表现在开发与运用整合上,学校范围内要提高满足学校对学科建设资源的需求能力,注重开发必要的学科建设资源,形成资源提供的机制、共享的机制。学校学科建设资源开发能力还要充分整合校内、校外与社会资源。提供制度安排使学校不仅要充分利用、发掘校内学科建设资源,还要积极整合、开发校外学科建设资源,建立学校与社会的沟通渠道,争取学科建设资源的合理利用。要合理开发和利用地方学科建设资源,特别是家长和社区的各类学科建设资源,重视社会实践基地建设,并通过多方面的合作来丰富学科建设资源。

(五) 学科建设的团队组织力

学科建设团队组织力是通过合理的组织机制,运用多种激励方式,调动团队成员为实现学校的学科建设目标凝聚在一起分工合作,形成与发展学科建设团队的能力。学校学科建设团队组织力的一个显著特点是学科建设组织多,从而形成多层次、多功能的学科建设团队,它们在纵向上形成学校的多级学科建设组织(校长室、教导处、德育处、教研组、备课组)到校外的非行政性学科建设组织(区学科中心组、教研协作组等),直至区级的多级学科建设组织(教师进修学院、教研室、德育室、培训部等)。在横向上、各层次上都有多种学科建设组织,例如学校的教导处与德育处有着学科建设工作上的联系。这样,学校的学科建设组织有着纵横交叉的互动,形成学校学科建设组织体系。

学科建设团队组织力不仅表现在使各学科建设组织有序运行,发挥其最大功能,也表现在使各组织内的教师等的学科建设领导力与学科建设实施能力获得充分的施展。学科建设团队组织能力很重要的指向是整合团队学科建设领导力与个体学科建设领导力。要注意有的学校内个体的能力很强,但是其所在的团队形不成合力,整体功能小于其成员个体能力。这种团队可能在团队的组织机制上存在问题,例如缺少民主精神、缺少合作氛围、缺少尊重创新等。学科建设团队必须清醒地认识到,只把教师看作学科建设中的被领导者,使他们处在被动地位,是学科建设组织领导力不足或有缺陷的表现,可表现为观念上的错误,也可能表现为领导模式或者行为上的错误。

（六）学科建设的评价运用力

学科建设评价运用能力是指对学科建设工作目标、学科建设工作的决策、实施等环节、学科建设工作实效的评估,以及对学科建设本身的设计、实施等方面进行评价的能力。这表明学科建设评价应该在两个方面展开:一是学科建设领导工作的评价,二是学科建设工作评价。学科建设评价运用能力应该指向学生、教师和学科建设三者的可持续发展,要注意不能以对教学的评价代替对学科建设的评价,更不能以学科建设评价代替学科建设领导评价。

学科建设评价运用力是要有明确的评价价值取向,这是指学科建设评价所体现的特定的价值观。评价的取向支配或决定着评价的具体模式和操作取向。学科建设评价价值取向一般有三种:目标取向评价,这是把评价作为将学科建设实践结果和预定学科建设目标相对照的过程;过程取向评价,这是把学科建设主体在学科建设开发、实施过程中的全部情况纳入评价范围,关注学科建设实施的过程本身的价值;主体取向评价,这个取向重视学科建设评价是评价者与被评价者以及学科建设要素共同建构意义的过程,表现出对作为评价主体的师生的尊重。这三种取向各自有着自己的特点,应该根据不同的评价任务与目的,适当地采用学科建设评价取向。

学科建设评价要指向学科建设的整体设计与实施,学科建设目标是否明确,学科建设内容与形式是否合理,同时要关注教师的学科建设意识、学科建设能力、学科建设行为是否符合学科建设改革与发展要求。学科建设评价应该采用多元评价、多层面的发展性评价,提升学科建设评价的运用能力。

（七）学科建设的研究引领力

学科建设研究引领力是指以科学研究的方法论为基础,以解决学科建设的实践问题为导向,以理论与实践相结合引领学科建设与学科建设领导的深入发展的能力。学校学科建设领导力主要是通过专业引领产生影响,推进学科建设领导与学科建设建设。

学科建设研究引领力的本质是引导教师与校长以创新精神、以科学的研究方法解决学科建设实践问题。提高学科建设研究的引领力,是促进高品位学科建设领导的必要条件,也是高质量学科建设的需要。学科建设领导者必须认识到学科建设研究引领力是学校学科建设领导机构的硬实力,更是核心竞争力。

学科建设研究引领力主要表现在引导学校及其成员对学科建设的设计、开发、实施与评估等,还要引导他们对学科建设领导的模式、领导行为等沿着正确的方向实践。学科建设研究引领要聚焦实践中的问题,要通过调查研究确定重点研究方向与课题项目,以提高学科建设实践水平为导向。同时要注意理论指导。当前学校最缺乏的是应用性理论的指导,要将理论与实践结合,用理论解释学科建设实践中的现象,用实践丰富学科建设理论。对国内外有关学科建设领导力的研究进行分析和梳理,为学校领导提供实践验证依据与理论支持。加强理论与实践、试验与推广相结合,建立加强研究成果及时转化为学科建设实践的机制,更好地发挥引领实践的作用。

第三节　学校文化的生与拓

上海建设"新优质学校"提出的新理念——"办好每一所家门口的学校",确立了义务教育阶段的一批不挑选生源、没有特殊资源、没有特殊文化积淀的普通公办学校从普通走向优质的成长。基于这样的上海义务教育公平均衡发展的理念,我校以"基于分布式领导力创建新优质学校"这个统领性项目推进"新优质学校"创建。这个创建的过程充分显示了先进的学校文化是"新优质学校"发展的基础。

"一个民族想要站在科学的最高峰,就一刻也不能没有理论思维。"我校要在不挑选生源、不争抢排名、不集聚资源的条件下办成老百姓家门口满意的一所学校,就必须根据我校实际情况,探寻我校"最近发展区"并努力寻找突破口。学科建设正是能够推动我校"新优质"发展的基石,只有发展好每一门学科并形成特色,才能从根本上增强和提升学校的核心竞争力,真正实现"新优质"。学科建设方案就是实现"新优质"的一个重要抓手,是一个突破点。

在"新优质学校"创建过程中,我们以"学校分布式领导力"为基础,以"让每一门学科为学生所喜爱"为理念,推进学科特色建设,提升学校课程教学品质,促进"新优质学校"的建设。在这个过程中,我们深切体会到必须坚持理论思考实践创新,才能走向"新优质学校"。

我们坚持学科特色建设的价值指向——让每一位学生都学好,提高学生的学习品质。各教研组确定学科特色建设的突破口,促进以教学方法改革、课程建设、教研质量提升、学科团队建设为中心。我校实现"重点突出,局部超越;均衡发展,整体提升",坚持"有所为、有所不为"。"突出重点"解决学科建设中的难点与重点,使之具备针对性,"均衡发展"强调每一门学科都要建设好。我们把这些归纳为"四个一":"每一门学科、每一节课、每一门课程、每一位教师"。我们学校正是以"让每一门学科为学生所喜爱(钟情)"为理念推进学校的学科特色建设。

依靠一个领导还是广大学校师生创建"新优质学校",办学的关键在什么地方,这必须有理论思考。"领导力的范式转换"是我们学校以分布式领导力推进学科特色建设的理论基础。我们依靠广大师生,相信学校领导力分布在多数人的手中,分布于整个学校、各个学校部门以及其成员中。我们坚持领导力分布于课堂教学第一线的人身上,分布于各种角色和职能当中,应该授予他们权力,让他们承担领导的责任并付诸行动。我校正是通过形成与发展学校分布式领导力,建构先进学校文化。正是这种合作性的学校文化,促进了师生、领导与教师间的合作性关系。这既是分布式领导的条件,也是分布式领导的结果。分布式领导使我校正式领导与非正式领导之间实现了有效的合作领导。全体教师在学校的不同层面和不同领域发挥着领导力。这种有效的领导策略必须以合作性的学校文化为前提,同时它也促进了学校的合作。

第四节 学校认同的增与长

一、教师认同是学校发展的基石

长期以来,人们往往提倡校长的课程领导力,一线教师则被视为教育改革的"接受者",学校课程工作的执行者,而非制订和发起改革的"领导者"。分布式领导思想不认为领导力只源于组织的"高层"和"上级"。领导力被视为一种集体的能力,是将所有教师凝聚在一起,促进自身专业成长和发展,以及改善教育服务的"纽带"。

为此,在学校校本课程建设中,在国家课程基础上秉承"满足学生学习需求,让每一门课程让学生感兴趣"的理念,首先,要从意识上认识到:教师不仅仅是课程实践者或执行者,也是课程改革的核心力量,是课程领导者。课程领导的目的旨在促进学生有效地学习。随之,在校本课程开发中,要创设宽松民主的氛围,激励同学科教师发挥自己专业知识所长,集思广益,共同寻找该学科开发校本课程的立足点,基于自愿与教研组长任务分配相结合的原则,每位学科组教师成员均能量力而行,承担相应的任务。通过教师自我学习和组内交流研讨,激发教师的创造性,实现组内教师智慧共享。如今我校已开发魔"数"世界、有"声"英语、积累感悟式语文、非常有"戏"等多门校本课程,为学生开启了快乐学习之旅。学校秉着独特的民主管理思维,打破了学校管理中人为的藩篱与界线。在我校学科特色建设推进中,从学科建设规划方案的出台到"教学主张"的提炼,从课堂教学特色的提炼到校本课程的开发,处处彰显出尊重教师个体、激活群体智慧的思想。

在改革探索过程中,教师以积极主人翁意识,融合集体智慧,在参与学校改革之中实现了自身价值,教师对学校的认同感、归属感以及职业满足感和幸福感也不断增强。

二、学生的认同是学校发展的标识

改革发展中的学校教育需要关注每一位学生的发展,以人为本,因材施教。让学生在成长中获得,让学生在获得中形成认同,是学校办学的价值取向。我们学校通过学科特色建设,建立丰富的课程体系,为丰富学生的学习经历奠定了学科课程基础。教师的"教"为了学生的"学",学生在学科学习中成长,他们的成长成为了学校高成长性的标志。以下将以微故事形式呈现学生对学校改革发展措施的认同。

故事1 学科特色 实现"双赢"

学科特色建设使我的教学发生了很大的转变,在语文教学中我注重回归本体——学习语言上来,不再大量地进行知识的灌输和理性的分析,把教学重点移到指导并帮助学生"感受、领悟、积累、运用"语言上来,提高他们听、说、读、写、思的能力。

我的课堂亦回归本真,利用有限的课堂时间,在引导学生领悟文本的"语言文字所表之情、所达之意"的同时,启发学生了解文本是"如何通过语言文字表情达意"的。文本为了追求最佳的表达效果,选用了怎样的文体、怎样的表达方式,又是怎样遣词造句的。力争低耗高效地"用语文的手段"提高学生的语文素养。

教学主张的实施对我教学能力的提升可谓影响巨大。目标制订不再讲究面面俱到,而是关注教材、学情来确定重难点。教学过程和教学方式也做到更关注内容,力争做到简约而有实效。教学主张就像一把标尺,备课、上课、反思各个环节都可以拿它来检测,能很清晰地发现自己在课堂教学中的成功和不足之处。在不断改进的过程中,自身的教学能力不断精进。

老师的课堂教学改进了,学生是最大的获益者。课堂变得简约而丰富,学生学得轻松而感兴趣。课堂不再是老师的"一言堂",学生可以积极参与其中,学生的个性特点得以展现,甚至可以挖掘文本中空白部分进行讨论。在一次次得到肯定和收获成果后,他们的信心会大增,学习的动力会更足,学习的能力不断得到发展,不自觉间把"要我学"变为"我要学"。

故事2 研究学生 因人施材 因材施教

小高是原来5班的一名学生,很聪明,数学学得特别轻松、特别有效果。每次考试,小高的数学成绩在年级中都是名列前茅的,但是文科尤其是英语成绩令人堪忧,总是在及格线上徘徊。他自己也很苦恼,因为花在英语学习上的时间真不少,练习册做了一本又一本,周末又是上辅导班又是请家教老师,学得筋疲力尽,效果微乎其微,家长也是又着急又无奈。那时的他,就像一只小蛹在英语学习的蝶茧中挣扎,期待着破茧而出。七年级下学期的时候,小高转到我们班,我们班学生的英语成绩普遍都不错,父母期望在这样的环境中他会有所感悟,有所刺激,会对他的英语学习有帮助,他自己也希望在这个班级中重新开始。因此他经常主动找我聊天,诉说他在英语学习中的困惑和苦恼,请求老师帮忙。事实证明,对症下药、因人施教是很有必要的。因为通过近一年时间的训练,小高同学的英语成绩有了非常明显的进步,从班级的倒数上升到超过班级平均分。在学习的过程中,他不仅提高了学习英语的能力,也逐步体会到学习英语的乐趣。小高的成长过程可以分成几个阶段:

1. 出现问题找原因

在最初的一段时间里,我没有对小高提出额外要求,只是每天布置和别的同学一样的任务要他完成。这样做,一方面是在原生态的状态下观察他的学习,另一方面让他自己边学习边总结问题所在。他的学习自觉性和主动性还是蛮强的,每天的任务都能不折不扣地完成。两星期后,我和他有了一次长谈,通过沟通,发现了问题所在:笔头作业虽然完成得很认真,但质量马马虎虎;音标不过关,不会根据音标读单词,且发音不够准确导致不愿开口朗读,单词、短语、课文的朗读和背诵基本忽略;知识点之间不会融会贯通,没有掌握整体记忆法。找到了原因,小高很兴奋,就像马上能解决他的困惑似的,要我立刻找到提高他的英语学习的有效方法。

2. 虚心请教问对策

小高一次次地找我要学习方法,正当我苦思冥想设计对策的时候,一次教研活动打开了我的思路。在这次组内的教研活动中,我无意中说起了他的现状,没想到引起了大家的兴趣,通过大家群策群力,结合教研组开展的词块教学的多样性的研究的课题,为小高制订了一套针对性比较强的学习策略。

英国著名语言学家 D. A. Wilkins 曾说:"没有语法,很多东西无法传递,没有词汇,则任何东西都无法传递。"词汇学习贯穿于英语学习过程的始终,离开词汇,语言就失去了实际意义,掌握一定数量的词汇和句型是学好英语的保障。因此大家决定以教研组的课题为依托,把词块的整理归类作为平台,以朗读为抓手,开展对他的帮助。

古人说:"熟读唐诗三百首,不会作诗也会吟。"可见朗读的功用。朗读是一种综合性的联系,它既是读,也是听,还是讲。它是把书面指示转换成为有声的口头语言,可以帮助学生发展口语、培养语感、熟悉语言的结构规律,加深对单词、对话、课文的理解,同时还可以增强记忆力。叶圣陶先生也曾经讲过:"吟诵的时候,对于讨究所得的不仅理智地了解,而且亲切地体会,不知不觉之间,内容和理法化而为读者自己的东西了,这是最可贵的一种境界。学习语文学科,必须达到这种境界,才会终生受用不尽。"学习语文如此,学英语又何尝不是这样呢?基于这种认识,在日常教学中,我也一直把朗读作为行之有效的教学策略之一。因此鉴于小高的英语学习状况,我和组内老师商定把朗读作为提高小高英语学习能力的突破方式。

3. 主动配合求进步

明确了教学策略,实施的过程就方便了。我把计划告诉小高,他非常乐意配合我们的思路,我先指导他以单元课题为主线,根据词块的不同性质和作用,把词块分成不同的类型加以朗读、背诵,以新世纪版英语七年级第二学期第一单元 Science in English 为例,把与本单元话

题有关的词块汇总,先按照词性及在句中的成分整理归纳,如下表:

动词	名词	数词	介词+短语
have a quiz in history move around go ahead do an experiment make a trip be ready for sth. be hot like a sauna have a lot of fun …	the highest temperature a place to work a good time to go sightseeing the fallen leaves outdoor activities a good knowledge of …	one-third two-thirds a half a quarter …	at the same time in this way in space on a package tour at the beach in the sea …

经过一到二周的朗读训练,再按照单词、短语、句型和基础、提高及按照统领词 weather、clothing、holidays、activities in different seasons 等把这些词块细化;或者根据话题 my favorite city 进行分类总结。

宋代朱熹十分明确地提出了朗读的要求:"凡读书……须要读得字字响亮,不可误一字,不可少一字,不可多一字,不可倒一字,不可牵强暗记,只要多诵遍数,自然上口,久远不忘。"对照这个要求,我发现自己以前对朗读教学的落实不够到位,存在一些问题,比如只要求学生读得流利,对语音语调不做要求,对重音、意群的连读要求不严等,所以在小高的朗读上我提出具体要求:每天朗读时间要保证在半小时以上,地点自定。小高要每天做好朗读的记录:朗读的时间、地点、音量、内容、效果等,并在朗读材料中做好各种符号如重读、连读、升降调、停顿等。初始阶段我采取多种具体形式来指导小高的朗读,从纠正他的音标而进行的逐字逐句领读,到后来的老师范读、录音机跟读、个别朗读、自由朗读、角色朗读、高声朗读、配乐读、速读、朗诵以及背诵等,我时刻关注他的朗读进展,发现问题或线索,立刻和同事商量,寻找相应的对策。

4. 初尝成果盼巩固

在老师的帮助和自己的努力下,经过近一个月大声朗读的训练,小高发现自己的音质越来越好,节奏感越来越强,读得越来越流利,做题时也习惯了轻声朗读,审题更仔细了。尤其是在英语的口语上变化最明显,他逐渐克服了胆怯心理,消除羞涩,从原来课堂上羞于回答问题到积极举手发言,能用比较流利的英语和老师同学对话,这个变化让他自己感到惊喜,增强了信心,也让同学羡慕不已。第二个比较大的变化是做题的正确率提高了,原来做题只注重找答案,现在学会轻读题目,认真审题,仔细做题。如选择题:This mobile phone is not expensive. It only _____ me 500 *yuan*. A. cost   B. spent   C. took   D. paid. 以往做题只看到 it takes sb. some time/money to do 来选择C,现在会仔细读题,先圈出关键词块 this mobile phone，再选出正确答案 A。由于在词块归类的过程中增加了许多课外内容，小高的知识面广了，词汇量也增大了，阅读能力、写作能力提高了，语言输出过程中词块运用也很灵活，如关于话题 my school life，以前只会说 My school life is both interesting and busy. We have six lessons everyday, four in the morning and two in the afternoon. 照本宣科，没有语法错误已经是最理想的状态了，现在词汇量明显丰富了，会运用 meaningful, warm-hearted, relaxing, lively 等形容词来描述校园生活，用 at the very beginning, take turns to do sth. 等短语描述时间或活动，用 as well as, more importantly 等作为连接词。初步的成功并没有让小高沉溺于喜悦中，他像个要糖吃的孩子一样向我要更多更好的学习方法来巩固学习成果。

5. 再现问题改方法

孔子曾经说过："知之者不如好之者，好之者不如乐之者。"对学习英语有了浓厚的兴趣，反过来会促进更好地朗读，如此良性循环，提高了小高学英语的积极性、学习兴趣和自觉性。英语也学得更加得心应手了，他信心百倍，继续努力发挥朗读词块的作用。

第三章

创建：学校课程体系建构

第一节　问题：积累有余，梳理不足

秉承"科研兴校"的理念，为实现打造老百姓家门口优质学校的夙愿，我校依托"学科特色建设"项目引领，从课堂教学、课程开发、师资建设三维度推进，各学科备课组坚持"课题微讲座＋课题研讨课"为主的研修模式，尝试将"以学习者为中心"的教育理念付之于行动，各学科特色日渐彰显，教与学也发生质变，课程开发与建设使课堂教学改变教师单线的灌输，进而转变为师生、生生的互动；学生学习不再是亦步亦趋地被动接受，而是呈现参与度高、达成度高的特点。经过近年来的努力，学校按照学校发展理念和课程方案努力发展学校课程、丰富学校课程。具体就课程建设的研究实践而言，我校小学部在数学学科的魔"数"世界、英语学科的"有声英语"、语文学科的"积累表达式语文"、DIY、音乐创客等方面提升课程开发力度，冲击了"教材至上"的惯性思维，积累了宝贵经验，为中学部的跟进提供了有益的借鉴。

随着特色课程与课程种类的增多，学校课程良性发展中还是面临不少瓶颈。为此，还需要进一步梳理学校课程，努力在课程定位、资源整合、课程评价、教师发展培训、需求满足等方面做出新的努力与尝试，从而使学校课程成为学生个性发展、实现学校持续变革的载体。

一、课程结构科学性有待提高

（一）"我是谁"的定位不够清晰

在课程建设规划过程中，我们在聆听专家建议和学习其他学校的经验时，往往会从"他（她）"的角度听从、模仿，以致忽视回归本校的办学理念、本校的客观条件，从"我"的角度审视反思。如：课程建设的初衷是什么？课程建设的理念是什么？课程建设的目标是什么？课程建设到底是要面面俱到"高大全"还是突出重点"小而精"？

（二）"我该往哪儿去"的思考不够系统

从时间角度言之，在课程建设规划中，我们鲜于从对本校历史追溯、现状分析、未来预判进行一个系统的思考。课程规划，从时间的角度看，仅仅站在"现在"，思考当下"我"该做些什么，容易造成"短视"。从立场的角度看，仅仅站在教师立场上，思考"我"能做些什么，容易造成"错位"。

（三）"我该怎样去"的思考不够明确

在课程规划过程中，就如何开展课程建设，让课程建设充满鲜活生命力，我们仍有一些问题没有思考明白。如：在课程建设过程中，如何激活教师的专业自觉，让教师发扬个人所长，倾情投入其中？如何梳理小学部现有探索中的得与失，为中学部课程建设提供借鉴？如何利用校内、外资源服务于学校课程建设？如何出台相关制度，为课程建设保驾护航？

（四）"我是否到达了"的评价不够明晰

轰轰烈烈开展一场学校变革的探索，最后归结到一个问题——"我是否达到了？"如何评价我们的课程建设是否达到了预期，又该从哪些角度进行评判？对与课程建设相匹配的评价体系的思考仍不够清晰。

二、课程不能凸显学生需求

学校课程建设的根本目的是什么？是为了满足学生的实际发展需求，为了学生的健康与幸福，为了丰富学生的学习经历，为了形成学校的办学特色。从学校课程建设实际来看，目前普遍存在这样的现象：

一是不进行需求评估。大多数学校的校本课程开发都停留于行政指挥式操作，没有进行针对学生需求的前期调查。如此开发出来的校本课程，从学校课程哲学与学生需求来看，是很不成熟的，是不符合要求的。

二是力量整合能力不足的学校一厢情愿地要求教师开发校本课程，成为"课程人"，而不从学生的发展需求角度考虑课程开发。很多课程只是为设计而设计，布点多，力量散，校本课程门类增多了，课时明显不够，校本课程开发处于无序状态。

三、关注办学特色的形成不够

从过去学校课程建设的情况看，很多课程知识为了特定的政策或项目活动开发而开发，为利用而利用。其实，校本课程是学校特色形成的基础，是学生需求与学校课程哲学的有机整合。但是学校为设计文化而设计文化，为科技而科技，为特色而特色的现象屡见不鲜。学校发展到底立足于什么？学校课程哲学到底是什么？这些问题似乎还没有进入中小学课程建设的视野。因而，许多轰轰烈烈的校本课程开发只是停留在浅层次的利用上，无关学校特色的形成与学生需求的深度满足。

上述问题的出现，主要原因在于学校课程建设在很大程度上还停留在"事件"层次，缺乏"系统"思考。学校课程如何关注学生的全面发展、真正关注儿童的未来？学校课程如何突破碎片化、大杂烩、非现实性（不考虑学校和所在地文化实际）的藩篱，彰显学校课程的整体性、结构性以及连续性？我们认为，一所优质学校课程变革的重点应该放在丰富学校课程内涵、突显学校课程的整体育人功能上。在实践中，我们需要思考的是：一所优质学校需要怎样的课程架构？如何让每一个孩子"浸润"在丰富的课程之中？如何发挥学校课程的整体育人功能？

第二节 价值：丰富学生的学习经历

丰富的心灵是幸福的真正源泉，为学生提供完整的、丰富的、切实的学习经历，为其积极适应社会、获得幸福人生奠基是学校课程变革的价值原点。

一、整个世界都是"教室"

学校必须为每一个学生提供完整的学习经历,如显性与隐性、智育与德育、认知与探究的学习经历,努力使学生体验"完整世界"的样子,把整个世界都看成是"教室",看成是学校课程的有机组成部分,是丰富学习经历的"基因"。对中小学而言,开齐开足国家规定的各个学习领域的课程是最起码的道德责任。自然是儿童认识世界的最好书本,社会是儿童理解世界的最好书本,整个世界都可以是儿童的教室,学校课程要努力让儿童用自己的双脚、用自己的心灵,和这个世界聊一聊。

二、贴近学生的心灵需求

学校必须为每一个学生提供丰富的学习经历,努力使学校课程具有多样性、多层面、可选择的特征,满足学生的多样发展需求。杜威在《儿童与课程》一书中指出,儿童所关心的事物与其生活所带来的个人的和社会的兴趣的统一性是联系在一起的,可是他一到学校,多种多样的学科则把他的世界加以割裂和肢解。儿童心理状态和课程设置内容之间的脱节和差别,催生了各种不同的理论派别。一个学派把注意力集中在课程教材方面,认为课程教材比儿童自己的经验重要得多,因此把重点放在教材的逻辑性和顺序性上,儿童的本分是被动地容纳接受。另一个学派则将儿童认为是起点,是中心,而且是目的。杜威说:"我们认识到,儿童和课程仅仅是构成一个单一的过程的两极。正如两点构成一条直线一样,儿童现在的观点以及构成各种科目的事实和真理构成了教学。从儿童的现在经验进展到以有组织体系的真理即我们称之为各门科目为代表的东西,是继续改造的过程。"我们认为,必须站在儿童立场上,以儿童为出发点思考"新优质学校"的课程建构。

三、用系统思维丰富课程

学校课程建设必须有切实的措施,努力做到课时保障、指导到位、效果明确,而不仅仅停留在纸面上、口头上。因此,在学校课程发展过程中,用什么理念指导学校课程建设,如何丰富学生的学习经历,让每一个孩子有丰富的课程可以选择,运用系统思维形成学校课程架构是关键。从"新优质学校"已有的经验来看,运用系统思维关注学校课程的结构化、系统化、在地化,形成丰富的学校课程架构是重要的。

当然学校课程架构不是随意的、想当然,而是建立在一定的课程哲学之上的。学校课程哲学体现着课程架构的理性特征,是整个课程框架的灵魂。课程哲学既是对课程变革的行为规定,也是对课程变革的效果检验。

第三节　方法：课程领导力下的课程建构

一、课程顶层框架设计

（一）课程体系结构

我校课程体系包括：①国家课程。学生必修。目的是夯实基础，培养学科素养。其改革方向是校本化实施。②学校课程。包含拓展、探究课。必修，学生可自主选择某门课程，选我所长、学我所需。其改革方向是满足个性化学习需求、激发潜能。③特长课程。自主选修。根据学生特殊需要、特长发展，开发个性化课程。

我校课程不是单一层面的改革，不是停留在课堂上、技术层面的，而是体现了立体的、序列化的课程改革。

依托课程开发，发现、培养优秀教师，发展教师的优势、特长，以期构建一种以围绕一个核心、四大课程群，整合学生知、能、行、意共同发展的九年一贯制课程模式。因不同的学生、不同的教学内容、不同的教学时空，选择不同的课堂教学模式，更加开放、灵活，更富于弹性、张力、活力。

其中，一个核心指的是培养"气正爱满、人人出彩"的人。四大课程群分别是：①"正志"课程群：其范畴涵盖我校开发的德育课程，围绕"立德树人"的目标，旨在培养学生处理好自我与自我、自我与他人、自我与社会的关系，成为有理想信念、有责任担当的人。②"正基"课程群：其范畴涵盖学校开设的所有基础型课程，旨在基于《课程标准》，落实国家课程方案，培养学生能习得相关学科的知识与技能，夯实宽厚的文化基础，成为富有人文底蕴、科学精神的人。③"正趣"课程群：其范畴涉及我校教师开发的部分拓展型课程和探究型课程，旨在尊重学生差异，满足学生多样化的学习需求，培养学生能发现兴趣所在，主动探索求知、发展身心，成为能主动谋求个人发展、追求出彩人生的人。④"正能"课程群：其范畴涉及我校教师开发的部分拓展型和探究型课程，旨在拓展学生学习知识的广度、提升学生学习能力的高度、挖掘学生学习潜能的深度，引领学生在某一个领域持续深入地发展，培养主动求知、乐学善学的人。

（二）课程建设总体思路

首先，要立足文化自觉，学校领导者要坚持自律与不断自省。

其次，要真正理解"气正爱满、人人出彩"的价值追求。未来我校应是能为学生提供一个以人文、科学和创新为重点，满足个性化学习需求的学习环境，激发学生的兴趣与特长，培育一种基于道德行为与文化内核，融合前瞻性、主体性和本土性的文化品质的学校。

最后，科学的方法是学校不断创新的准则，其核心在于依托区教育局的统一部署，组织专家学者,对学校发展进行规律性的指导,鼓励学校立足实际,围绕学生的核心素养发展,形成本校的特色课程,促进学校绿色、有内涵地发展。

基于以上思考,我们坚持执行上海市教委规定的课程维度,也进行自我创新,就我们的课程总体设想而言,其一,在强调每一类课程三维目标内涵的同时,构建适合学生个性化发展需要的校本课程,形成具有"优质、公平、适切"鲜明特色的九年一贯整体课程体系。其二,基于学校优势教师和教师的优势,充分利用上海的大学资源、宝山教育资源及社区(会)资源,开发满足学生个性化学习需求的课程资源。其三,倡导以学定教、优教导学的教与学的统一。根据学情选择适合的教学模式,通过课程丰富学生生命体验,确保教师通过教研、集体备课、精准设计,来推动学生形成自主、合作的学习风气,鼓励积极探索,在体验中激发学生潜能,构建符合九年一贯制学校学生特点的"自主与合作、探索与激发"学习方式,形成"以学定教、优教导学"的教与学的统一,并将这一追求体现在课程建设之中(详见图3、图4)。

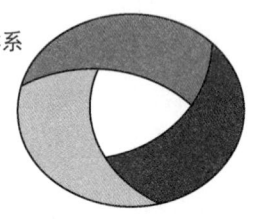

图3 宝钢新世纪学校课程建设总体思路

二、学科目标体系与课程安排

(一) 学科教学目标体系

我校积极探索课程建设的路径和创新,主动构建契合我校办学理念和育人目标的"气正爱满、人人出彩"的课程体系,以期丰富学生学习经验,提升学生学习能力,构筑学生健康快乐学习之路。

以学科课程为载体开展各项教学活动,培养学生"善于学习、乐于运用"的好习惯。1—3年级侧重于"知礼",4—6年级侧重于"善学",7—9年级侧重于"乐群尚美"。

第三章 创建：学校课程体系建构

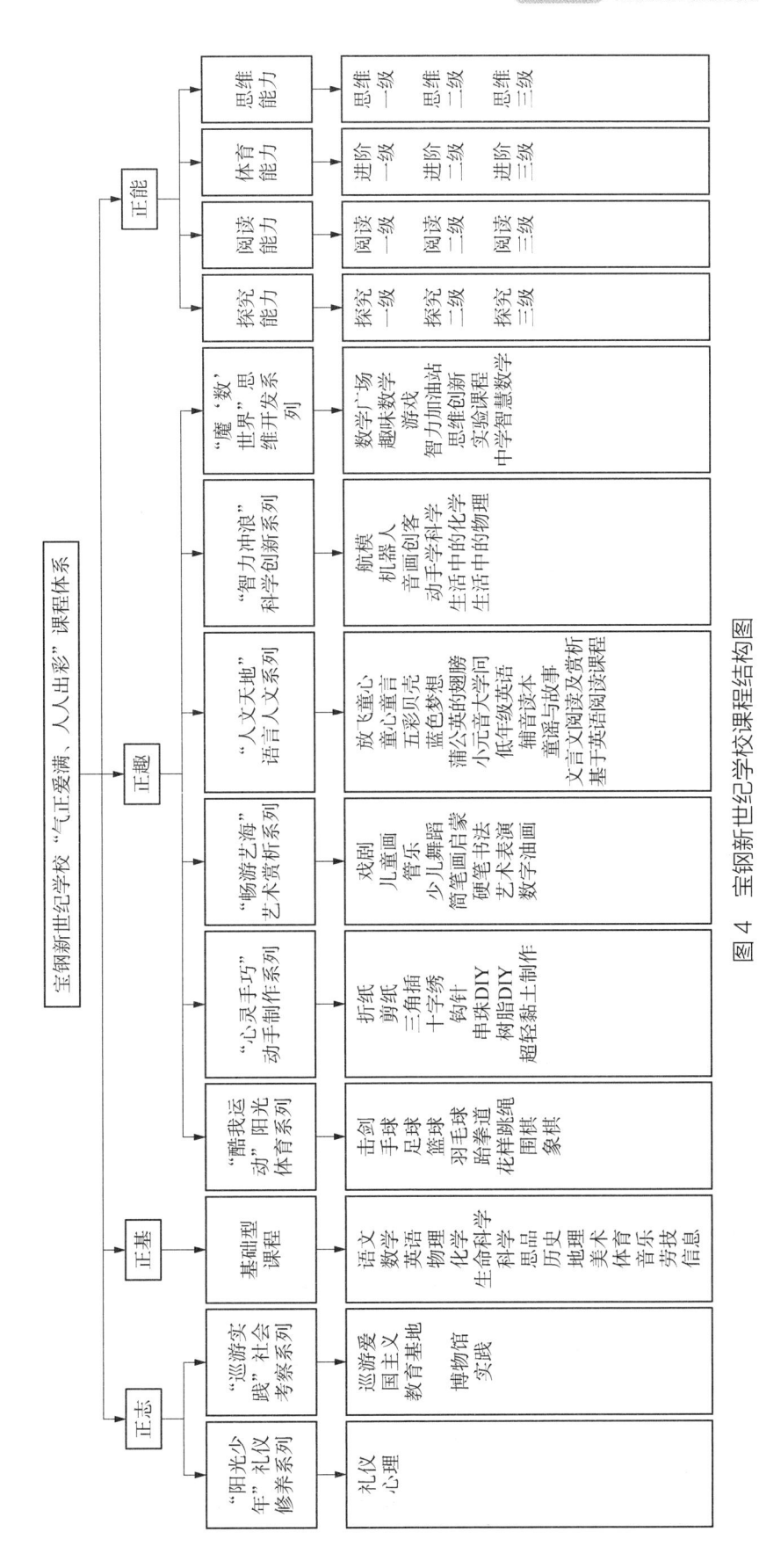

图 4 宝钢新世纪学校课程结构图

表3 各年级段学科分层目标

年级段	一级目标	二级目标	三 级 目 标
1—3年级	知礼善学	以游促学	1. 课堂教学要有故事情节，有情节推进。 2. 课堂情景要以学生和教师共同合作，以趣味游戏的方式提升学生的注意力。 3. 布置富有趣味性和游戏性的课堂作业。 4. 初步培养学生主动学习的愿望。 5. 在游戏中努力学习新知识、练习语言表达、发展观察、记忆、注意、提升思考的能力。
		参与学习	1. 进校后立即进入教室学习，做好课前准备。 2. 上课认真听讲，积极动脑，大胆思考提问。 3. 遇到难题要知难而进，及时虚心向老师或者同学请教。 4. 养成课前预习、课后复习的好习惯。 5. 作业书写规范，作业本保持整洁完好。 6. 利用课余时间多看有益的课外读物，丰富知识。
		悦于表达	1. 学会与他人大方地打招呼以及介绍自己，不要扭扭捏捏、躲躲闪闪。 2. 注意倾听他人讲话，用关注的目光注视对方；不要随便插话、打断别人，要尊重他人。 3. 上课积极开动脑筋，大胆举手发言，顺畅表达自己的观点。不要随便发怒，更不能说粗话脏话。 4. 学会参与班级文艺表演活动，表演时台风自然，仪表大方。
4—6年级	善学乐群	以趣促学	1. 课堂语言趣味性。 2. 课堂情景要有趣味性。 3. 布置富有趣味性的课堂作业。 4. 培养学生主动学习的愿望和热情。 5. 利用多媒体形象生动的情景图，充分地观察、思考，逐渐发现事物之间存在的某种内在的必然联系。
		主动学习	1. 上课专心听讲，积极参与讨论，勇于思考提问。 2. 课前主动预习并有预习笔记，勤查资料，上课做好重点学习内容的批注。 3. 解答题目认真审题，勤于动脑，活学活用，计算仔细，善于检查，善于总结和反思。 4. 合理安排课余时间，有一定的兴趣爱好，兴趣初步稳定，养成每天的阅读习惯，能通过阅读报刊书籍、收听收看新闻和少儿节目来扩大知识面。 5. 在合作交流、与人分享和独立思考的氛围中，倾听、质疑、说服、推广，直到豁然开朗。

续表

年级段	一级目标	二级目标	三 级 目 标
7—9年级	乐群尚美	善于表达	1. 能通过阅读、收听、收看、上网等多种渠道收集信息，并能主动与他人分享。 2. 课上要主动与老师和同伴互动合作学习，讨论交流时积极交流发言、主动参与，勇于发表个人独特的见解。声音响亮，充满自信。 3. 积极参与班级各种活动，主动承担班级活动的任务，为争得班级荣誉贡献力量。 4. 灵活运用所学知识，并把学到的知识转化为能力向同伴展示。
		以志促学	1. 有自主学习的意愿，有明确的学习目标。 2. 有合理的学习计划，并能适度调整。 3. 在年级或班级中有自己的学习榜样。 4. 勤于思考，善于反思。
		合作学习	1. 课堂上合作学习时能主动承担任务，并努力完成。 2. 学习中，能主动、清晰表达自己的观点，勇于探索。 3. 学会倾听他人的意见，学他人之长，补己之短。 4. 能主动向老师和同学请教问题，学会借力。
		乐于体验	1. 能主动预习新知，勇于挑战。 2. 课堂上勤于动笔，积极参与学习活动。 3. 能按大纲要求熟练完成理、化、生、劳实验操作，并能熟练使用日常工具。 4. 爱好并掌握至少一项体育活动和学会欣赏诗歌、音乐、书法、绘画等技能，学会创造美。

（二）课程设置总安排表

我校将基础型课程、拓展型课程、探究型课程统整为"气正爱满、人人出彩"课程体系，其课程内容设置与课时具体安排严格按照上海市中小学课程计划实施。

表4 中学部课程设置一览表

课程、科目	周课时 年级	六	七	八	九	课程说明
基础型课程	语文	4	4	4	4	执行上海市初中《2016学年课程计划》要求，基础型课程六、七年级26节，八、九年级27节。
	数学	4	4	4	5	

续表

课程、科目 \ 年级周课时		六	七	八	九	课程说明
	外语	4	4	4	4	
	思想品德	1	1	2	2	
	科学	2	3			
	物理			2	2	
	化学				2	
	生命科学			2	1	
	地理	2	2			
	历史			2	2	
	社会				2	
	音乐	1	1			
	美术	1	1			
	艺术			2	2	
	体育与健身	3	3	3	3	
	劳动技术	2	1	2		
	信息科技	2				
	周课时数	26	26	27	27	
拓展型课程	学科类、活动类（含体育活动）	5	5	4	4	1. 六至八年级每周安排1课时用于写字。 2. 六年级增加1节心理、1节礼仪作为拓展课。 3. 六、七年级体锻课安排八个兴趣小组供学生自选类拓展。 4. 七至九年级各安排1节语文阅读拓展课，七年级安排1节智慧数学拓展课。
	专题教育或班团队活动	1	1	1	1	
	社区服务社会实践	每学年2周				学生必修；时间可集中安排，也可分散安排。
探究型课程		2	2	2	2	单独设置，学生必修；各年级以主题式分学期完成。
晨会或午会		每天15—20分钟				星期一早上为专题教育

续表

课程、科目 \ 周课时 \ 年级	六	七	八	九	课程说明
广播操、眼保健操	每天约40分钟				广播操1次/天，眼保健操2次/天
周课时总量	34	34	34	34	每课时按40分钟计

表5 小学部课程设置一览表

	课程、科目 \ 周课时 \ 年级	一	二	三	四	五	说明
基础型课程	语文	9	9	6	6	6	一年级入学初，各学科设置2至4周的学习准备期。
	数学	3	4	4	5	5	
	外语	2	2	4	5	5	
	自然	2	2	2	2	2	
	品德与社会	2	2	2	3	3	
	戏剧/音乐	2/	2/	/2	/2	/2	
	美术	2	2	2	1	1	
	体育与健身	3	3	3	3	3	
	信息科技			2			
	劳动技术				1	1	
	周课时数	25	26	27	28	28	
拓展型课程	兴趣活动（可包括体育活动）	5	4	4	4	4	1.每周安排0.5课时用于阅读活动，0.5课时用于写字；阅读活动和写字隔周开设1节。 2.我校的限定性拓展课有阅读/写字、英语口语训练、思维训练，分不同年段选择性开展。
		拓展（体育活动）	拓展（体育活动）	拓展（体育活动）	拓展（体育活动）	拓展（体育活动）	
		拓展（阅读/写字）	拓展（阅读/写字）	拓展（阅读/写字）	拓展（阅读/写字）	拓展（阅读/写字）	
		拓展（英语口语训练）	拓展（英语口语训练）	自主拓展	自主拓展	自主拓展	
		拓展（思维训练）	自主拓展	自主拓展	自主拓展	自主拓展	
		自主拓展					

续表

周课时 年级 课程科目	一	二	三	四	五	说明
专题教育或班团队活动	1	1	1	1	1	3. 自主性拓展课有田径/球类、绘画、书法、舞蹈、剪纸、科技、电脑制作等，学生自由选择，老师定时开展。
社区服务社会实践	每学年1至2周			每学年2周		学生必修；时间可集中安排，也可分散安排。
周课时数	6	5	5	5	5	
探究型课程	1	1	1	1	1	单独设置，学生必修；集中使用。
晨会或午会	每天20分钟					
广播操、眼保健操	每天约35分钟					
周课时总量	32	32	33	34	34	每课时按35分钟计。

三、课程实施与管理

（一）基础型课程

秉承以学习者为中心的理念，为培养学生气正爱满、慎思笃行、身心健康等核心素养，我校将通过夯实教学常规，更新教学理念，优化管理手段，提升研修品质，构建高效课堂，改进作业设计，积极推进基础型课程建设，夯实学生健康快乐成长的知识与技能之基。

1. 规范教学常规，重视"人"的发展

打破为"育分"而教的思维窠臼，积极引导教师将培养"知礼、善学、乐群、尚美"的宝钢新世纪学子作为教育教学的核心，在规范教学常规中，学校层面，我们严格遵守计划先行、备课跟进、听课敦促、作业反馈、考试监测，通过五环节环环相扣，规范教学常规，精细过程管理；教师层面，鼓励教师打破教材本本主义，通过课程开发，倡导教师积极挖掘教材的育人价值，变教材为学材，积极探索高校能课堂的教学策略、学习策略、管理策略、评价策略等，进而实现师生教学相长的"双赢"。

2. 落实"分布式领导"，激发教师潜力

我校实施"分布式领导"，以民主管理思维，打破以往行政领导与普通教师、骨干与非骨干、年长教师与年轻教师之间的藩篱，立足课程建设，自上而下"放权"，在课程开发选题、科目设计方案、教师团队协作、校本教材编制等方面，处处尊重教师个体，激活群体智慧的思想，鼓励教师发扬主人翁精神，融合集体智慧，参与学校改革之中，实现自身价值。

3. 坚持开设微讲座，提升研修品质

校本研修活动的有序开展是促进教师专业发展的有力保障，也是学校教学品质提升的坚强后盾。在备课组、教研组内，坚持"课题微讲座＋课题研讨课"为主的研修模式（流程如图5所示），教研组开展实践与研讨，提炼学科素养，思考其与我校培养学生的六大素养契合点，分年段梳理学科核心素养的阶段目标和实施策略。

4. 优化教学策略，构建高效课堂

加强教师对教材的研究，整体提升教师对课程的理解力和执行力，一方面，要加强对《国家课程标准》的研究。因为《国家课程标准》是教材编写、教学、评估和考试命题的依据，是国家管理和评价课程的基础。仔细研读《课程标准》，教师才能整体把握各门课程的性质、目标、内容框架，明确国家对不同阶段学生在知识与技能、过程与方法、

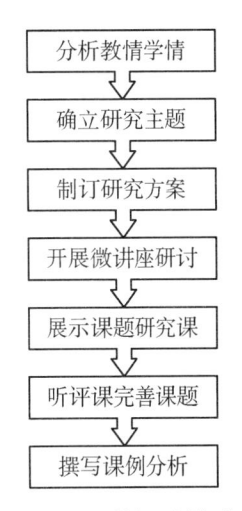

图5 研修活动模式

情感态度与价值观等方面的基本要求，并以此作为构建高效课堂教学的行动指南。另一方面，要着眼于对学生学科素养的培育，坚持已有各学科课题研究，钻研教法之时，关注学生学习需求，注重课堂预设的弹性，通过自主学习、合作学习等，创设民主的学习氛围，师生、生生开展多元互动，拓展学习空间、丰富学习经历、激发学习动力，打造动态生成的课堂。

5. 践行"绿色指标"，落实减负增效

我校严格执行《中小学生学业质量绿色指标》的规定，不仅关注学生学习动力指数、学生学业水平指数、师生关系指数、教师教学方式指数，更着重关注学生学业负担综合指数。一方面，严控作业数量，确保作业"质量"，即在备课组集备活动中，开展分层作业设计研究，坚持口头作业与书面作业结合、日常作业与长期作业结合、实践（动手）作业和体验作业结合，倡导探究、实践、合作、体验类作业，提高反馈的及时性、针对性和有效性，切实减负增效。另一方面，丰富校园生活，培养综合素质。我校严格执行《课程标准》，遵守上海市中学生作息要求，坚持贯彻"健康第一"的指导思想，积极落实"三课两操两活动"阳光体育计划，加强学生体质健康工作，确保学生每天一小时的体育锻炼时间。同时，还从提升学生综合素养出发，组织开展丰富多样的校园活动，如科技节、艺术节、读书节、体育周、"庆六一"活动等，让孩子在活动中体味校园生活的丰富多彩。

（二）拓展型课程

拓展型课程以培育学生的主体意识、完善学生的认知结构、提高学生自我规划和自主选择能力为宗旨，着眼于培养、激发和发展学生的兴趣爱好，开发学生的潜能，促进学生个性的发展和学校办学特色的形成，是一种体现不同基础要求、具有一定开放性的课程。基于此，我校的拓展型课程（见图6）由限定拓展课程和自主拓展课程两部分组成，其中限定拓展课程主要是以德育课程为主，主要包括学校文化活动、班团队活动、专题教育活动、社会实践活动；自主拓展课程主要是由基础型课程延伸的学科课程内容和满足学生个性发展需要的其他学习活动组成，是学生自主选择修习的课程，包括阳光体育活动、社团活动、兴趣活动等。

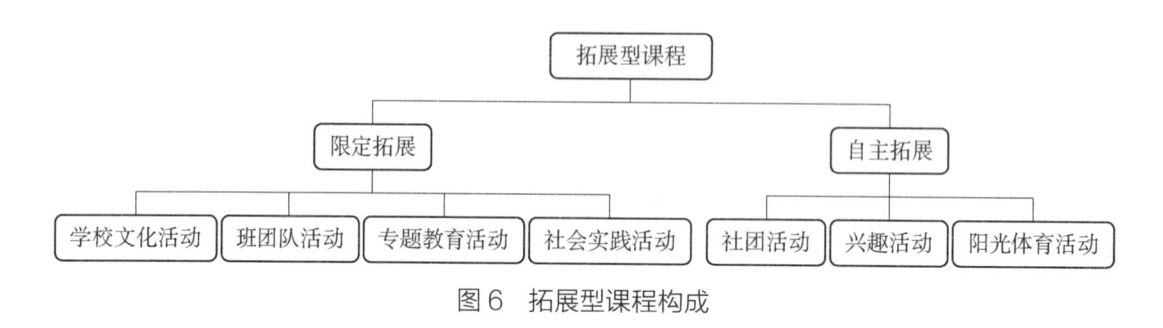

图6 拓展型课程构成

1. 限定拓展课程

我校以"树德立人"为目标，坚持"修礼仪之道，塑严谨之风，强健美之体，育创新之才"的办学理念，培养"知礼善学、乐群尚美"全面发展的新世纪人。

学校以德育课程为载体，开展各项教育活动，培养学生"仪表得体，言行规范"的好品行。1—3年级段侧重于"知礼"，4—6年级侧重于"善学"，7—9年级侧重于"乐群尚美"。

表6 各年级段行为规范教育分层序列目标

年级段	一级目标	二级目标	三 级 目 标
1—3年级	知礼明理	仪表整洁	1. 进校穿校服。 2. 穿着校服时，要将衣服整理好，拉平，要将长款的上衣（衬衫）束进裤腰里，不要露在裤腰的外面。 3. 要端正地佩戴好红领巾（绿领巾）。 4. 女生是长发的话，需要扎辫子；男生头发短，但也要养成梳理、整理头发的习惯，要系好鞋带。 5. 男生不留长发，不剃光头，并做到前不遮眉，侧不遮耳，后不过颈。女生理运动短发或扎马尾辫，前额刘海不过眉，不披头散发、不烫发、不染发、不梳怪发型，零散头发必须用发夹夹住。不涂脂抹粉，不画眉毛，不画眼影，不抹口红，不涂指甲油。

续表

年级段	一级目标	二级目标	三级目标
		语言规范	1. 与人见面打招呼，要说一些问候的话语。通常可以说"您好"，还有"早上好""老师好"等。 2. 得到别人的礼物、帮助和服务之后，都要对别人说"谢谢"，同学们在演讲和发言结束之后，也应该说声"谢谢大家"。 3. 需要道歉时，说声"对不起"，回答"没关系"。
		举止大方	1. 坐姿端正，上身尽量保持挺直，双手自然地放在桌面上。 2. 站姿端正、自然、挺拔。 3. 走路抬头、挺胸。 4. 要大方地与别人打招呼以及介绍自己，不要扭扭捏捏、躲躲闪闪。 5. 在别人讲话的时候，要用关注的目光注视对方；不要随便插话，也不要经常打断别人。 6. 不要随便发怒；更加不能说粗话脏话。
		仪式庄重	1. 尊敬国旗，脱帽肃立，行儿童团团礼或少先队队礼，唱国歌时流畅、准确，声音宏亮。当国旗升降时，停止走动、交谈等一切事情，向国旗立正。 2. 外出乘车要排队，自觉地买票或刷卡，要给老弱病残让座。 3. 参观展览馆和博物馆的时候，保持展厅里安静，认真听讲解。 4. 观看演出的时候，要保持安静，不要交头接耳，不要吃会发出响声的食物；演出结束之后，要鼓掌；比赛精彩之处，掌声加油。
		用餐文明	1. 要有秩序地拿饭盒，男女同学互相谦让。 2. 要爱惜粮食，把饭菜吃完，不浪费饭菜。 3. 就餐时，不大声喧哗、打闹。 4. 用餐完毕要自觉清理餐桌，保持桌面整洁。 5. 用餐完毕把饭盒放在规定的盒子里。 6. 要排队去食堂用餐。 7. 用餐时注意文明礼让，互相帮助，听从老师的教育。
4—6年级	力学勤思 （侧重点）	态度端正 作业规范	1. 独立完成作业。 2. 作业及时、认真，书写工整清楚，格式规范美观，不在作业本或书上打草稿。 3. 每次作业有错及时订正，对作业中出现的问题积极寻找解决的方法。 4. 课前、课后能根据老师的要求做好各项预习、复习工作。

续表

年级段	一级目标	二级目标	三级目标
7—9年级	乐群尚美（侧重点）	听讲认真 勤于思考	1. 上课专心听讲，积极参加讨论，勇于提问。 2. 积极答问或交流；发言或提问要举手，声音响亮，口齿清楚，语言准确；别人发言时认真倾听。 3. 认真审题，勤于动脑，活学活用，计算仔细，善于检查，不懂要问。 4. 善于与同伴互助合作学习，讨论交流时积极交流发言、主动参与。
		勤于读书 重视积累	1. 养成每天阅读的习惯，能通过阅读报刊书籍、收听收看新闻和少儿节目来扩大知识量，并初步养成做读书笔记的习惯。 2. 能通过阅读、收听、收看、上网等多种渠道收集信息。 3. 重视积累，背诵一定数量的精美篇章，阅读一定数量的读物。 4. 能发表自己的阅读见解。
		孝敬感恩	1. 知道敬老节、妇女节等传统节日。 2. 知道古今中外尊敬、爱护、赡养老人的贤人君子的故事，以他们为学习的楷模。 3. 自己学会整理书包，上下学自己背书包。学会做力所能及的家务活。 4. 各班宣传身边的孝敬人、孝敬事，利用主题班会一起学习讨论。说感想，写体会，并以投票方式评选年级"十佳孝星"。
		坚守诚信	1. 知道古今中外贤人君子诚信的故事，以他们为学习的楷模。 2. 用真诚的言行对待他人、关心他人，对他人富有同情心，乐于助人。 3. 严格要求自己，言行一致，不说谎，作业和考试力求真实，不抄袭、不作弊。 4. 守时、守信、有责任心，承诺的事情一定要做到，言必信、行必果。 5. 遇到失误，勇于承担应有的责任，知错就改。 6. 遵守法律法规、校规校纪和社会公德。
		善于合作	1. 能主动向家长、亲属、邻居和相关专业人员等请教。 2. 知道善于合作必须具备"我来帮你一把"的互助精神、"我也要出点主意"的献智精神、"我来干这件事"的争先精神、"我也有责任"的负责精神。 3. 懂得只有真诚、守信、公正、友善的人才是最受合作伙伴喜欢的人。

附：学校文化活动、班团队活动、专题教育活动一览表

中学部

类型	课程	内容		实施年级				说明
行为规范教育	班级文化建设	班级公约及争创文明礼仪示范班方案						班级课程
		班级微信群建设						
		班级主题活动						
		班级图书角、园地建设						
	行规养成	暑期军训及适应性学习						每周评比
		一日常规教育						
		中学生行为规范教育						
		整队礼仪、就餐礼仪						
		两操、环境卫生、个人卫生						
		"文明礼仪之星"计划制订及评选						"文明礼仪之星"评选
国家意识、民族文化教育	传统节日、文化教育	中秋节	"中秋节"十分钟队会					6—8年级课程
			组织一次升旗仪式					
		重阳节	"重阳节"十分钟队会					六年级课程
			敬老院活动	活动动员				
				活动感想				
				活动评价				
			"重阳节"主题班会					
			组织一次升旗仪式					
		春节	春节各地习俗					寒假探究作业
			压岁钱的来历与用途调查					
			制作电子小报					
			探究作业展示					
		清明	"清明节"十分钟队会					七年级课程
			清明踏青网上祭先烈					
			四大传统节日知识竞赛					

续表

类型	课程	内容		实施年级				说明
		元宵节	探究元宵节由来					九年级课程
			探究元宵节习俗					
			探究元宵的做法					
			包汤圆比赛					
	感恩教育	致老师的一封信						八年级感恩课程
		迎新义卖活动						
		教师节：为老师做张贺卡						
		主题班会活动：《深深父母恩》						
	责任教育	升旗仪式						七年级责任课程
		国际时势竞赛						
		党史教育						
		感动中国视频观摩及演讲比赛						
		参观上海历史博物馆、淞沪抗战纪念馆						
		14岁生日主题活动						
	理想教育	九年级组主题活动：《畅想未来》						九年级课程
		参观高中、职校						
		我的誓言——誓师大会						
		毕业典礼						
生命健康教育	心理辅导课程	心理辅导						邹月娣
		青春期心理辅导						
		毕业班考试心理辅导						
		建立学生心理档案		特殊学生				
	安全、健康教育	卫生健康教育（单周一）						张红娇
		生活实事教育（双周一）						汪燕
		消防、逃生演习						汪燕
		法制教育						校法制副校长
		青春期教育						张红娇

续表

类型	课程	内容	实施年级				说明
时事教育	"致敬长征"系列活动	征文比赛					探究活动
		演讲比赛：一个党员故事 一种民族精神					
	读书读报	书香校园：走进经典 润泽心灵					
综合课程	校园节日	科技节					
		体育节					
		艺术节					
	团、队员意识	团课辅导，推优入团					大队部
		六年级队干部上岗培训					
		换大红领巾					
		队干部责任感教育					
		大队改选					
	学生社团	学校红领巾广播（单周）					大队部
		十分钟队会（双周）					
		午间校园广播电台					

小学部

类型	课程	内容	实施年级				说明
行为规范教育	班级文化建设	班级公约及争创文明礼仪示范班方案					班级课程
		班级微信群建设					
		班级主题活动					
		班级图书角、园地建设					
	行规养成	暑期军训及适应性学习					每周评比
		一日常规教育					
		小学生行为规范教育					
		整队礼仪、就餐礼仪、两操、环境卫生、个人卫生等					

续表

类型	课程	内容		实施年级	说明
国家意识、民族文化教育		"文明礼仪之星"计划制订及评选			"文明礼仪之星"评选
	传统节日、文化教育	中秋节	中秋节十分钟队会		3—5年级课程
			组织一次升旗仪式		
		重阳节	重阳节十分钟队会		五年级课程
			敬老院活动	活动动员	
				活动感想	
				活动评价	
			重阳节主题班会		
			组织一次升旗仪式		
		春节	春节各地习俗		寒假探究作业
			压岁钱的来历与用途调查		
			制作电子小报		
			探究作业展示		
		清明	清明节十分钟队会		二年级课程
			清明踏青网上祭先烈		
			传统节日知识竞赛		
		元宵节	探究元宵节由来		一年级课程
			探究元宵节习俗		
			探究元宵的做法		
			包汤圆比赛		
	感恩教育	致老师的一封信			三年级感恩课程
		迎新义卖活动			
		教师节:为老师做张贺卡			
		主题班会活动:《深深父母恩》			
	责任教育	升旗仪式			四年级责任课程
		"感动中国"视频观摩及演讲比赛			

续表

类型	课程	内容	实施年级					说明
		参观上海历史博物馆、淞沪抗战纪念馆						
		10岁生日主题活动						
	理想教育	我的誓言——誓师大会						五年级课程
		毕业典礼						
生命健康教育	心理辅导课程	心理辅导						张蓓
		青春期心理辅导						
		毕业班考试心理辅导						
		建立学生心理档案	特殊学生					
	安全、健康教育	卫生健康教育（单周一）						徐萍
		生活实事教育（双周一）						徐月华
		消防、逃生演习						徐月华
		法制教育						校法制副校长
		青春期教育						张蓓
时事教育	"致敬长征"系列活动	征文比赛						探究活动
		演讲比赛：一个党员故事 一种民族精神						
	读书读报	书香校园：走进经典 润泽心灵						
综合课程	校园节日	科技节						各条线教师 德育室 大队部
		体育节						
		艺术节						
		语文节						
		数学节						
		英语节						
	队、团员意识	儿童团课辅导						大队部
		队课辅导						
		队干部上岗培训						

续表

类型	课程	内容	实施年级	说明
		队干部责任感教育		
		大队委员改选		
	学生社团	学校红领巾广播（单周）		大队部
		十分钟队会（双周）		

学校根据各年级德育目标制订符合各年级学生心理及发展特点的年级主题，组织了各年级"巡游实践"活动(见表7)。

表7 上海市宝钢新世纪学校1—9年级"巡游实践"框架体系表

年级	年级目标	年级主题	教育基地和博物馆
一年级	养成教育	苗苗成长 团结友爱	上海市玻璃博物馆 海军上海博览馆
二年级	诚信教育	诚实守信 言行一致	南京路上好八连事迹展览馆 陈化成纪念馆
三年级	感恩教育	孝敬父母 尊敬师长	宝山烈山陵园 上海市陶行知纪念馆
四年级	生命教育	珍爱生命 注意安全	宝山地震科普馆 上海电缆研究所
五年级	民族教育	珍视荣誉 自强自立	上海解放纪念馆 吴淞开埠广场
六年级	心理教育	热爱学习 养成习惯	宝山国际民间艺术博览馆 上海长江河口科技馆
七年级	爱国教育	热爱祖国 热爱集体	淞沪抗战纪念馆 海军91251训练基地
八年级	责任教育	勇于担当 努力学习	宝山区档案馆 上海生活垃圾处理科普教育基地
九年级	理想教育	热爱科学 乐于奉献	上海动漫衍生产业园 罗店红十字纪念碑

2. 自主拓展课程

为进一步开阔学生学习视野，丰富学生学习经历，在兴趣类拓展课程建设中，学校充分利用校内外资源,挖掘教师专业特长,将阳光体育活动、社团活动、兴趣拓展活动等树立归纳为六大课程序列,即"酷我运动""心灵手巧""畅游艺海""魔'数'世界""阳光少年""人文天地"。构建课程与学生兴趣、日常生活、未来发展的关联,服务于学生长远发展。

表8 宝钢新世纪学校自主拓展课程设置表

序号	课程系列	课程内容
1	"酷我运动"阳光体育系列	足球课 篮球课 羽毛球 击剑 手球 跆拳道 体育游戏
2	"心灵手巧"动手制作系列	折纸 剪纸 十字绣 编织 串珠DIY 超轻黏土 旧物DIY 三角折纸 树脂DIY 钩针
3	"畅游艺海"艺术赏析系列	舞蹈课 音乐创客 戏剧 儿童画 简笔画启蒙 硬笔书法 艺术表演书法入门 数字油画 戏剧
4	"魔'数'世界"思维开发系列	趣味数学游戏 数学思维训练 数学广场 学习指导法 智慧数学 智力加油站 思维创新实验课程

续表

序号	课程系列	课程内容
5	"阳光少年"礼仪修养系列	礼仪课 心理课
6	"人文天地"语言人文系列	放飞童心 童心童言 五彩贝壳 蓝色梦想 蒲公英的翅膀 小元音大学问 低年级英语辅音读本 童谣与故事 古诗文阅读与鉴赏

3. 拓展型课程的实施与管理

(1) 课程要求

A. 以教研组(备课组)为单位,确定每门课程的课时计划。在课程设计上,同备课组的教师相互学习,共同备课,要求提前一周备好课。

B. 以教研组长协调组内人员,每教研组每学期确定一门重点课程的设计,完善评价考核,在此基础之上形成拓展课程校本教材。

C. 学科限定拓展以班级为单位;自主拓展以年级为单位,每个班不超过35人。

(2) 课程实施

A. 学年结束,组织学校特色教师根据自己的特长,自主申报下学年度课程,提交课程纲要,由学校教务处审核并进行课程调整。

B. 教务处列出拓展型课程表,在班级公布。

C. 班主任组织学生根据自己兴趣爱好进行自主选课。

D. 教务处完成课程编制和公布各科学生名单和上课地点,在第一周内完成,第二周开始上课,总次数为15次,其中1次为展示课。上课时间40分钟,按课表上,其中,六、七年级自选体锻课80分钟。

E. 实施要求

a. 认真备课、上课,及时完成各项任务。

b. 加强管理和考勤,有特殊情况及时联系班主任及蹲点领导。

c. 学校加强对重点课程的课程资料编写、实施和评估的指导。

d. 每学期指导教师做好课程展示活动,积累和完善课程资料。

(3) 拓展型课程管理网络

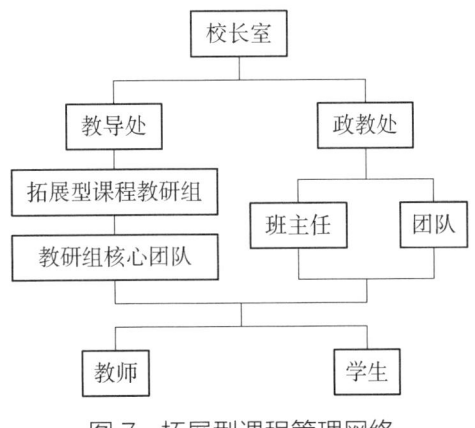

```
            ┌─────────┐
            │ 校长室  │
            └────┬────┘
         ┌───────┴───────┐
    ┌────┴────┐     ┌────┴────┐
    │ 教导处  │     │ 政教处  │
    └────┬────┘     └────┬────┘
┌────────┴────────┐  ┌───┴───┐
│ 拓展型课程教研组│  │班主任 │ │团队│
└────────┬────────┘  └───┬───┘
┌────────┴────────┐      │
│ 教研组核心团队  │      │
└────────┬────────┘      │
    ┌────┴────┐     ┌────┴────┐
    │  教师   │     │  学生   │
    └─────────┘     └─────────┘
```

图 7 拓展型课程管理网络

（4）强化过程管理

A. 课程资源的管理。

重视资料积累，提供共享机会。师生在活动过程中所获取的信息、采用的方法策略、得到的体验和取得的成果，对于本人和他人，对于以后的各届学生，都具有宝贵的启示、借鉴作用。将这些资料积累起来，成为广大师生共享并能加以利用的学习资源，是学校进行拓展型课程建设的重要途径。

B. 对教师的管理。

- 能够从学校"人人有爱、人人出彩"的办学愿景出发指导教学。
- 熟悉自己开设的课程内容，并且不断获取新的信息，以提升业务水平。
- 认真完成学期课程计划，备好教案，按照学校要求正常开展教学工作。
- 加强管理和考勤，有特殊情况及时联系班主任及蹲点领导，保证在活动过程中学生的安全。
- 班主任在自选类拓展课中，协助教师进行学生管理，任课老师也与班主任保持联系。

C. 教务处常规工作要求。

- 拓展型课程列入学校课表，按规定实施教学。
- 建立教学反馈制度，及时协调和解决相关事务，确保正常的教学秩序和提高教学效率。
- 学期结束时收集相关资料，包括考勤记录、学生评价、教师教案等，并组织评价。
- 定期组织教研活动，学习、交流。
- 根据学校实际、教师和学生问卷调查以及听课评课，对所开设科目进行调整，建立反馈制度，保证课程质量。

(5) 机制保障

A. 课时安排保障：根据上海市每年度的课程计划要求，开齐开足课程。

B. 课程资源的开发。

• 开发学校资源：利用学校特色教师特长，以及学校场地、设备和设施，建立拓展型课程的资源库。

• 开发社区、社会资源：与社区、军民共建单位建立共建基地。

• 开发家长资源：发挥家长特长、专业技能、经验和能力，充实学校拓展型课程指导力量，帮助学生开展活动。

• 开发校本课程：以教研组长协调组内人员，每教研组每学期确定一门重点课程的设计，完善评价考核，在此基础之上形成拓展课程校本教材。

(6) 课程师资培训

围绕课程开发的理念与技术，开展多种形式的教师培训活动，如专家报告、现场指导等，增强教师的课程意识与课程开发能力；学校还将组织围绕"我运动我快乐"等专题研讨活动，使教师深入理解课改的目的、课堂教学的真谛，以期与教师们形成思想上的共识，努力使课程实施校本化、高效化。

(7) 设备经费的投入

建立拓展型课程学习的专用教室和专用活动场地，对拓展型课程的实施提供时间、空间与物资的保障，确保各类设施器材的正常使用，为学生活动创造良好的教学环境。对参与拓展型课程相关活动的教师除发放相应课时津贴外，还要设立课程开发与实施奖励专项基金。

（三）探究型课程

课程实施关系到课程目标的最终落实，本课程方案提出如下实施建议：

1. 探究型课程管理网络

成立探究型课程管理领导小组，明确职责分工，责任到人。

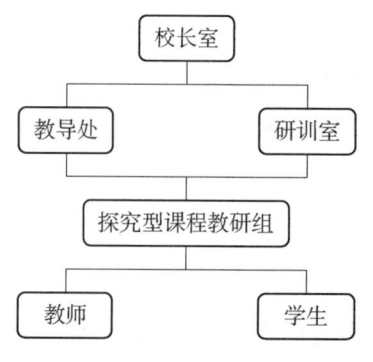

图 8 探究型课程管理网络

2. 强化过程管理

① 课程资源管理。

课程实施中随时注意积累相关资料,分阶段调查学生的感受和进展情况,随时分析各种相关数据,为本课程的建设提供更科学的依据,提供共享机会。

② 教研组管理。

- 能够以学校"气正爱满、人人出彩"课程体系的建构指导教学。
- 加强教研组的教学常规管理,同时,也要加强教研组建设的过程管理。探究型教研组要求各组员认真做好教学常规工作,认真备课,对于教学中碰到的问题,能及时交流,共同解决问题,提高课堂教学水平。通过教学常规和过程管理,不断规范组内教师的教学行为,提高课堂教学质量。
- 认真开展好说课教研工作,把说课教研当作提高教师业务水平的一个过程,通过说课教研的形式,集中集体的智慧,对主题活动内容进行科学探索、分析,尽可能把现代化教育新思想融入到教学当中去。

3. 教导处研训室管理

- 将探究型课程列入学校课表,按规定实施教学。
- 建立教学反馈制度,及时协调和解决相关事务,确保正常的教学秩序和提高教学效率。
- 不定期旁听探究课、检查探究课的教案,严禁教师将探究课课时挪作他用。
- 学期结束时收集相关资料,包括考勤记录、学生评价、教师教案等,并组织评价。
- 定期组织教研活动,学习、交流。
- 根据学校实际、教师和学生问卷调查以及听课评课,对所开设科目进行调整,建立反馈制度,保证课程质量。

4. 机制保障

① 课时安排保障:根据上海市课程计划要求,开齐开足课程。

② 课程资源的开发,包括四个方面:

- 开发学校资源:利用学校特色教师特长,以及学校场地、设备和设施,建立探究型课程的资源库。
- 开发社区、社会资源:充分利用宝钢、抗战纪念馆、社区、军民共建单位建立等资源基地。
- 开发家长资源:发挥家长特长、专业技能、经验和能力,充实学校探究型课程指导力量,帮助学生开展活动。
- 开发校本课程:以教研组长协调组内人员,每教研组每学期确定一个重点探究课题的设计,完善评价考核,在此基础之上形成探究型课程校本教材。

5. 课程师资培训

围绕课程开发的理念与技术,开展多种形式的教师培训活动,如专家报告、现场指导等,增强教师的课程意识与课程开发能力；学校还将组织围绕探究课教学的教学环节开展专题的研讨活动，使教师深入理解探究型课程的本质、探究课实施的策略，努力使课程实施校本化、高效化。

6. 设备经费的投入

对探究型课程的实施提供时间、空间与物资的保障，确保各类校内资源的正常使用，并不断拓展校外资源，为学生活动创造良好的教学环境。对参与探究型课程相关活动的教师除发放相应课时津贴外，专项设立课程开发与实施奖励基金。

四、课程评价

（一）评价原则

评价中注意体现学生的主体作用；注意过程评价；坚持激励性评价；关注差异性评价；关注个性特色评价。具体原则如下：

- 自主性原则：学业评价应成为激励学生上进的机制，要通过评价，让每个学生树立起自尊心和自信心。
- 过程性原则：评价既关注结果，更注重学生的成长过程，对学生探究活动的每一个阶段，包括发现问题、提出问题等全过程进行评价，发挥学生的作品、作业、经历和活动记录等的评价功能。
- 发展性原则：学生成长记录式评价是由教师、学生、家长共同参与完成的。
- 多元性原则：采用自评、互评、教师评定的方法。即评价者可以是学生、家长、教师等，学生不仅是评价的对象，也是评价的主体。

（二）对课程质量的评价

对课程质量的评价主要集中在课程目标、课程内容、课程组织、科目目标、科目内容、科目组织、单元目标和单元中具体学习活动八个方面。评价标准详见表9。

表9　课程质量评价表

课程的八个基本方面	课程反思与重建的18个核心问题	考评占比	得分
课程目标	*课程目标是否有利于促进学生素质的全面发展，有利于提高学生的学习生活质量，有利于促进社会的全面进步与可持续发展？	10分	
课程内容	*可资利用的学习领域有哪些？ *该学习领域对培养人有什么作用？即该学习领域有哪些教育价值？ *该学习领域的比较教育价值，即该领域的学习在促进教育总体目标之实现上的能力或可能性贡献大小。	10分	

续表

课程的八个基本方面	课程反思与重建的18个核心问题	考评占比	得分
课程组织	*总体学习方案按不同方式组织时,对人的发展有何不同影响? *对于某一个目标,各种组织方式优劣的比较。	10分	
科目目标	*所规定的科目目标是否与总体课程目标一致,是否适应社会进步和学生发展需要。 *所开发的科目目标是否符合学生心理发展水平,是否适应学生现有的学习条件,学生通过努力学习是否可以达到,即该科目目标的可接受性或可行性。 *所开发的科目目标是否符合并体现该科目的学科性质,是否可通过这一科目的学习能够达到。即科目目标的学科适应性。所规定的科目目标是否充分发挥了该科目在各方面的教育价值(是否充分发挥了该科目学习过程在各种素质的形成中的作用),即科目目标的全面性和充分性。	20分	
科目内容	*在这一科目中,可供选择的学习内容有哪些?在选择内容时,是否兼顾到学科内容本身的基础性、完整性、系统性,并保证学科内容的现代性。 *各学习内容在培养人方面的价值:各学习内容再促使学生适应生活、就业或升学的需求,以及适应身心发展需要方面,是否有较为清晰的价值。 *以科目目标为标准,以各学习内容在培养人方面的价值这一事实判断为依据,确定各学习内容的比较价值并决定取舍,请专家给予建议。	20分	
科目组织	*所选择的组织方式是否符合学生的发展心理特点和学习心理特点。 *与其他组织方式相比,所选择的组织方式是否更有利于科目内容的学习。	10分	
单元目标	*所确定的单元目标、科目目标,与课程总体目标是否一致。 *所确定的单元目标与该单元的学习内容和学习重点是否一致。	10分	
单元中具体学习活动	*所设计的学习活动是否符合学习者的发展心理特点和学习心理规律。 *在设计的用于实现某单元目标众多的备选学习活动中,所选择的学习活动,与备选的其他学习活动相比,是否更有利于该单元目标的实现。	10分	

(三)对学生的评价

在评价过程中,要做到"两个结合",即形成性评价与终结性评价相结合、自评与他评相结合。就学生评价言之,"自评"是指由学生根据自己的表现,自行评价。自评是评价的基础,有利于学生自己发现问题,从而改进自己的学习。"生生互评"指的是根据一定的评价指标与标准,对组内成员进行评价。在评价中要求学生能以赏识的眼光评价同学,多看到同伴的优点,以鼓励为主,当然也应该提出合理的改进意见。教师除了在探究活动的过程中及时给予学生相应的评价之外,还应在学期结束时,在自评和互评的基础上,结合本学期探究型课程主题活动中学生的总体表现,结合学生自评和互评的情况,给予总结性的评价,并将评价结果记录在学生成长记录册中。

第四节 案例:中小衔接、打破隔离

在学校课程的重构过程中,除了立足学生发展、符合政策与课程标准要求外,学校和教师还充分发挥主观能动性足量、特色、精致地设计拓展型课程与探究型课程,更有经验成熟的教师在"一体化"方面做出了尝试。

我校是一所九年一贯制学校,因此,可以发挥课程系列化设计与实施的天然优势,实现中小衔接、打破隔离。下面以我校"魔'数'世界"校本课程为例,展示教师通过课程整合促进学生思维深度发展的思考。

一、打造"魔'数'世界"——用足课程教材,促进课程整合

《数学课程标准》明确指出:"让学生通过学习,能够获得适应未来社会生活和进一步发展所必需的重要数学知识以及基本的数学思想方法。"我们将数学教材中的拓展内容具体化、游戏化,改变学生学习方式,整合而成的"魔'数'世界"校本课程,其内容设置的目的在于培养学生综合运用有关知识与方法解决实际问题,培养学生的问题意识、应用意识和创新意识,积累学生的活动经验,提高学生解决现实问题的能力。

"魔'数'世界"校本课程,其内容来源于沪教版小学数学课本"整理与提高"单元中的"数学广场"。这一内容与课本知识前后没有关联,编排也相当简单,最早是不做知识考查的、可教可不教的内容。后来才有老师慢慢去关注它,但是由于不能清晰地揣摩编者意图,不能精准把握教材内容的重难点,使得这一内容的教学一度成为难题。

通过对分处在小学二年级到五年级数学课本中的"数学广场"进行研究分析,我们发现,"数学广场"的教学内容几乎涵盖了小学、初中、高中阶段常用的数学思想方法,比如数形结合思想、建模思想、化归思想和类比思想等(详见表10)。对于我们这所九年一贯制的学校来讲,深度研究这些内容,有助于中小衔接活动的开展,可以整体推进小学与初中的有序衔接和深度融合,促进学段贯通。

其中四年级的"位置的表示方法",利用有序数表示平面中物体的位置,可以为中学的"坐标"学习奠定扎实的基础,可谓意义深远。

表10 各年级"数学广场"内容及对应基本数学素养要求

年级	主要内容	小学数学基本要求中对应的数学核心素养
二年级上	点图与数	经历探究活动和猜想活动，提高按规律合理猜想、推理能力；在过程中感悟数形结合的思想。
	幻方	通过计算判断九宫格中所填的数是否符合三阶幻方的规律，渗透建模思想。
	从不同方向观察物体	在全面观察的过程中发展初步的空间观念、空间想象能力和观察能力。
二年级下	列表枚举	通过两种列表方式的对比，感受数学思考的条理性。
	七巧板	通过用七巧板拼搭图形，发展空间智能。
	流程图（1）	看懂流程图，并能根据流程图准确操作。
三年级上	植树问题	从对实际问题的观察和具体操作中（数形结合思想、化归思想），探索并初步了解间隔数与间隔物体的个数的关系（建模思想）。
	周期问题	体会画图、列举、计算等解决问题的不同策略，能根据实际情况选择合适的策略。
	流程图（2）	理解流程图，根据流程图完成"造减法塔"等数学计算游戏。
三年级下	搭配	发展观察、分析、推理能力以及有序地、全面地思考问题的意识。
	谁围的面积最大	经历用火柴围正方形的过程，发展分析、归纳、概括、推理的能力。
	数苹果	感受数学思考的条理性、数学结论的明确性以及数学的美。
	放苹果	发展观察、分析、推理能力以及有序地、全面地思考问题的意识。
四年级上	相等的角	通过图形观察，探究有关相等的角的问题，初步体验几何推理的过程，感受数学思维的逻辑性、数学结论的明确性。
	通过网格来估测	理解"用网格来估测"的方法，提升数据收集能力。
四年级下	用多功能三角尺画垂线与平行线	通过观察、比较等，知道多功能三角尺上互相垂直、互相平行的线段。
	计算比赛场次	能借助连线、列表、计算等方法解决比赛场次的问题。
	五舍六入	初步体验求近似数的方法是多种多样的。
	位置的表示方法	能够初步使用有序数对（a，b）表示物体在平面中的位置，渗透建模思想、坐标思想。
五年级上	编码	初步体会数字编码思想在生活实际中的运用。
	时间的计算	会用时间线段图和竖式（带有时间单位），解决与时刻、时间（段）相关的现实问题。

于是开发"魔'数'世界"校本课程成了我们数学教研组的研究主题。"魔'数'世界"面向全体学生,渗透数学思想方法,意图是让每个学生受到数学思维训练的同时,激发探索数学问题的兴趣与欲望,感悟数学的思想方法,学会运用数学思想方法尝试解决问题,体验解决问题的策略、方法,促进学生全面、持续、和谐的发展。

二、"魔'数'世界"的课程优化与再设计

(一)课程内容的再设计

以四年级"位置的表示方法"为例,教材中的内容仅见右图。

就一张图、几句话,没有显性的知识要点,没有相应知识形成的序列性和逻辑性,没有针对性的配套例题和练习。我们认真研读教材,理清教学的主要内容,基于教材中的图文信息,提取学科教学的核心信息,并梳理出本节课的知识要点。如,本图中的核心信息是要掌握直角坐标系的建立方法,用有序数对表示景物的精准定位,并将有序数对如何与直角坐标系建立一一对应关系。

(二)"魔'数'世界"促教与学的方式改变

随着对"魔'数'世界"的不断研究、不断实践、不断反思,对"魔'数'世界"的认识也越来越深刻,"魔'数'世界"重在知识的形成探究过程,让学生逐步感悟基本的数学思想方法,逐步积累有效的数学活动经验。我们认真钻研教材、反复研讨,形成了有知识逻辑性、有探究过程序列性的教学资源文本的学材模式。

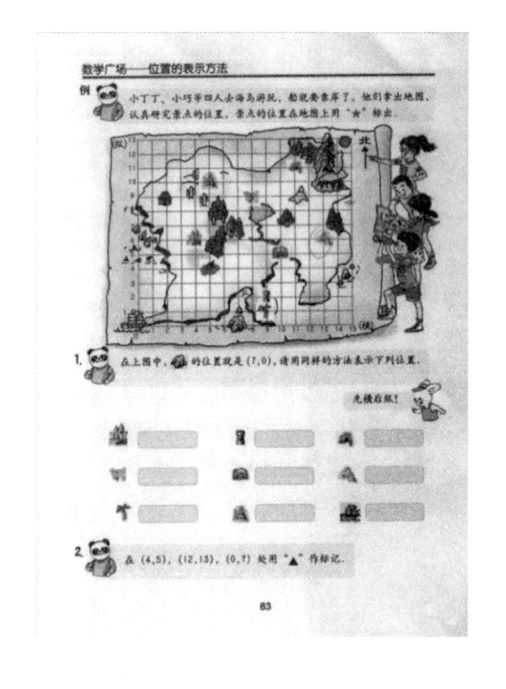

板块	内容及意图
问题情境	创设生活情境,引发深入思考,发展数学思维,提升探究学习能力。
专项练习	自信参与,巩固提高,增强学习信心。
综合实践	充满挑战,在综合实践中充分让学生表现自我。
数学阅读	力图让学生接触各种素材的数学资料,为学生提供丰富的数学知识,感受数学源于生活、数学服务于生活。

例如,基于"位置表示方法"这一课时核心知识内在的逻辑关联性,在教与学的过程中关注新知生成的序列性设计,引导学生在不断的探究中经历新知习得的过程,感悟数形结合和建模

思想。通过创设与位置相关的生活情景或数学情景,引导学生学会探究问题,解决问题的方法。

多样化的数学思想方法渗透,开拓了学生的思维,促进了个性发展,让学生自信学习,真正提高数学素养。笔者在听三年级数学随堂课时,本校的董老师出示了这么一道题:把一个长是 24 厘米、宽是 12 厘米的长方形均分成两个小长方形,周长增加了多少厘米? 巡视发现,董老师班上的大部分学生是利用画图策略进行探究解答的。可见他们掌握了通过数形结合的思想方法完美解决实际问题的思路。

让我们一起来看看本校在 2012—2016 年的上海市绿标测试中的几个数据。

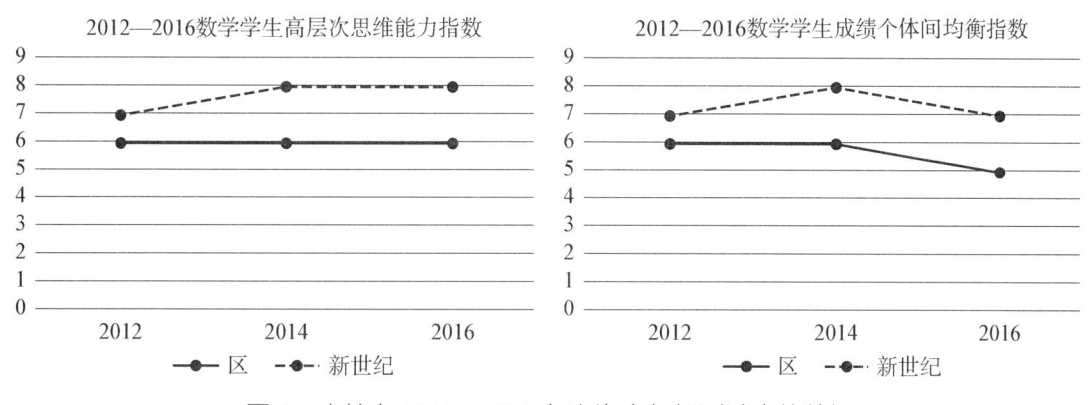

图 9　本校在 2012—2016 年上海市绿标测试中的数据

从上图中可以看出,本校学生"高层次思维能力指数"三年均高于区均值,从这一侧面充分展现了"魔'数'世界"的魅力。

(三)"魔'数'世界"的内容补充与完善

《数学课程标准》中指出:"重要的数学概念与数学思想宜逐级递进、螺旋上升。"我们对"数学广场"中的 21 个内容进行深度挖掘,合理吸纳,有效整合,又研读了人教版、苏教版等数学课本,对"魔'数'世界"的内容做适当补充,整体优化我们的课程结构和知识体系,不断提高国家基础型课程的教育教学效果。如拓展补充二年级的"平移旋转"、四年级的"巧求面积"、五年级的"等积变形"等内容,由浅入深、层层递进,不断丰富数学知识,不断完善知识结构。

总之,在小学数学教学中渗透数学思想方法是一个挑战性的问题。"魔'数'世界"的打造整合,转变了教师的教学观念,改进了教师的教学方式;改变了学生的学习方式,引发了深度思考,创新思维,从而让不同层次的学生都能学有所获,很好地促进了能力的提高,促进了可持续发展。把校本课程定名为"魔'数'世界",顾名思义,就是为数学课程注入魔力,让孩子们着魔般地迷上数学,迷上学习,提高能力,提升素养。

第四章

精致：细化特色学科建设

第一节　问题：特色不足，质量不显

　　特色学科建设是学校特色形成的一个重要载体，关乎学校内力提升与特色发展。如果一所学校对学校学科建设缺乏独立的思考和长远的规划，其结果是办学模式趋同、教学模式的大众化、改革措施相近，学校很难形成符合校情、贴合学情的教育路径。学科特色存在于不同的学科特质中，存在于学校校本化课程体系中，存在于特定的教学环境和教学对象中。学科特色不在于形式特立独行，而在于其内涵价值的独特性，能够依附于学校特色文化，能够抓住学科特点，能够提升学生学习效能。我们认为，特色学科越丰富，学生的学习经历越丰富；学科特色越显著，学生的学习越深刻。学校课程变革必须深入到课程建设中，厚植学科特色，建设特色学科，努力让学生在"特色"浸润中，养成特定的学科思维，助力学生个性成长。

　　随着我校改革深入，优质学科和特色学科的诉求日渐凸显。学科课程建设探索也层出不穷。在学科课程建设过程中，也面临诸多问题。最突出的问题就是"特色不足""质量不显"，具体体现在以下两方面：

一、"特色"只具形不具神

　　在很长一段时间的实践中，学校特色课程建设停留在"形式"特色钻营上，为了特色而特色。因而，很多课程搞得轰轰烈烈，却只能停留在浅层次利用上，无关学校特色的形成与学生需求的满足。特色学科之"特"并不在于形式的新颖多变，而是关注学科本身。学习置于课程中心。学科学习应着眼于在特定场景揭示人类学习的复杂机制，以建立关于"人是如何学习"的系统框架，并据此全方位地开展对教与学的深刻研究。对此，我们才可以提升对学科内涵的理性认识，把握学科发展的"典型证据"。

二、不能凸显学生需求

　　学校打造特色课程，厚植学科特色，到底是立足于什么？很长一段时间内关于这个问题的思考似乎并没有走进课程建设的视野。特色课程建设的目的归根结底是为了满足学生的发展需求，是为了丰富学生的学习经历。此前，学校学科建设中往往忽视了对学生需求的评估，如此打造出的学科课程很难达成既定目标。学科建设就是要更加高效地组织学科要素，使学生的成长获得更适当的指导。特色学科让学生带走的不仅仅是教学内容，还有超越内容的学科素养。教与学双向联动，对打造深化学科内涵才能起到积极作用。

第二节 价值：课堂教学的形变与质变互生

一、学科建设的思考与准备

学科建设(disciplinary construction)中的"学科"是一个系统、一定科学领域的总称，由若干相关科目或者课程组成的学科群。例如，数学学科可以由算术、代数、几何等下位学科组成。

学科有两个基本含义：

（一）学术的分类。学科作为知识体系的科目和分支，指一定科学领域或一门科学的分支。如自然科学中的化学、生物学、物理学，社会科学中的哲学、社会学等。学科是与知识相联系的一个学术概念，是自然科学、社会科学、人文科学知识系统内知识子系统的集合概念；学科是分化的科学领域，是自然科学、社会科学、人文科学概念的下位概念。学科一般是指在整个科学体系中学术相对独立，理论相对完整的科学分支，它既是学术分类的名称，又是教学科目设置的基础。中小学的科目主要指语文、数学、地理、生物、英语等。

（二）学校、科研等的功能单位，是对人才培养、教师教学、科研业务隶属范围的相对界定。

学科建设中"学科"的含义侧重后者，但与第一层含义也有关联。学科包含三个要素，即构成科学学术体系的各个分支；在一定研究领域生成的专门知识；具有从事科学研究工作的专门的人员队伍和设施。

学科建设不仅具有学术上分类的学校教育内容的分科目的意义以及学科水平的发展与课程建设价值，而且也是学校教育管理的范畴以及重要组成部分。学科作为功能单位，具有一定的业务管理属性。

学科建设主要包括六大要素：①学科定位，明确学科方向、发展层次；②建构学科队伍，涌现学科带头人、学科梯队；③科学研究，组织课题研究；④人才培养，培养有志于学科的学生；⑤形成学科基地，具有高水平的实验室与设施、重点课程；⑥学科管理，形成与学科发展相适应的组织文化。学科建设状态及指标是体现一个学校发展水平的重要标志，也是学校社会影响力的主要依据。

学科是学校赖以生存和发展的基石，代表着学校的实力、特色和水平。学科建设是学校建设的核心，是教学、科研、人才培养和教研的重要基地，处在学校各项工作的龙头地位。学科建设是学校的一项综合性、系统性、长远性的基础建设，是学校的立足之本。加强学科建设对于提高教育质量和科研水平，形成办学特色和优势，增强办学实力，具有极其重要的意义。

学科建设有着两个主要维度：一是学科建设应该具有学校管理工作属性，即将学科建设视为一种管理工作，包含了学科规划、学科内涵建设、学科建设过程监控以及学科建设绩效评价等管理活动；二是学科建设具有学校教育专业建设属性，即学科建设是以学科来划分的一种教育实践活动，具体内容包括学科发展方向、师资队伍、学科教育研究和学生培养等具体办学活动。这两个维度是互相联系,而有所区别的。因此,中小学的学科建设是指对学校的学科在管理上与学科专业上进行统整,并促进其发展,不断提高学科总体水准的过程。学科建设是学科专业的组织活动体系。学科建设作为一个系统具有"要素—结构—功能"的机制。

我们认为,学科特色建设是指通过一定的组织机制、组织政策、组织行为推进学校学科不断优化学科结构,凝练学科特色,发展学科优势,提高学科整体水平的发展过程。推进各学科的建设必须遵循规律,形成有效的、符合学科特质的、情境化(校本化)的具体学科建设经验,然后在此基础上获得学科建设的一些经验,最后获得"新优质学校"办学的规律性认识。

学科特色建设是学科建设的手段与形式,不是学科建设的终极目标,即不是为了使某门学科成为名学科,而是为了促进学科建设达到所有学科均衡发展。对学科特色建设的"特色"的理解要注意以下三点:(一)不是为追求"特"而"特",要有教育价值;(二)不是追求"不同",要在符合教育规律的前提下做得更好;(三)不是文字表述上的"特",而是实践成果上的出色。

在中小学学科建设中还存在着一个认识上的误区:课程建设即学科建设。这样的认识导致在办学实践中忽视了学科建设。学科与课程是不同的概念,由于中小学同一学科中的课程较为单一,因此会产生误解,把课程当作学科。一般而言,学科的范畴要比课程广一些,例如化学学科可以包括有机化学、无机化学、生物化学等课程。我们必须注意到,随着中小学课程建设的校本化以及课程的丰富性发展,出现了同一学科的不同课程,例如数学拓展课程、数学探究课程、数学活动课程等,从不同角度开设某一学科的不同课程。因此我们必须正确区分课程与学科的不同,以便更好地开展学科建设与课程设置。

二、学科特色建设的内涵

学科特色建设的内涵是十分丰富的,而且由于价值取向上的差异,更表现出内涵的价值指向性。学科特色建设在基础教育中的内涵主要包括以下几个方面:

其一,学科特色建设从学校所有学科发展的整体出发,强调学校所有学科都应该有最佳的发展,形成优势,提高质量。这是由基础教育的特点所决定的,不同于大学的学科建设受学校的办学目标与培养目标所影响。

其二,学科的特色建设是学科建设的一种方式,通过学科建设中的某一点或者某一做法使学科建设明显发展,总结出经验,形成其学科发展的特色。

其三,学科特色建设也可以表现在学科建设的成果上具有显著性或者创新性,也就是学科建设成效突出、成果有特点。

其四,学科特色建设与特色学科建设不是同一概念。特色学科建设是指一门或者若干门学科的特色建设,关注的是部分学科。学科特色建设与特色学科建设涉及概念的名实论关系。

其五,学科特色建设强调的是学校所有学科要想方设法建设好,据此学科特色建设的含义不容易产生歧义。而"特色学科建设"用"特色的学科建设"来为"特色学科建设"做注解,本身就属于逻辑学上的概念调换,实际上改变了概念的修饰语、适用范围、所指对象等具体内涵。

因此,我们认为学科特色建设不是追求奇特、怪异。例如有的学校围绕"蟹文化"开设有关蟹的课程作为学校课程特色。这类知识不属于基础性知识,学校无权以学校特色强制全体学生学习,有违教育伦理。出现这类现象,是由于办学导向上的"人无我有""一校一品"这类教育管理。学科特色建设的"特"是强调学生学科学习与发展上的成效特别明显,特别遵循学科建设规律,特别重视总结学科建设的经验。因此"特色"不是奇思怪想、别出心裁,而是创造性地遵循规律、培养好学生,也就是在基础工作上做得特别好,突显这个"特"字。

三、学科特色建设的基本结构

学科特色建设是有其规律的,把握规律是开展学科特色建设的基础,以避免起头轰轰烈烈结果却是空空洞洞。首先我们根据系统论的"要素—结构—功能"原理对学校学科特色建设的要素进行分析,研究其结构,发挥各要素与相应结构的功能,从而主动把握学科特色建设的规律。

学科特色建设的基本结构主要包含学科文化培育、课程教学改革、学科课题研究三个方面。

> **学科文化培育**
> 学科文化:学科理念、教学主张
> 课程建设:课程校本化、特色校本课程
> **课程教学改革**
> 教学方法:形成适合学校的教法
> 学习方法:促进学生运用自己的学习策略
> 课外活动:有学科课外活动,有特色项目
> **学科课题研究**
> 教研组有学科课题(特色发展方向)

这三个方面相互依存,相互促进。学科文化是学科特色建设的灵魂,对学科特色建设的方向与内容有着导向作用,同时又是学科特色建设内容与形式的凝聚的集中反映。课程教学改革是学科特色建设的关键方面,没有课程与教学,也就没有中小学学科建设的价值。学科课题研究是基于课程教学建设,尤其是特色建设的需要,所实施的建设内容,也就能有针对性地解决课程教学中突出的问题。

四、学科特色建设的形式维度

学科特色建设的形式维度主要包含学科团队建设、学科资源建设与学科管理建设三个

方面。

> **学科团队建设**
> 师资结构：学科教师梯队结构良好
> 涌现教师领导者
> 教研活动：教研活动有专业质量
> 硬件设施：实验室仪器、活动设施丰富
> **学科资源建设**
> 公共关系：能得到专业支持、对外有影响力
> **学科管理建设**
> 核心层面：学校层面——校长室
> 中介层面：职能部门——教导处、科研室等
> 重心层面：教研组层面——各教研组

学科特色建设要有一定的资源与环境的支持才能有效地开展。这些资源与环境主要涉及人力资源、物质资源、环境资源与管理资源。有效利用好这些资源与环境是实现学科课程教学与学科课题研究的必要保障。

在学校学科特色建设中，要重视把握其特征。学科特色建设的特征是其本质的反映，也是其规律的表征。我们在实践中透过现象，归纳出了学科特色建设的五个主要特征：

（一）独特性

学科特色建设的独特性意味着学校每门学科都有其独特的教育价值，不是其他学科可以代替的。学校不只是语文、数学与外语学科是重要的，其他学科例如体育、音乐等各具有重要教育价值。学校办学必须重视每一门学科的建设，为学生学好每一门学科提供必要的条件，从而真正落实促进学生全面发展的办学任务。

（二）特质性

学校每门学科都要依据学科特质发展。每门学科都重要，但是每门学科都有自己的学科边界，即自己学科的知识体系，学科的范畴。没有自己的边界也就不存在自己特定的学科，因此每门学科都有自己学科的特质，有着自己学科的规律。认识与把握不同学科的不同的特质，是搞好学科特色建设的关键。在实际工作中，不少人在自己的课程教学工作中表现出缺乏对学科特质的把握，讲套话、讲空话成风。这些话语用时髦的"教育话语"装饰，一个明显特征就是缺乏学科特质。

（三）特征性

学科特色建设的特征性是指学校每门学科都要形成符合学生身心特征的学科内容与学习

方式。学生身心特征不仅表现出年龄阶段的差异,也表现在不同学生个体的差异。学科教学要根据各自学科特质按照学生的认知规律、学生学科能力发展规律等展开学科教育(教学),以适应不同年龄阶段学生学习同一学科。例如,小学低年级学习数学与初中高年级学习数学,由于学生的思维发展阶段的差异,同一学科数学的教学方法应该有所不同。不同学生在学习不同学科时在情意、认知、能力上都会表现出不同的心理倾向与发展水平,因此每门学科的教学必须符合学生的身心特征,尤其是学生在学科学习上的差异。

(四) 特殊性

学校每门学科建设都要寻找适合自己学校特点的突破口开展建设。尽管各学科有着自己特定的学科体系,但是学科建设与学科管理是一个相当复杂的系统工程。不同学校所处的区位不同,办学经历与经验不同,师资等各方面的学科资源不同,因此学科建设应该根据实际情况采取相应的对策有效地实施。针对学校不同的条件,选择本学科建设的突破口,确定适合的学科建设主要任务与实现方式,即学科建设的道路。

(五) 特显性

学科特色建设的特显性是指学校每门学科都要涌现学生特显的成绩,也就是学科特色建设以学生在本学科学习中所取得的成效及其社会影响为表征。这是检验学科特色建设的唯一标准。现在不少地方都讲学校特色建设、学校发展的"一校一品",其实不少是"纸面上的富贵",这种特色没有给学生的终身发展带来益处,只是满足了学校的"特色",为学校"特色"服务。也有为名师涌现"搭台"炒作,以一节或者几节课的教学秀、一件事或者一篇报告的宣讲而出名,这与教育的本义相违背。因此学科特色建设不是以所谓的"特色"作为依据,而必须以学生的学科学习的成效为依据。

五、学科特色建设的任务与思路

学校学科特色建设的基本任务是通过学科特色建设的实践,找准学科特色建设的突破口与重点,使具有学科特色的学科数量与高成长性学科明显提高,全校学科特色建设水平(数量与质量)逐年提高,学习的各学科获得均衡发展,从而促进学校整体办学品质的提升,实现"让每一门学科为学生所喜爱(钟情)",促进学生全面发展。

学科建设是学校建设的基础,兴校之本,是实现"新优质学校"的支撑点,也是落实学校培养目标的基本途径。通过学科特色建设,构建丰富多元的课程体系,打造充满活力的教师团队,开发优质高效的教学资源,铸就富有影响的品牌课程,培养自主有意义的学习方式,营造乐学善思的校园文化,提升学校办学品质。

学校学科特色建设的具体任务:

(一) 建设好每一门学科

每门学科都要建设好,这是学科特色建设的基本目标任务。每门学科都要寻找具有教育

(课程教学)意义的突破口,从而有益于学生全面发展与终身发展,是全面实现素质教育的需要。

实施学科重点建设。学科建设对于一所学校来说,不可能在短时间内完全实现学科特色建设的目标,因此必须实施学科重点建设。所谓学科重点建设并不是以某一学科为重点学科,其他的划归非重点学科,而是在一定时间内现把若干学科先建设好,分批实现学科特色建设。在学科建设中,以提高课程教学水平为核心,师资梯队建设为关键,以基础学科建设为龙头,贯彻"重点突出、均衡发展"的建设策略,将学科建设与重点实验室建设、精品课程建设等紧密结合,不断优化学科结构,凝练学科特色,发展学科优势,提高学科整体水平。

(二) 凸显每一门学科特色

每门学科都要寻准具有教育意义的突破口,在课程教学上有所建树。"具有教育意义"是学科特色建设的关键,不是以"特"为特,不只是在"特"字上做文章。

我们首先要端正"特色"的理解,理清思路,才能明确方向。我们的特色不是追求"特"而"特",要有教育价值;不是追求"不同",而是要在符合教育规律前提下做得更好;不是文字表述上的"特",而是实践成果上的出色。我们坚持学科建设上的整体取向,学科特色建设是学校所有学科都应该有最佳的发展,形成优势,提高质量,而不是以一门或者若干门的特色学科建设为目标的部分取向。我们的学科特色建设是旨在把最基础的各学科工作做好、并发展凸显出来,这才是我们的目标,而不是脱离教育、教学最有价值的学生学习,搞一些偏门的"人无我有"。

学科特色建设要有思路,才能把握其建设的路径。学科特色建设的思路是基于学科建设的规律以及学科发展的现状。没有思路就没有出路,就是说在学科特设建设过程必须以其昭昭而行事,而不能以其昏昏而乱事,也就说对学科建设要有整体思考性的实践的路径。

依据以上理论,在学校的各学科特色建设中,形成了两项具体的管理领导思路与建设行动思路。

思路一:"均衡发展,整体提升;重点突出,局部超越"的管理领导思路。

这条思路强调"均衡发展,整体提升",要求全校的各门学科都要发展,都应该均衡发展,不能偏废某些学科。我们坚持认为在义务教育阶段的每一门学科对学生都是十分重要的。各门学科的良性发展促使学校的各门学科在整体上不断发展,学科建设水准不断提升,从而为学生的全面发展提供保障。因此学校在学科特色建设必须有全面规划,各学科要有具体的行动方案。

这条思路强调"重点突出,局部超越",在具体的建设过程中,学校应该分阶段推进,每个阶段有明确的目标,突出重点项目。在学科建设的速度、要求上应该有差异。可以选择一些基础较好的学科组先行先试,积累一些经验,为其他学科组提供可供借鉴的经验。到达一定的阶段,各学科组都应该在学科特色建设的某些方面有所发展,有所突破。没有突破就没有问题的解决,就不可能有积小成大的发展。没有局部的成功就难以达到整体的发展。

思路二:"创新推动、专业行动、注重过程、解决难点"的建设行动思路。

学科特色建设本身意味着以新视角、新的内容、新的路径进行学科建设,并形成与众不同的学科特点,达到超过一般水平的学科水准。这就需要学科教研组具有学科建设上的创造建设与设计能力,以此推动学科组人员的专业行动。学科建设不能只是行政推动,其内在的动力是专业性,本质上是科学性,遵循规律。学科特色建设办学以专业行动来实现。这项思路强调学科特色建设要注重过程。学科发展特别是特色发展是"生产"出来的,不是靠检查、评估出来的。没有过程就没有结果。学科特色建设的每一步都要走得踏实、坚实。同时我们应该把一定时间内有限的时间、精力与资源放在解决关键问题、突破难点上,使学科特色建设有所进展。学科建设中的难点往往是学科特色的发展。只有抓住难点去解决,才能使学科特色建设有步骤地推进,取得实效。

第三节 方法:特色学科建设的"关键路径"——"双案"联动

为了突破特色学科建设的难题,谋求学校发展转型之路,秉承"科研兴校"的理念,学校于2011年成功立项上海市宝山区区级重点课题《"双案"联动下的"弹性预设—互动生成"课堂实践研究》,旨在通过教学科研解决如下三个问题:

其一,学生的问题:以学生为中心,切实减负增效提升学生学习品质。

我校学生以务工子女为主要生源,小学部占比77%,初中学段达到39%。较多学生学习态度消极被动、厌学情绪普遍;学习习惯不良,学习方法落后,最后表现为学业成绩不佳。我校在课题设计过程中,旨在通过研究问卷调查、数据分析摸清学情,以切实满足学生学习需求,减负增效,提升学生学习品质为出发点,探索实践以学案与教案为载体有效改进课堂,真正实现"以学习者为中心"的教与学。

其二,教师的问题:以教师为重心,切实转变教育理念突破职业瓶颈,提升教师职业幸福感。

课题立项之前,我们已经对学校教师教育教学现状进行了梳理,最为突出的问题是教师教育教学观念落后,职业幸福感低。大多数教师仅仅围绕教材,为考试而教,作业低层次重复操练,教师在课堂课后均以知识习得、技能操练为要,评价标准单一,忽视学生学习方法的指导;教师因疲于课堂满堂灌、课后机械操练,整体感觉工作压力大,创新改进的主动性不强,导致职业幸福感低。我们清楚地认识到学校发展的关键在于转变教师教育教学观念,突破教师专业发展瓶颈,依托课题,开展行动研究,切实有效地帮助教师得到"学生的爱戴感、教学的胜任感、探究的新鲜感、成功的愉悦感",从而真正享受职业的幸福感。

其三,学校发展的问题:依托课堂拓展育人内涵,提升办学品质,建成一所优质学校。

一方面,我们的教育承载着过多的社会压力:升学、就业、致富、当官、成名成家……这些压力通过考试、升学全部加在学生、家长和教育者身上。学校的知名度往往与阶段性的分数、升学相关。教育本身的"育人"功能被严重漠视,它让教育的功能异化,最显性的问题就是忽视课堂是育人的主要场域。一方面,近年来,宝钢新世纪学校正陷入低谷徘徊的境地。走出困境,办一所优质学校,自然是校长的职责所在。但,办一所怎样的学校,是替学生的一阵子着想还是为他们的一辈子负责?这是学校课题立项之初的最大问题。

准确定位,依托课题寻求学校变革的突破点,办一所优质学校是笔者,即本课题领衔人的最大目标。笔者清醒地认识到,要达成这一目标,办学必须逐步实现从硬件建设到内涵发展的转变,通过课堂来实现习惯、思维等的转变,让有效的教育教学向纵深发展。这个深层次发展的关键点,即依托课堂拓展育人内涵。《"双案"联动下的"弹性预设—互动生成"的课堂实践研究》的设计与思考,旨在依托课堂提升教学质量的同时,实现"自主—合作"的德育目标,课堂将不仅仅是知识传播之地、技能训练之处,更要成为育人育心、文化生成之所,让宝钢新世纪学校的孩子学会学习的同时,更学会尊重、选择、等待……涵育保障他们未来幸福生活一辈子的优良品质。

一、研究设计

依托课题研究,拟实现以下目标:

(一)扭转学校发展现状,办一所学生有发展、家长认可、教师幸福的优质学校。

(二)依托课题,更新教师教育观念,开展行动研究,真正有效实现"以学习者为中心"的教育理念行动化,促进教师专业发展,提升教师职业幸福感。

(三)核心目标是通过《"双案"联动下的"弹性预设—互动生成"》课堂实践,实现减负增效的有效的教与学,提高学生学业成就。

因此,学校及教师的主要研究内容包括:

(一)梳理相关教育教学理论及实践经验,厘清"学案与教案"的关系,形成对"弹性预设""互动生成"之内涵的准确表述,夯实课堂设计的理论基础,保证教与学的有效性实践。

(二)梳理课堂教学现状与核心问题,准确定位改进方向,逐步形成学案、教案基本体例及其编制的基本规范,研究二者之间有效联动的内在机制和改进策略。

(三)逐步归纳"双案"联动下"弹性预设—互动生成"的课堂教学策略。

(四)逐步形成以"自主—合作"为导向的课堂评价体系,引导生成以学习者为中心的"自主—合作"的课堂文化。

(五)以"双案"联动下的"弹性预设—互动生成"的课堂教与学的有效实现为目标,探索、发现不同学科教师专业发展的路径与方法。

基于对宝钢新世纪学校的课堂教学现状与问题的分析，寻找相关理论与实践经验，形成"学案""教案"双案互动生成的教学设计，以学法指导、评价导向、师生关系、同伴互助、课堂育德观念、班级文化建设等为保障，探索实践有效的教与学，以此为依托发展教师队伍，提高学生学业成就，拓展课堂内涵，提升学校办学品质，最终实现建成一所"新优质学校"的总体目标。

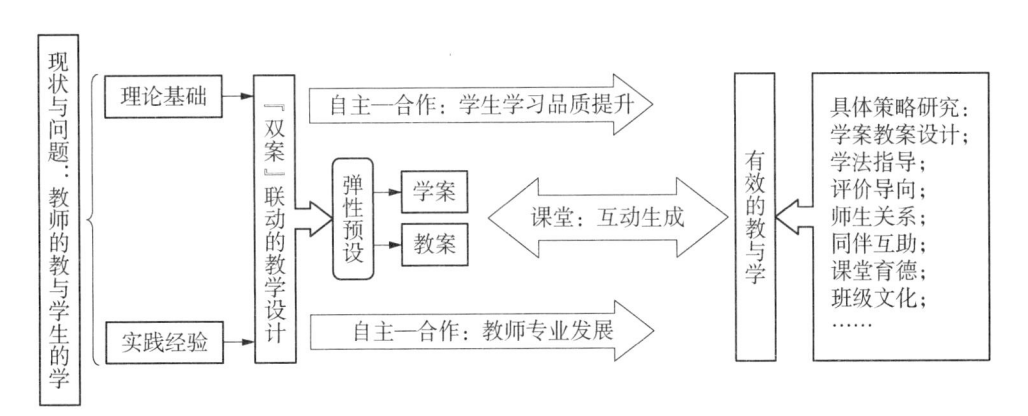

图10　"双案"联动研究思路

主要研究方法有：

（一）文献研究：我们将"学案""教案""学案与教案的联动""弹性预设""互动生成"等课题研究关键词从中国知网上进行文献搜索，梳理出相关研究成果，从中寻求、发现本课题研究的理论基础与实践经验。

（二）问卷调查：为确保课题研究真正服务于课堂教学的改进，我们先后对我校教学现状、学生学习现状及课题研究中学生对课题推进的反馈等进行了一系列问卷调研，从中既管窥教与学中存在"刚性预设"、漠视学情分析、师生互动不充分、淡化学生主体、学法指导意识不强、同伴互助指导不明显等不足，也发现课题研究推进中教师改革欲望强烈、学生积极参与性强等优势，确保课题研究能更好地服务于学校课堂改进。

（三）行动研究：始终坚持"做中学、研中学、学中做"的行动研究原则。我们细化课题研究内容，抓住主要学科，以教研组为单位，发挥集体智慧，逐项重点突破。首先强调"行动"，其次强调在研究、总结经验的基础上逐步推进，最后才强调显性成果。学校科研最终的目的是推动学校"静悄悄的革命"，真正实现师生"自主—合作"，学习中共同成长。

二、核心概念解析

（一）"双案"

"双案"即学案与教案。本课题中的学案是以学生"学前"状态为基点，以学科知识为主线，以课时和课题为单位，以问题为载体，以促进学生自主探索、构建新知为主旨，由师师（备课组乃至教研组教师)、师生共同制订的学习方案。本课题中的教案与学案呼应,不唯书、不唯师,将学生的学情分析纳入其中,顾及课堂的复杂多变,弹性预设教学目标、教学重难点及教学环节的教学方案。

（二）"双案"联动

包含四个层面,即①编制理念的联动,师、生并重,"教""学"并行,实现"教师主导、知识为本"与"学生主体、学法为要"的联动;②体例编制的联动,学案与教案的体例编写要呼应;③具体实施的联动,"以学定教、以学促教";④实施成效的联动,"以教导学、教学相长"。

（三）"弹性预设"

"弹性预设"相对于传统课堂中的"刚性预设"而提出。弹性预设不仅体现于教学方案设计,也贯穿教学进程始末。课前,根据对学生具体学习状态与需求的调研,灵活、开放地预设教学目标、设计活动方案等;课中,顾及教学进程中可能出现的变化,预留一定的时间与空间,充分发掘、激活、生成有意义的"资源";课末,设计伸缩性强的作业或思考题,指引学生课后的延伸性学习。

（四）互动生成

"互动生成"是相对于课堂教学中"师—生"的单向灌输而提出的,它倡导师师、师生、生生间实现多向交流,以动态生成的方式彰显课堂的丰富性。具体言之,互动生成的具体环节有方案设计环节、教学过程始末和教学评价环节。互动生成的主体包含师生互动(1对1或1对多)、生生互动(学习小组内及学习小组间的互动)、师师互动(备课组教师的互动、教研组教师的互动甚至是一线教师与专家的互动)。互动生成的表现分为资源生成(出乎教师课前预期的课堂"意外",不屏蔽,且视之为课堂资源)、过程生成(在开发课堂新资源的过程)、拓展生成(产生新问题、引发新思考、获得新体验、达成新认知等)。互动生成的特征为有向开放、交互反馈和集聚生成。

（五）"自主—合作"

本课题中的"自主—合作"涵盖三方面内容,一是指教师在课题研究中的唤醒教育自觉,形成专业自主发展意识,在教研组中合作互助,形成教研共同体;二是指师生依托学案,自主练习、互动反馈、学法指导等方面的自主—合作;三是指学生之间在完成学案、解决学案问题、课堂学习互动中的自主思考、合作学习、互助学习等。所谓"自主"既指教师在学案设计、教案调试、"弹性预设"等方面对教与学的个性化解读,也指学生在学习过程中的自主。所谓"合作"是指教师之间、师生之间、生生之间的合作互助,旨在通过合作构建和谐的同事情谊、师生情谊及同学情谊,营造民主、和谐、积极向上的学校文化,在"自主—合作"中,激发教师的研究欲、提升学生的学习力,同时拓展课堂的内涵,提升学习品质、提高学业成就,实现育人与教学中师生的共同成长。

三、实施过程

具体实施过程经历以下五个阶段：

（一）酝酿准备阶段（2011年6月—2012年1月）

1. 全方位，明现状

秉承课题"基于教学、融于教学、指导教学"的理念，以校长为核心的行政领导，深入教师一线教学，观察原生态课堂面貌，通过问卷调查、师师访谈、师生访谈等形式，全方位采集信息、深入思考、凸显问题，全面准确地了解我校教育教学现状，以确保课题有的放矢地开展。

2. 多角度，理思路

以学案为载体，以预习环节为突破，在实践研究中不断完善思路，从关注"教"到关注"学"；从"学案"延伸至"双案"（学案、教案）联动；从"以学定教、以学评教"到"以教导学、以学促教、教学相长"；从宏观地勾勒教学愿景到微观地构建"弹性预设—互动生成"的课堂，研究思路日渐明晰。

（二）启动研究阶段（2012年2月—2012年12月）

1. 理论先行，思考跟进

利用上海图书馆丰富的文献资料及"中国知网"等学术网站的电子资源，启动并完成资料搜集、情报综述工作；基于理论引导，联系学校实际，制订切实可行的课题论证方案；认真参与课题申报工作，及时采纳专家建议，确保课题方案的成功申请。

2. 一组先行，多组联动

基于六、七年级数学组教师的实践尝试，调动整个数学组率先启动课题研究；再由试点学科，逐渐向语文、英语、理化生、政史地、音体美等学科扩展；进而使各学科组交流实践研究的经验，实现优势互补、资源共享、多组联动。

3. 骨干先行，全员参与

依托我校学科专业委员会这一学术团队，会员率先参与课题研究，完成子课题的申报、论证、立项工作，及时总结经验、完善思考，影响并带动其他教师参与课题实践研究，形成全员参与的研究格局。

4. 案例先行，经验积累

以学案教案为载体，不断完善"双案"的体例编制、深入思考"双案"联动的策略、积极探索"双案"的内在关联；以课堂教学为研究阵地，在实践中感悟、在反思中改进、在探索中提升。

（三）完善调整阶段（2013年1月—2013年12月）

1. 完善思考，主线初定

基于实践研究的得失，通过理论学习提升、课题组成员群策群力，及时调整完善研究思路，夯实研究主线,通过开设讲座、交流会议等形式,统一思想,形成共识。

2. "双案"联动,体例初明

以学案引动教案的变化,在教学实践中,精心备课,认真编写学案教案,从备课中到教研组,定期研讨"双案"体例的编制,力争科学、可行。

3. 创新课型,模式初成

依托课堂教学,认真总结提炼由"双案"联动触发的课堂教学环节的变化,及时归纳由之而生的新资源、新策略、新感悟,积极探索"弹性预设—互动生成型"课堂的流程,并使之初具雏形。

4. 凝练经验,特色初现

基于实践研究,凝练经验,积淀智慧,个别学科优势凸显,某些教师能力趋强,一批学生脱颖而出,学校教育充满活力……总之,课题研究的显性价值初现。

(四)深入推进阶段(2014年1月—2015年1月)

1. 教学相长,面貌更新

以课题研究引领课堂实践,以课堂实践丰富研究内涵,"教""研""学"三维互动,构建"弹性预设—互动生成"的课堂,以期课堂面貌焕然一新。

2. 行动主动,文化自觉

从"要我研究"到"我要研究",从"公开课展示"到"家常课落实",从"任务驱动写文章"到"随时提笔写感悟"……在浓郁的科研氛围中,使教师由行动自觉转变为文化自觉。

(五)成果总结阶段(2015年2月—2015年6月)

1. 铸就品牌,特色凸显

通过课题研究打造精品课堂,铸就两至三个品牌学科、成熟一批年轻教师、培养一批名师,使"弹性预设—互动生成"的课堂惠及在校师生。

2. 升华认识,成果提炼

围绕课题,召开各级各类研讨活动,鼓励同学科教师群策群力,归纳提炼学科研究成功经验,撰写一批教学案例,推出一批精品课堂;科研室协助课题领衔人施忠明校长提炼课题成果,完成结题报告。

第四节 成果:"双案"联动促学科特色建设的行动研究与案例

一、关于学案的研究

(一)经验梳理与研究借鉴

"双案"由教学方案(简称"教案")和学习方案(简称"学案")两部分构成的,传统教案主要指向具体的教师教学过程,而学案则侧重于教师指导下的学生自主学习和知识建构。"双案"联动试图在两者之间构建联系,使得教与学的过程相互统一,基于此,本研究提出建构"弹性预设—互动生成"课堂实践的研究设想。围绕该设想,本研究以学案、教案和学案关系及联动方式、预设—生成类型的课堂实践为主题,进行了相关文献检索。

1. "学案""双案"关系及联动方式的相关文献研究综述

学案是相对于教案而言的,由于传统教案在中国语境下是一种普遍的教学行为,故本研究文献综述部分对其进行专门的梳理。本部分内容试图从学案的语言发生学考察、概念、设计的理论依据、内容、操作程序、作用等部分对"学案"进行相关研究文献综述。

(1) "学案"一词的来由

"学案"这一概念,在中国语境下主要包括两种含义:第一种含义指向古汉语中的学术研究史,例如黄宗羲的《明儒学案》一书,记载了明代儒家210位学者,分为17个学派,收录了学派代表著作、观点、与其他学派关系等内容。[1] 第二种含义指向学习方案,虽然在具体界定上存在差别,但基本含义都强调以学习者为中心的自主学习设计。作为本研究中使用的概念,"学案"在英文中对应的概念是"Learning Plan"或者"Learning Design",一般而言,其使用并非严格意义上的特指概念,而是由"learning"一词作为形容词限定的复合概念,在使用中作为个人或者团体的学习计划而存在。

"学案"一词的第二种含义,在教育研究中的使用历史十分短暂。在笔者所能收集到的学术文献资料中,最早在教育研究话语中使用学案概念的,是张承甫于《学位与研究生教育》杂志发表的《研究生自学必须"学案四备"——〈凝固理论〉授课一得》一文。该文在其时代强调自学的背景下,通过其讲授"凝固理论"的习得,提出学生的"学案"亦即学生的笔记所应具备的四种要素,如归纳、反思、总结等内容。[2] 作为非专业教育研究者,张承甫这一"学案"概念"独辟蹊径",具有极强的个人色彩,其并非学生广义学习意义上的计划,而仅指在特定学习过程中学生及时的记录,作为学生学习的一种途径出现。从研究方法来看,该研究更像是个人经验总结而非学术研究。从后续研究影响来看该研究的使用,1986年到1999年期间,没有一篇以"学案"抑或"学习方案"为主题的研究出现,这也从侧面说明该研究的局限性,以及该领域没有成为学术界关注的主题。

从1999年开始,"学案"概念正式进入学术研究的视野中,但该概念的使用轨迹并不是遵循从学术权威自上而下的传播,而是从少数个别、非权威化研究出发,逐步扩展到更大的研究领域范围。最早四篇研究是崔金波等对于学案教学模式初探的研究[3],其次是崔光秀将学案

---

[1] [明]黄宗羲.明儒学案[M].北京:中华书局,1985.
[2] 张承甫.研究生自学必须"学案四备"——《凝固理论》授课一得[J].学位与研究生教育,1986,(4):64—65+56.
[3] 崔金波,赵加琛."学案教学"初探[J].教学与管理,1999(8):38—39.

教学模式在历史教学中的应用研究，[1]随后是李忠美等进行的学案编写的研究[2]，张曙光等进行的以学案导学模式培养学生自学能力的研究等[3]。分析这一时期的研究，呈现出几个基本的特点：首先，这些研究所属的机构相同，均为山东平邑县第一中学，非专业研究机构；其次，研究所发表的刊物相同，即《教学与管理》；第三，学案是以教学途径的形式出现的，并非单纯意义上学生自我学习的计划；第四，概念的使用具有非确定性，如崔金波等为代表的"学案导学"研究，其直接理论来源为布鲁姆的教学目标设计思想，"学案"是话语仅仅相对于"教案"而提出的，考虑到"课程""教学"两套话语体系在实际课堂研究中对立，这一概念并非具有绝对意义上的区别，而仅仅是存在"教学论"话语体系，因而内涵外延均不明确，在后期研究中导致了话语的混淆、分歧和对立。

从2001年开始，针对学案研究呈现出地域分散性、研究机构及发表刊物的多元化，这一时期的代表研究有苏光洁在素质教育背景下进行的中学课堂的学案教学研究[4]，赵加琛针对学案教育模式十条理论原则的研究[5]，关士伟对于学案设计的理论背景的探讨[6]。

对已有关于学案的研究进行可视化分析，我们发现主要呈现四个特点。首先，学案研究有明显的阶段划分。学案研究正式开始于1999年，前后可以2006年为界划分为两个阶段，前期研究较少，而后继研究呈现直线上涨的趋势。其次，研究的数量和基础教育改革这一大的政策话语紧密联系。1998年发布的《面向21世纪教育振兴行动计划》中明确提出实施"跨世纪素质教育工程"，改革课程管理方式为学案的诞生奠定了政策前提，而随后1999年6月的《中共中央国务院关于深化教育改革全面推进素质教育的决定》则明确提出"智育工作要转变教育观念，改革人才培养模式，积极实行启发式和讨论式教学，激发学生独立思考和创新的意识，切实提高教学质量"，为学案的诞生提出直接的政策依据和具体方向，随后的《基础教育课程改革纲要（试行）》等文件强化了这种研究趋向，而随着2006年基础教育改革的全面展开，学案研究也呈现出全面化的趋向。第三，研究话语从单一的学案教学模式，逐渐向各专门学科、高等教育、职业教育等领域拓展，在方法上也开始和其他教学模式向联系，形成多角度、多视角的研究话语。第四，研究话语具有不等值性，具体研究概念和理论基础存在很大差异。

(2) 学案的概念界定

在学案的具体概念指向上，大致分为三种指向。

① 学案即教师制订的学生学习方案。区别一般使用意义上的"学习方案"或者西方话语中"Learning Plan"概念，这种学案的概念主要强调教师为学生制订的学习方案，而非单纯意

---

[1] 崔光秀."学案"导学模式在历史教学中的应用[J].教学与管理，1999(12):41—42.
[2] 李忠美,崔运昌,张宗奎.学案编写应注意的几个问题[J].教学与管理,2000(11):41.
[3] 张曙光,陈启胜.构建学案导学模式　培养学生自学能力[J].山东教育学院学报,2000(4):96—99+101.
[4] 苏光洁.构建符合素质教育要求的中学课堂教学模式——运用学案导学初探[J].教育实践与研究,2001(8):8—9.
[5] 赵加琛,张成菊."学案教学"的理论与实践[J].教育探索,2002(2):42—44.
[6] 关士伟,臧淑梅.学案设计的理论研究[J].教育探索,2005(8):28—30.

义上学生自己制订的学习计划和安排。如崔金波从教师指导下的课堂学习过程角度界定了学案,认为学案是在教学过程中发挥学生主动性、探究性的学习设计[①];贾如鹏也认为,所谓学案,是教师在充分调查了解学情、大纲、教材内容的基础上,根据教材的特点和教学要求,从学习者的角度为学生设计的指导学生进行自主学习的导学材料;王祥也认为,"学案是教师在学习理论、教学理论的指导之下,在授课前依据教学目的和学生认知结构的特点,以课时和课题为单位,把课本中相应的内容和预备知识,按照学生的认知水平,模拟问题发现过程,精心设计递进性问题系列,以引导学生沿着问题的台阶,完成自主探索真知的学习过程,是指导学生学习本课时或课题的学习方案"[②]。

② 学案即学生制订的学习设计。该种定义将学案的设计主体界定为学生本身,如赵加琛认为,学案是"在素质教育思想的指导下,由教师根据教学任务、学生的知识基础、能力水平、学法特点和心理特征的功能设计的或在教师指导下由学生设计的培养创新意识、训练和发展学习能力的供学生在整个学习过程使用的学习方案"。

③ 学案即学习材料。邵凤兰认为,"学案是把教学目标、预习任务、知识重点、教学步骤、评价任务等编写成供师生使用的学习材料"[③]。这种学案的定义使用范围较为狭窄,仅从辅导资料角度界定学案,认为学案归根结底是学生和教师学习的工具。

④ 学案即学习案例。如关世伟认为,"学案是在教案基础上,为开启学生智慧,发展学生能力而设计的在教师引导下由学生直接参与并主动求知完成的一系列的问题探索、要点强化等全程学习活动的案例"[④]。这种学案的定义从"案例"的话语使用角度界定学案,其指向为教学参考的性质。

纵观四种具有典型代表性的学案定义,我们不难看出学案在具体界定中存在很大差异性,这些差异在具体的研究中造成了很大的混淆。本研究所界定的学案主要综合了第一种和第二种定义,即学案是在教师指导下,为促进学生学习自主性以及探究性,由教师和学生共同制订的,在一定时间段内针对学生某个学科或整体学科的学习过程的安排。

(3) 学案的理论基础

现有学案研究中,针对其理论基础,主要归结为如下几点。

① 素质教育思想。学案的诞生是以素质教育为整体的话语背景的,尽管针对素质教育的理论基础存在种种质疑,如王策三对于由"应试教育"向"素质教育"转轨的提法的质疑[⑤],但不

---

① 崔金波,赵加琛."学案教学"初探[J].教学与管理,1999,(8):38—39.
② 王祥.学案导学:一种有效的课堂教学模式[J].教学与管理,2005,(35):5—7.
③ 邵凤兰.高中英语阅读课学案的设计与编写[J].课程·教材·教法,2001,(5):50—52.
④ 关士伟,臧淑梅.学案设计的理论研究[J].教育探索,2005(8):28—30.
⑤ 王策三.认真对待"轻视知识"的教育思潮——再评由"应试教育"向素质教育转轨提法的讨论[J].北京大学教育评论,2004(3):5—23.

可否认,素质教育思想仍然是研究理论的直接来源。其代表研究有苏光洁[1]、李增君[2]等,这些研究均承认素质教育为其学案研究的直接理论基础。值得注意的一点是,以素质教育为理论基础的研究,主要限定于早期的学案研究,而素质教育话语在近些年已经被更为时兴的"新课程改革""新基础教育"等话语所取代,因而近些年的研究中很少有将素质教育作为直接的理论背景。

② 布鲁姆的教育目标分类学。布鲁姆的教育目标分类学从教育目的角度对教学过程中目的进行了梳理,从而为教学过程提供了直接而具体的目标依据。在学案研究中,有的研究者据此将教学目标转换为学习目标,从而为学案设计提供了直接的依据,代表研究有胡贵和[3]。

③ 建构主义。建构主义是学案研究中使用最多的理论研究,这和学案的初衷是一致的,即发挥学生的主动性和创造性,强调学生自身建构知识的过程。如杨振认为"建构主义教学强调学习者自己建构知识的过程,教师只是外部的辅导者、支持者和合作者,为学习者提供建构知识所需要的帮助,以使学习者的理解进一步深入"[4]。再如奥苏伯尔的有意义学习思想,"影响学习的最重要的因素是学生已知的内容,弄清了这一点,进行相应的教学,可以说,这一条原理是奥苏伯尔整个理论的核心"[5]。再如维果茨基的最近发展区理论,如易瑜认为,在学案导学教学中"提出教师应该完成的三项任务:评估;选择学习活动;提供教学支持,以帮助学生成功通过'最近发展区'"[6]。

由于整个学案研究的繁复性,很难对不同研究所使用的理论基础进行一个详尽而有效的归纳,但追回到源头,所有的研究都是建立如下理论假设之下的,即学生学习是一个主动的过程,没有任何外在力量可以取代这一自我认知建构过程。

(4) 学案模式的操作过程

任何教学理论模式都有其操作程序,它具体确定教学中各步骤应完成的任务、先做什么、后做什么等。教学程序的实质在于处理好师生针对教学内容在时间序列上的实施。裴亚男综述了现有学案模式研究中的操作模式,现以其研究作为我们基本的综述框架。[7]

在学案操作模式的研究中,首先存在复习课和新授课的分类。如陈继革认为,地理专题复习课利用学案的教学程序是"课前完成学案—师生讨论释疑—引入编选习题—回顾考点知识—加强例题拓展—深化专题训练"[8];再如张曙光认为新授课的教学程序一般是"利用学案、

---

[1] 苏光洁.构建符合素质教育要求的中学课堂教学模式——运用学案导学初探[J].教育实践与研究,2001(8):8—9.
[2] 李增君.中学思想政治学科"学案导学"教改实验报告[D].大连:辽宁师范大学,2002.
[3] 胡贵和,等."学案教学"初探[J].山东教育,2000(8):26—27.
[4] 杨振.学案引领,任务驱动[D].南京:南京师范大学,2005.
[5] 范增民.学案导学教学模式研究[D].曲阜:曲阜师范大学,2003.
[6] 易瑜.中学地理学案导学教学模式研究[D].长沙:湖南师范大学,2006.
[7] 裴亚男.学案教学模式研究综述[J].内蒙古师范大学学报(教育科学版),2007,(4):66—69.
[8] 陈继革.地理专题复习六环节[J].中学地理教学参考,2005,(Z1):56—57.

明确目标—定向自学、尝试解疑—精讲点拨、归纳总结—当堂达标、迁移训练—回扣目标、课堂小结"[1]。

综览上述研究不难发现,无论是新授课还是复习课,基本可以总结成四个基本的阶段:导向阶段、导学阶段、导练阶段、升华阶段。导向阶段即准备阶段,包括编写学案等步骤;导学阶段即认知阶段,包括以案导学、依案自学、组织讨论、精讲点拨、释疑等步骤;导练阶段即巩固阶段,包括达标训练、归纳总结、反馈、加强练习等步骤;升华阶段即提高阶段,包括知识拓展、灵活运用、深化等步骤[2]。

(5) 学案和教案的关系

在界定学案和教案的关系之前,必须明确前提。很多研究者在讨论两者之间的关系时,往往是基于其学案的定义而进行的,例如持有"学案即教师制订的学生学习方案"观点的研究者,由于其定义强调了教师在学案设计中的地位和影响,因而往往会持有加强学案作用的看法;而假使单纯将学案界定为学习辅导资料,研究者一般会持有教案和学案相互结合或者不可替代的看法。因此这给我们具体的梳理和分析已有研究带来了很大困难,本文仅仅从一般意义上对现有学案教案关系的研究进行归纳,笔者认为基于已有文献关于教案和学案的关系的研究,主要呈现出以下两种不同的观点。

首先,"学案代替教案"——学案导学教学模式。为体现新课程改革重视学生"学"的理念,不少人提出了以学案代替教案的学案导学教学模式。持有这种观点的研究和其对于学案的定义(即学案是由教师主导进行设计的密切相关)。例如,鲍衍涛通过政治学案教学的研究,提出在课堂授课过程中,学生和教师通过学案进行交互式的学习,首先通过分发学案,使得学生和教师占有学习资料,在学生线路上,学生通过明确目标,依照学案自学,继而相互研讨,归纳总结反思,而教师则通过巡视指导、检测等方式对学生学习进行指导[3]。再如马建喜认为,"把教案变为学案,不是某一学科的备案中的'技术问题',而是教育思想的根本转变,是进行有效教学的教学过程,实质是教师在促进学生学习方式的转变"[4]。值得注意的是,绝大多数研究并未提出在所有教学活动中都采用此种形式的教学方法,而是根据具体的教学内容恰当采用该种方法指导学生进行自主探究性学习;但是在学案教学单位中,往往主张完整地采用学案教学模式。

其次,主张学案和教案之间为相互并举、不可分割的关系。随着新课程改革的推进和实施,教育实践者越来越关注课堂教学中学生的"学",基于这种背景,许多人提出了教师要编制学案,实现教案学案的一体化。如吴甸起认为,要"重视教案向学案转换,又重视学案,教案包

---

[1] 张曙光,陈启胜.构建学案导学模式 培养学生自学能力[J].山东教育学院学报,2000,(4):96—99+101.
[2] 崔纪伟.学案教学中如何实施导学[J].中学化学教学参考,2001,(Z2):67—72.
[3] 鲍衍涛,司有雪,靳海玲.政治课"学案教学"初探[J].思想政治课教学,2000(2):6—7.
[4] 马建喜.把"教案"变为"学案"的理性思考[J].文教资料,2006(27):39—40.

容学案,要突出学案的主题和分量;学案是教案的主体核心,要反映教案的主导思想和创意追求,呈示教案的精华和重点"[1]。再如楼松年主张在学案教学模式中,教师携带教案授课,而学生则携带学案听讲[2],虽然这种模式在本质上只是将学案当作辅导资料处理,但仍然体现了学案和教案的相互联系和互动,而学案在教学中,也同样充当着重要的检查和反馈手段。李梅认为,"教学案一体化"是构建有效课堂的有效途径,其设计意图符合新课改的精神,有利于培养学生的质疑和创新能力,能更好地完成新课程标准提出的教学目标。[3] 再如李凌云重申"教学案"新概念,强调教案在学案的基础上展开,在设计应用中突出学生的主体性,"以学定教",实现教法与学法的统一。[4] 纵观此类研究,体现了教学过程中教师和学生的相互作用,既发挥了教师的作用,同时又重视学生的自主学习能力;而把教案变为学案,或者省略教案,忽视了教师对教材内容的理解,使教师的教学失去了教案的依托。学案与教案不可割裂,这也是本研究在处理学案和教案关系时的基本立场。

(6) 教案和学案在课堂中的联动方式

联动方式是建立在主张教案和学案关系应相互并举、不可分割的前提之上的,综合已有研究,主要有以下两种代表模式。

第一种模式为教案和学案的并举模式(见图11),这种联动模式主要强调教师在进行授课时使用教案,而学生学习使用学案,通过学案进行反馈,形成学案和教案的沟通。这种模式的优点在于可以发挥教师的主导作用,同时和传统教学过程联系较为紧密,使得学生和教师易于接受;缺点在于假如操作不当,很有可能使得学案仅仅成为学习辅导资料,失去学案应有的价值。

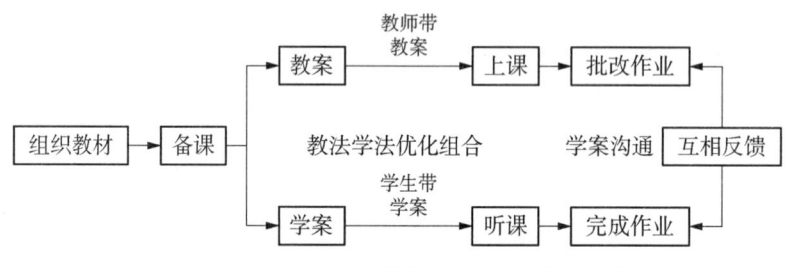

图11 教案和学案并举的联动方式模式[5]

第二种模式为教案和学案的一体化的联动方式(见图12),这种联动模式主要强调教师和学生使用同一套学案,学案即教案,教案即学案,在教学过程中以学案为主体,由学生进行发现

---

[1] 吴甸起. 在课改中实现以"学生为主体"的"五个转化"[J]. 青年教师,2005(2):6—8.
[2] 楼松年. "学案导学法"的探索与实践[J]. 中学物理教学参考,2000(10):1—5.
[3] 李梅. "教学案一体化"是构建有效课堂的有效途径——关于《初中化学教学案的理论与实际》课题的阶段小结[J]. 新课程(教师版),2010(11):61.
[4] 李凌云. "教学案一体化"的个案研究[D]. 上海:华东师范大学,2011.
[5] 楼松年. "学案导学法"的探索与实践[J]. 中学物理教学参考,2000,(10):1—5.

式的探究学习。这一模式的优点是可以促进学生充分发挥自身的自主性,但也存在一定不利之处,学案设计需要教师花费更多的精力,同时也对教师的能力提出更高的要求。

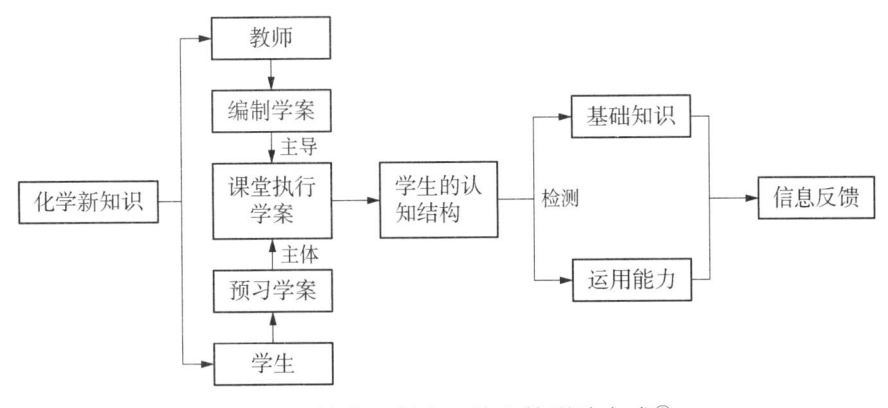

图12 教案和学案一体化的联动方式[1]

(二) 研制学案模板,夯实"弹性预设—互动生成"课堂之基

基于我校学生学习实际,借鉴学案研究已有经验,在预习环节,我校开始研制学案模板(详见表11),旨在通过学案内容的设计,一方面有助于教师充分地了解学情,更好地进行课堂预设,一方面有助于学生做好学习准备,明确学习方向,以此确保课堂教学有的放矢,学生也将在课堂学习中不再被动吸纳,而是主动参与,为动态生成的课堂夯实基础。具体从三方面言之:

其一,学案制订的原则——"抓基础、养习惯、练思维"。从学案内容设计而言,尊重学生学习规律,侧重基础知识梳理和基础习题训练。从学案的使用而言,旨在培养学生预习的习惯和自我规划的习惯。从学案的效能而言,旨在关注学生思维训练,每一块内容之间有一定梯度,让不同学习能力水平的学生都能在学案中尝试解决问题。遵循上述原则,让学生真正卷入学习过程,发挥其积极性,避免脑袋空空,以确保在课堂学习过程中,学生能主动参与,在多元互动中达成课堂学习目标。

其二,学案具体的内容——学习目标、学习重点难点、温故知新、新知导学、学以致用和学有所思。其中,"学习目标"板块旨在明确学生预习的方向;"学习重点难点"板块旨在明确学生预习的着力点;"温故知新"板块旨在构建知识关联,做好预习铺垫;"新知导学"板块旨在让学生初步感知新授课内容;"学以致用"板块旨在鼓励学生尝试应用新知;"学有所思"板块旨在让学生自我梳理收获、反思困惑、反馈不足。学案六大板块,由浅入深,层层递进。在预习环节,从初步感知新知到初步尝试应用新知再到思考个人所疑所获,从基础知识到方法获得,从思维训练到习惯养成,其本身便是教师课前对学生学习准备状态的"充分预设",学生完成学案的过程,既是尝试自主学习的过程,也是折射教师"预设"是否有拔高、低估甚至"盲区"存在。通过

---

[1] 孙传相."教案学案一体化"的教学方法尝试[J].连云港教育学院学报,2000,(1):91—92.

学案反馈，教师基本可以增强课堂教学预设的针对性，而对于学生中的思考与困惑，则可预留"弹性空间"，通过师与生、生与生的多元互动来完成。

其三，学案使用的方法——贯穿课前预习及新授课学习的始末。每份学案预计完成时间在 20 分钟以内，一般在新授课前日发放，学生可利用自修课完成，也可回家完成，为便于教师反馈，根据教师新授课课程安排，可以当天发放当日放学前收交，也可在次日早晨第一节课之前收交。教师梳理并做好学案反馈统计，根据学案暴露的问题，灵活调试教案，并思考如何将学案中的问题渗透在课堂教学各环节，以确保教学目标及学习目标的有效达成。

表 11　宝钢新世纪学校学案模板

学习目标：
学习重难点：
一、温故知新
二、新知导学
三、学以致用
四、学有所思

（三）学案实践与应用，开启"弹性预设—互动生成"课堂之端

学案的研制是我校课题研究的起点。俗语讲，"良好的开端是成功的一半"。为更好地落实学案的实践与应用，首先，我校教师通过开设微型课程——"学科预习指导法"，使学生明确预习的重要性，知晓"三自"预习法，为学案的应用奠定基础。其次，拓宽学案的应用渠道，不拘泥于新授课，在复习课、拓展课中均鼓励教师尝试编制学案。最后，在教师应用学案的过程中，鼓励教师积极思考，譬如，学案如何更好地服务于课堂预设？教师的预设如何呈现"弹性"，而非机械化地一股脑儿反馈学案中暴露的问题？如何根据学案反馈，让学生真正成为学习主体，能够积极投身于课堂互动之中？借助教师对学案的思考与实践，以期学案更好地开启课堂"弹性预设—互动生成"之良好开端。

1. 预习环节的方法指导及实例

在预习环节，为将学案效能发挥至最佳，我校教师开设微型课程——"学科预习指导法"，目的在于：一是通过师生交流、生生交流，强调预习的重要性；二是通过教师引导归纳，使学生明确富有我校特色的"三自"预习法的特点及如何应用。具体示例如下：

师：进入中学以后，相信同学们都渴望以崭新的姿态投身到新的学习生活中去，以求不断取得进步。然而，过了一段时间以后，同学之间的学习成绩差距却渐渐呈现出来了。

我们常常看到这样一种情况：同样在一个班级里，由同一个老师上课，但学生的学习效果却并不一样。有的同学上课时能主动自如地与老师同学互动交流，而有的同学却插不上话，只能被动地坐在一旁；有的同学学习不怎么费力却成绩稳定，而有的同学学习很用功，成绩却老是上不去。

老师组织学生探讨：

议 一 议　　造成学生成绩差异的原因有哪些?

生1：个人学习习惯的好坏影响着成绩的好坏。

生2：是不是有积极上进心也是造成成绩差异的原因。

生3：爸爸妈妈是否亲力亲为参与学习指导也是一个原因。

生4：有没有正确的学习方法很重要。

……

师：同学们总结得很好。影响学习成绩的因素固然有很多，但老师认为"要不要学、会不会学"很重要。"要学"就是指有明确的学习目的和正确的学习态度。"会学"是指有科学的有效的学习习惯和学习方法。预习就是良好的学习习惯和方法，是学习成功的第一步。

老师组织学生探讨：

辨 一 辨　　你认为预习重要吗?

生1：重要！预习可以提前知道新学的知识。

生2：重要！预习可以养成自主学习的习惯。

生3：不一定吧。预习了什么都会了，上课干嘛呢？

……

师：看来大家还是各执一词。我们的古人曾说过，"凡事预则立，不预则废"。学会预习是迈开你自主学习的第一步，它不仅有助于养成一种自学的习惯，更利于你自己学会思考，学会探索，如此一来，在老师没有讲授新课的时候，你已经知道自己哪里弄懂了，哪里没有弄懂，听课的时候自然就会更加专注了。

（同学们点头认同，继而，老师又组织学生继续探讨）

想 一 想　　你有预习习惯吗？你是怎么预习的?

生1：没有。

生2：偶尔有的。我预习的时候就是自己把书上的基本知识圈划一下。

生3：有的。我预习的时候就是圈划关键词，自己把弄不懂的圈划一下，上课的时候对相关内容认真听。

生4：有的。我预习的时候就是大致浏览,心里大致知道要学哪些东西。

……

师：很高兴,大部分同学都有预习的习惯,预习方法得当可以事半功倍,反之,匆匆浏览,过目不过脑,枉费工夫。

（该片断节选自李晓美老师执教的"学科预习指导法"一课的教学实录）

本节课,通过三个教学活动,师与生、生与生,各抒己见,引发"头脑风暴"。在教师的引导下,学生们达成共识：课前预习必不可少！那么,该如何预习呢？就此,李老师向同学们介绍了我校的"三自"预习指导法。具体如下：

学习是一个有序的过程,预习是个必不可少的一环。预习是为了上课更有效！同时,预习也是有方法和技巧的,预习能力是可以培养和提高的。

"三自"预习法是在我校"双案联动、互动生成"教学改革背景下诞生的,"三自"预习法的"三自"是指自学、自测、自悟。它通过严格的程序和规则,要求学生在课前完成一定的任务,并将预习情况反馈至课堂教学中予以利用。已促进学生主动学习、高效学习,促进教师改进教学、提高质量。

自习：按照老师的要求,学生在课前自学相关的教材和资料,并做好学习笔记,在相应位置做学习记号。

辨一辨　　**预习就是提前把上课的内容学会,对不对？**

这里的自学不是要求提前全部学会,那样的话,在课堂上的时间就变得效率不高了,而且也很不利于同学们在课堂学习时的兴趣度培养。预习的目的,是提前对要学习的课程有一个初步认识,是要找出知识困惑,以便将来课堂学习时有的放矢。因此,也就无需彻底搞懂,更重要的是要把问题找出来,写在笔记本或者书上（要学会预习笔记和符号标记）,等到上课时,与老师所讲内容进行对照,关键是把自己预习中不懂的、有疑问的搞懂。从而提高学习效率。

自测：学生自学后,独立完成老师预设的一组检测题,第二天一早把不懂之处反馈给老师。

问一问　　**预习时老师出的自测题不会做,怎么办？**

这里的自测不是要求提前全部会做和做对,而是帮助学生了解哪些地方是自己不懂的,便于带着问题听课与质疑,从而在大脑皮层上引起了一个兴奋中心,即高度集中的注意力状态,这种注意状态可加深学生对所学知识的印象并指引着学生的思维活动转向对疑难问题的解决,从而提高学习效果。

预习也是老师检查学生学习情况从而调整教学的重要途径。通过自测反馈,老师可以及时发现问题,进行有针对性的教学,提高课堂教学实效。

自悟:在自学笔记上记下自己的学习体会、感悟反思,留下思考与成长的足迹。在适当的时候与教师学生交流。

想一想

为什么要把学习时的所感所悟随时记下来?

这里的自悟不要求都成文,点点滴滴都可。将自己预习与上课中的所感、所悟随时记录下来,不断警示自己,充实自己,并在实践中反复尝试。一直这样做下去,积累一定数量后进行提炼、归整,从中可以提高学习乐趣,增强成功感。

成长=经验+反思,反思就是指思考过去的事情,从中总结经验教训。会经常反思的人,一定是会不断进步的人。

(节选自我校《"学科预习指导法"微型课程》,该部分由李晓美老师执笔)

综上,我校教师通过开设"学科预习指导法"课程,从分析学生学习成绩的差异入手,引导学生认识到预习的重要性;从学生预习环节容易产生的疑问入手,引导学生知晓"三自"预习指导法。该微型课程成为我校六年级学生入校学习的第一课,此举不仅让学生在思想上认识到预习环节的夯实是开启初中学习的关键一步,还从行动上激励学生养成预习的习惯,做学习的主人,这将从学生方面,为我校打造"弹性预设—互动生成"的课堂做好准备。

2. 学案各板块的内容设计及实例

学案是我校市级课题《"双案"联动下"弹性预设—互动生成"的课堂实践研究》的载体之一,我校学案共有六大板块,即学习目标、学习重难点、温故知新、新知导学、学以致用、学有所思。以上六大板块由浅入深、由表及里,既有基础知识的梳理,又有学习技能的初步训练,还有提升相关学科思维的尝试。一方面,在相关板块设计中,教师必须对学情进行充分的分析,方能对学生"学前状态"进行有效地预设,从而避免了课堂教学往常围绕教材、教参甚至是教师个体对学科知识的理解而进行的"刚性预设"。另一方面,学生在完成学案的过程,也是与教师"预设"互动的过程,学生自主完成学案,充分呈现新知学习前的原生态,为教师进一步预设课堂及学生进一步深入课堂学习,做好了铺垫。以语文学科《酬乐天扬州初逢席上见赠》一课的学案为例,具体样本如下:

《酬乐天扬州初逢席上见赠》学案

【学习目标】

1. 反复诵读,读懂诗歌内容。积累并理解名句"沉舟侧畔千帆过,病树前头万木春"的含义。

2. 理解诗人的情感变化的原因,体会其积极乐观的人生态度。

【学习重难点】

学习重点:读懂诗歌内容,积累并理解名句"沉舟侧畔千帆过,病树前头万木春"的含义。

学习难点:理解诗人的情感变化的原因。

【温故知新】

1. 本诗的作者是_____,所处朝代是_____(朝),我们曾经学过他的另一篇文章的题目是_____,在这篇文章中,我们体会到诗人的人生志趣,本诗中"_____"一句也能体现出诗人同样的人生态度。

2. 诗题中的"乐天"是指_____,我们初中阶段曾经学过他的诗文有_____。"酬"的意思是_____,诗题的意思是_____。

【新知导学】

1. 请借助书下注释条或古汉语字典解释下列词语:

巴山楚水:　　　　空吟:　　　　闻笛赋:

烂柯人:　　　　长精神:

2. 请结合附文中的诗歌背景,思考以下问题:

A. 在刘禹锡的诗文中哪些词语能看出这是刘禹锡写给好友的酬答之诗?请指出并说明理由。

B. 面对好友的同情和不平,刘禹锡在诗中是如何回应的呢?从中你能感受到诗人什么样的人生态度?

附:唐代著名诗人刘禹锡从小爱下围棋,与专教唐德宗太子下棋的棋待诏王叔文很要好。太子当上皇帝后,他的老师王叔文组阁执政,就提拔棋友刘禹锡当监察御史。

后来王叔文集团政治改革失败后,刘禹锡被贬到外地做官,二十三年(实则二十二年)后应召回京。途经扬州,与同样被贬的白居易相遇。同是天涯沦落人,两人颇有惺惺相惜的感觉。

白居易在筵席上写了一首诗《醉赠刘二十八使君》相赠:"为我引杯添酒饮,与君把箸击盘歌。诗称国手徒为尔,命压人头不奈何。举眼风光长寂寞,满朝官职独蹉跎。亦知合被才名折,二十三年折太多。"在诗中,白居易对刘禹锡被贬谪的遭遇表达了同情和不平。于是刘禹锡写了这首《酬乐天扬州初逢席上见赠》回赠白居易。

【学以致用】

1. "沉舟侧畔千帆过,病树前头万木春"这句诗文的意思是什么?

2. 诗人写这句诗是想表明什么?

3. 请你根据你的理解,用"沉舟侧畔千帆过,病树前头万木春"写一段话,不少于60字。

【学有所思】

学习诗歌,朗读是很重要的,那么你觉得我们应该用什么样的语速、语调来朗读这首诗?能否尝试画出一个朗读图示来帮助指导同学呢?

(本学案由尉媛媛老师提供)

我校学案模板统一,内容因学科而异。为使学案更好地服务于"弹性预设—互动生成"的课堂教与学,在学案的应用中,我们倡导教师要改变片面关注知识的惯性思维和常规之举,转而关注学生的学习需求,即关注学生的学习认知起点、关注学生的构建认知能力、关注学生的学习认知效能。以下节选自我校范军军老师撰写的《"全等三角形的判定(5)"学案设计案例分析》,该文详细阐述了围绕打造"弹性预设—互动生成"的课堂,教师在学案每一环节中的所思所想、所作所为。

【学习目标】

学习目标:进一步运用全等三角形的判定方法,体会逻辑推理,培养思维能力。

分析:在教案中,我经常用了解、理解、掌握来描述教学行为和目标程度,然而在学案中,学生需要通过学习目标来确定学习任务,并通过学习来检测目标的达成程度,因而,在预设学生的学习目标时,我努力做到要彰显概括准确、简洁易懂、操作性强等特点。

【学习重难点】

重点难点:学会分析方法。

分析:学习重点概括目标中的重要内容,难点则是预设了学生易错、不容易理解的问题。这个环节设计目的是便于学生有针对性地预习,在第二天课堂上也能有目的地听课,为攻克教学难点做好准备。同样预设了教师教学过程中的难点。

【温故知新】

(1) 如图,已知 $AB = DC$,要使△$ABC \cong$ △DCB,还需要添加什么条件?

(2) 已知 $\angle BAC = \angle CDB$,要使△$ABC \cong$ △DCB,还需要添加什么条件?

(3) 已知 $\angle A = \angle D$,要使△$ABO \cong$ △DCO,还需要添加什么条件?

(4) 已知 $AO = DO$,要使△$ABO \cong$ △DCO,还需要添加什么条件?

分析:这一内容的设置不仅对以往学习的内容做了适当的梳理,更为本节课的学习做了铺垫,条件的寻找不仅可以从已知条件出发,也需要从判定三角形全等的方法出发。这个环节的设计就是逼迫学生打破原有的思维方式,从结论出发,结合全等的判定定理,寻找适当的条

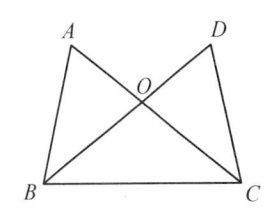

件。本题弹性预设了学生可能出现的问题,所以在课堂上,这四道小题也是我上课的引入题。由学生的"意外生成"引入,通过生生互动、师生互动突破本节课的重点,在此,也充分体现了学案和教案之间的联动。

【新知导学】

新知导学共两道题,第一题主要让学生体会从条件出发,推导出结论的思维过程;第二题主要让学生体会,从结论出发,寻找需要的全等条件,再结合已知条件分析。

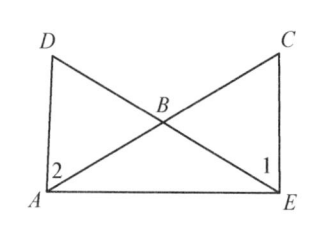

1. 如图,已知点 B 是线段 AC 的中点,$BD=BE$,$\angle 1=\angle 2$,试证明 $\triangle ADB \cong \triangle CEB$。

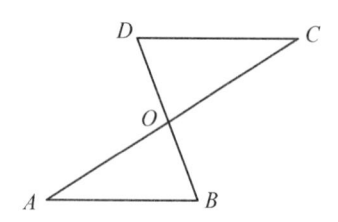

2. 如图,已知 AC 与 BD 相交于点 O,且点 O 是 BD 的中点,$AB \parallel CD$,试证明 $\triangle AOB \cong \triangle COD$。

分析:这一环节的设计,用意是让学生体会面对一道几何题该如何思考、分析,体会完整思维过程,分析已知、所求,通过所学的知识把两者联系起来。学生正处在学习逻辑推理论证的阶段,如何分析是着手解决一道几何题的基础,也是学习几何论证的基础,所以在学习的初始阶段,重要的是掌握如何思考、分析,而非如何求证。这一环节的学案设计与新课引入的设计互相切合,只是从分析的层次上以及推理的次数上更进一步。这里预设了学生在"温故知新"环节感知了本节课的内容,通过这一环节的练习,学生在上课时能与老师有更深一层的互动。

【学有所思】

仔细研究温故知新的一组题,你有什么收获?

分析:学生在课堂学习中存在的问题和感悟是宝贵的学习资源。因此学生填写的学习反思可当作复习时注意的问题。目的在于让学生体会对知识的学习、学习方法的掌握还有哪些不足,找出问题,解决问题,查缺补漏。同时也为学案的使用及学生的感悟生成做一下记录。本节课的"学有所思"意在使学生观察思考学案设计中"温故知新"环节,预设了学生会进行新旧知识的联系,从而引发学生的进一步思考。

综上,学案是构架学生学习起点与终点的桥梁,也是贯穿教师教学起点与终点的媒介。如何使教师课前预设更充分?如何让学案更能激发学生主动学习、体验知识获得的过程?这些问题时刻鞭策着我校教师思考与完善学案设计,遵循学生认知规律,充分预设实际学情,多角度设计问题,环环相扣,为学生呈现知识脉络,构建知识网,以期开启学生参与课堂多元互动的阀门。

3. 学案在新授课中的应用及实例

尊重学生鲜活的生命个体,满足生命发展的多元需求,挖掘学科蕴含的育人价值,是课堂教学之根本。反观当下,权威型、告知型、操练型等课堂教学,淡化学生学习的主体地位,仍徘徊于技术层面、工具层面、模式层面,课堂成为知识位移、技能训练和应试准备之地,学科在培养思维方式、塑造价值观念、融洽师生情感、温馨课堂氛围等方面的价值难以彰显。归其因,如叶澜教授认为,学科的育人价值因被局限在掌握知识上,割断了两个联系:一是抽象的书本知识与人的生活世界的丰富、复杂联系;二是抽象的书本知识与人发现问题、解决问题、形成过程的丰富、复杂联系。学生和教师在教学中遭遇的知识是固化的真理,缺乏"人气"的知识,一堆"死"的符号型的结论。他们作为组成学科教学基本内容的"原始资料",带来了育人资源的原始贫乏。[①] 基于此,在课堂之中,基于学案反馈,我校教师给学生以充分的关注,借助多样化的教学手段,通过师生互动、生生互动等丰富学习经历,引导学生自主去发现问题、解决问题,以此激发课堂活力。以《分数的乘法》一课为例,我校叶华平老师曾做过以下思考:

六年级第一学期《分数的乘法》是二期课改教材中六年级第一学期《分数的运算》一节的内容之一,是在学习了"分数的加减法"之后,"分数的除法"之前的一节内容。它与整数的乘法有着内在的联系,也是后期进一步学习分式的乘法的基础。

为使学生更好地通过自我探究领会本节内容,我通过学案的导学,将《分数的乘法》知识模块化,让学案和教案充分联动,理清所学内容,突出要点,分解难点。基本思路为:课前,站在学生的角度,编写好学案,供学生预习、自学;课中,以教案为指导,紧密联系学案暴露的问题,充分预设,培养学生学会分析、解决问题的能力;课后,引导学生总结检测自己的学习成果,学会举一反三,触类旁通。

凡事预则立。在新授课中,叶华平老师从三个环节进行了如下探索与尝试:

第一环节,课前预习环节

本节课,我设计的教学目标为:①理解分数乘法的意义;掌握分数乘法法则;并会运用法则进行计算;②学生通过动手操作,感悟数形结合思想,领会分数乘法的意义;③通过学案的自学,养成自学习惯,提高学习兴趣。设定了教学目标之后,我就在思索如何从课前预习环节,通过学生对学案的学习,逐步接近我的教学目标。

以达到"掌握分数乘法法则;并会运用法则进行计算"这个目标为例,我对很多问题做好了"弹性预设"。结合我班现状,我所设置的题目大多比较基础,但涵盖了教学目标中的知识点。为更好实现教学目标服务,学生只要仔细阅读教材,大多数同学都能通过努力解决。如本节课,学案中我设置了一道计算题:(1) $\frac{1}{2} \times \frac{3}{5}$ (2) $\frac{1}{2} \times 5$ (3) $1\frac{1}{2} \times \frac{2}{3}$,学生通过仔细阅读

---

① 叶澜.重建课堂教学价值观[J],教育研究.2002,(5).

教材例题，找到运算中的规律，大多同学都能初步掌握分数乘法并能应用。同时，对学有余力的孩子，设计归纳规律性问题。在课堂上我只要引导学生总结注意事项，"分数乘法，遇到带分数先化假分数，一般情况下，先约分再化简"。学生在收获信心的同时，也为实现教学目标打下了良好的基础。

第二环节，课中应用环节

在设计学案时，我尽可能考虑学生学案中的所学能有效地与教学内容保持一致。设计好学案能为实现教学目标打好基础，可以为突破教学难点、把握教学重点提供帮助。设计时，充分考虑多元互动，互动中生成新的知识，课堂教学也能检测学案的学习成果。

例如，为了让学生更透彻的理解分数乘法的意义："两个分数相乘 $\frac{p}{q} \times \frac{m}{n}$ 的意义为在分数 $\frac{p}{q}$ 的基础上，以 $\frac{p}{q}$ 为总体，再等分成 n 份而取其中 m 份。"

我在学案设置时，设计了以下题目：

(1) $\frac{2}{3}$ 的意义是：把一个整体平均分成＿＿＿＿份，取其中的＿＿＿＿份。

(2) $2 \times \frac{2}{3}$ 的意义是：把＿＿＿＿看成是一个整体，平均分成＿＿＿＿份，取其中的＿＿＿＿份。

(3) $\frac{1}{2} \times \frac{1}{3}$ 的意义是：把＿＿＿＿看成是一个整体，平均分成＿＿＿＿份，取其中的＿＿＿＿份。

通过预习和研究教材，大多学生能完成学案中的这三道题，这对理解分数的乘法意义有很大帮助。课堂上，我通过图示，把正方形分成三份取其中两份，让学生更直观地理解分数的意义，然后让学生探究整数与分数，分数与分数的图示表示。经过学生与学生之间探讨，与老师之间探究，大多学生能理解分数乘以分数的意义，很多知识点就在互动中生成。引入环节的分数乘以分数的图示表示也就迎刃而解了。这样就有效地突破了教学难点，而这也是本课的一个重点内容。学生也能体会从特殊到一般的数学思想，同时培养了自己的归纳概括能力。

第三环节，小结反馈环节

适当的课堂小结可以帮助学生理清知识结构，掌握内在联系，促进学生构建自己的知识体系。我尝试让学生把学案和课堂学习小结进行融合，让教案和学案再次互动，达到了很好的效果。本节课的小结，我从以下几方面入手：

(1) 通过上课，比较完成学案后、上完本节课前后，对所学内容认识的有什么不同？

(2) 通过学案和本节课学习，有哪些收获？

(3) 通过学案学习和本节课学习，还有什么疑问？如何计算 $\frac{1}{3} \div \frac{2}{5}$ 呢？

通过互动式小结,学生再一次理顺知识,加深对所学知识的记忆和理解,明确学习重点,对突破疑难点有更进一步的认识,也承上启下地为下一节新课的学案自学做铺垫,尝试用简练而准确的语言对原先支离破碎的教学内容提纲挈领地进行总结概括,培养了归纳概况能力。

(本案例节选自叶华平:《学案在"分数的乘法"一课中的应用研究》)

学案是优化教师教学与学生学习的重要载体,学案既是学生课前预习成果的呈现,也是教师课前预设的抓手,梳理学生学案中的得与失,鞭策教师适度调试课前重点、难点,以此确保课堂教与学的有的放矢。课中,将学案中的疑点、难点适时渗透,学生不再是脑袋空空待填鸭的状态,而是有针对性地去听课、去思考,学习主动性大为提升;教师不再是满堂灌式的"一厢情愿"、单向付出,老师与学生的沟通、互动畅行无阻,课堂有了生机,更有了活力。

4. 学案在复习课中的应用及实例

我校学案不仅在新授课中应用,在复习课中学案也得以落实。为提升复习效能,首先,在学案板块内容设计上进行微调,将原来的"温故知新""新知导学""学以致用"三个板块,压缩替换为"复习旧知""旧知延伸"两个板块。究其目的,一是通过优化学案设计起到简化学习内容,优化知识和能力结构的作用;二是督促教师更深层次的理解、挖掘教材,提升课堂预设品质。对于复习课的作用,我校刘娟老师如是说:

在新授课中,学案常常是教师用以在课前帮助学生自学教材内容,具有"导读,导听,导思,导做"的作用。而在复习课中,一份精心设计的学案是沟通学与教的桥梁,也是培养学生自主学习和建构知识能力的一种重要媒介。

就复习课中学案的具体设计言之,以《中线加倍》一课为例,刘娟老师做了如下设计:

【学习目标】

学习目标的设计按照学科《课程标准》和学情制订。由于这是一堂专题复习课,学习内容较难,综合性较强,对学生的要求较高,而"中线加倍"是唯一解决问题的方法,因此将"学习目标"预设为:掌握倍长中线几何证明法,并能灵活运用。以期通过这堂专题复习课对学生提出更高的学习能力上的要求,化复杂为简单,化烦琐为唯一。

【学习重难点】

如何在复杂的图形中抽丝剥茧,提炼出中线加倍的基本图形,从而运用中线加倍法进行证明,是这节课的重点和难点,故将"学习重、难点"定为:倍长中线法的探索和熟练应用。在课堂学习中,在重点、难点突破上,需要以解决问题为驱动,通过多样的师生互动、生生互动,激励学生不断思考、分析,探索。

【复习旧知】

本课的内容是关于"一个三角形如何通过运动成为一个中心对称图形"的问题,这个问题是以前学习过并且学生必须掌握的学习内容。在完成问题的过程中,学生很容易通过联结 AC 并延长 AC 相同的长度把图形完成,并证明两个三角形全等。基于对学生学情的分析,在具体授课中,设置"弹性区间",鼓励学生在完成的过程中通过自己的动手操作做出"中线加倍"的基本图形,在这个基础上通过第三题加以巩固,学生对"中线加倍"的方法已掌握大半,这样的问题放在这里相当于"引桥""拐杖"的作用,所以我们只要把"新知导学"的内容有效迁移,新知识的生成就在意料之中。

1. 作 $\triangle ABC$ 关于点 C 成中心对称图形的 $\triangle A'B'C'$。

(1) 从 $\triangle ABC$ 到 $\triangle A'B'C'$ 经历了怎样的运动?

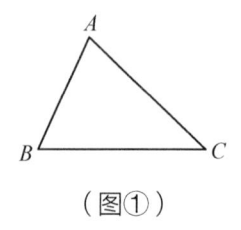

(图①)

(2) 证明 $\triangle ABC \cong \triangle A'B'C'$。

(3) 联结 AB',若 $AB = 5$,$AB' = 7$,求 AC 的取值范围。

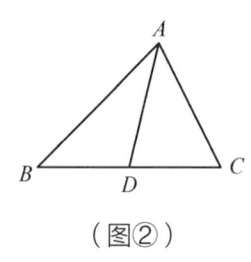

(图②)

【旧知延伸】

在"复习旧知"设计时着重体现的是数学中的化归思想(具体题目如下),所遵循的原则是:①内容要能启发学生思维;②内容不易太多,太碎;③内容应引导学生阅读并思考;④内容的叙述语应引发学生积极思考,积极参与。如:你认为是怎样的?你判断的依据是什么?谈谈你的理由?你的发现?等等。通过这些预设,预留思考的空间,激励学生生生互动,思维碰撞。这节课中我们学习的是中线加倍法,但最终要把图形都化为两个呈中心对称的基本图形,把"新知导学"板块的内容最终化为"温故知新"的内容,化未知为已知,使学生学习的新知识迁移到旧知识,为学生的学习提供了一个渐进的理解过程,学生的预习不再会有负担,学生会充满信心地去完成即将学习的新知识,预习效果就会得到提升。

通过上面题型的启发,你能解决如下问题吗?

已知：如图，在△ABC中，AD是BC边上的中线．求证：AB＋AC＞2AD．

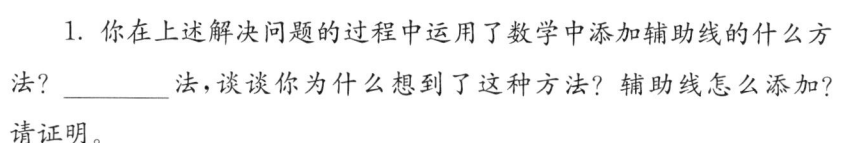

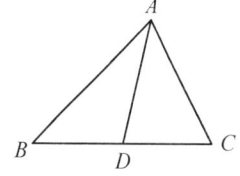

1. 你在上述解决问题的过程中运用了数学中添加辅助线的什么方法？_____法，谈谈你为什么想到了这种方法？辅助线怎么添加？请证明。

2. 问题：通过上面题目的思考，倍长中线法一定是倍长三角形的中线吗？也可以倍长什么？请你归纳。

【学有所思】

为避免"学有所思"板块设置的问题流于空洞，该环节"弹性"预设如下：一是通过上面的学习，你觉得倍长中线法最终解决的是什么问题？二是你能编制一道（或列举平时学习过的）用倍长中线法来解决的数学问题吗？"学有所思"的设置旨在达到两个目的：其一，了解学生预习后还存在哪些疑惑的问题，以便教师上课时可以及时调整教学内容；其二，知道学生有哪些发散性思维，对这些学生的问题及时解决及评价，激发学生的创新思维，最终达成教师"教"有所指、学生"学"有所向。

（节选自刘娟：《优化学案设计，提升复习效能》）

复习是教学中的一个重要环节，复习课不是简单地让学生做练习题，而是以巩固梳理学生已学的知识，使之形成知识网络，提高基本技能，增强解决实际问题的能力为主要任务的。如何进行有针对性地复习？如何能够放手让学生自己去梳理学过的知识？一份学案就是把复习的主动权交给学生，让其主动参与、自主探究，以此提升复习课效能。再以《求阴影部分的面积》的专题复习课为例，具体言之：

• **及时发现问题，确保复习"有的放矢"**

这是一堂《求阴影部分的面积》的专题复习课，学生在已经学习过各种规则图形面积计算公式的基础上，通过小组讨论等方式发现并总结求不规则阴影部分面积的方法。因为部分图形的面积计算公式是在小学阶段学习的，在备课时我就预设学生对这部分知识可能有些遗忘，因此在学案中的"温故知新"部分（具体题目设计如下）首先让学生回忆了所有我们已经学习过的规则图形，并通过这些规则图形带领学生回忆复习它们的面积公式，引导学生尝试使用字母来表示图形的面积公式。

【温故知新】

1. 我们学习过哪些图形的面积计算？
2. 请写出下列图形的面积公式。

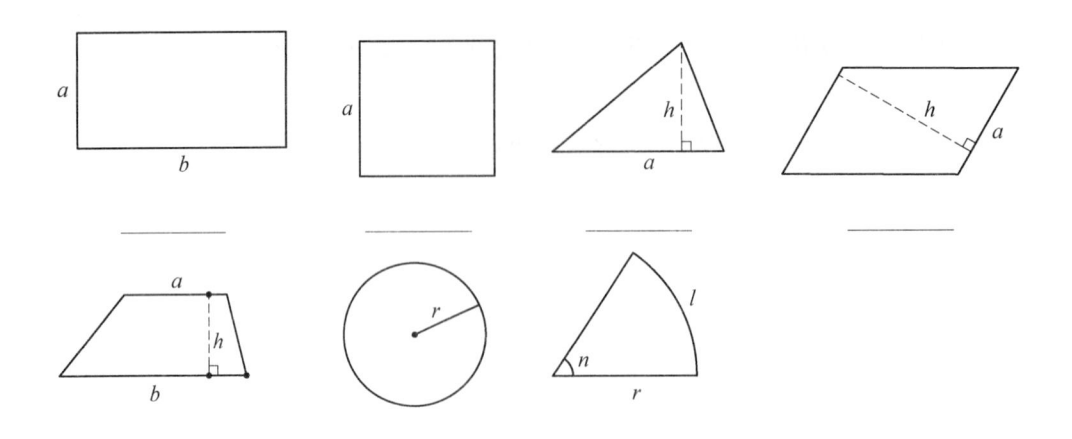

第二天上课前,通过批阅学生反馈上来的学案,我发现我虽然预设到了学生对规范图形的面积公式会存在问题,但主要问题并不是遗忘了这些规则图形的面积公式,而是在用数学符号语言描述时出现了很多书写上的不规范。而在初中数学的教学中,学习、培养数学几何语言是一个很重要的内容。在六年级学生刚刚开始接触几何语言时,规范学生的几何语言表述是极为重要的,是为以后进一步学习几何做好准备而这堂复习课中在计算阴影部分面积时学生就会用到这些面积公式。因此我立刻调整我的教案,将课堂的第一个环节改成运用投影仪投影出学生的典型错例,在教师的引导下,学生相互之间寻找彼此的不规范之处,并帮助改正。通过这样的师生互动、生生互动,学生马上意识到自己在书写时的问题,立即订正。在后面继续探究不规则阴影部分面积时,学生在书写时也清楚地知道自己应该注意的地方。在学案的帮助下,后面课堂生成更加顺利、流畅,课堂更加有效。

学案使教师在复习课前就能提前发现学生的问题,及时调整预设的内容,有针对地在课堂中解决学生的这些问题,更好地做到"弹性预设",为后面的学习探究铺平道路,真正使教师做到有的放矢,打造高效的数学课堂。

- **深入探究问题,促使复习"有效生成"**

"教师为主导,学生为主体",是全面实施素质教育的基本要求。这堂课的主题是复习不规则阴影部分面积的计算,并深入探究不规则阴影部分面积的计算方法。在复习课前教师通过学案精心预设问题,引导学生自己独立思考,主动深入探索问题,激发学生的求知欲,打造以学生为主体的数学课堂。

【新知导学】

计算阴影部分的面积:

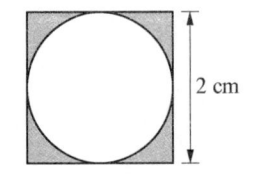

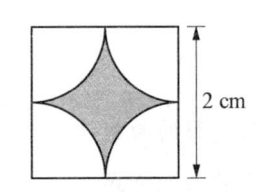

在复习课前我就预设学生能够通过观察图形,从直观上发现阴影部分面积可以用几个规则的图形相加或相减得到。在学案中,我也留下这样两道题让学生自己独自思考如何计算阴影部分的面积。学生有充分的时间思考,独立探索解决问题的方法,有利于激发学生探究问题的兴趣,培养学生自主学习的能力。在第二天批阅学生的学案时也证实大部分学生都能够仔细观察图形解决问题。学生也在自己探索解决问题的过程中享受到一种成就感。带着这份成就感,课堂中我让同学们交流解法时大家都积极踊跃发言。而在学生互动交流的过程中,有一部分学生先发现了这两个不同的阴影部分的面积大小是相同的。由此我引导同学又展开了对阴影部分面积的计算的进一步探讨。知识在大家的你一言我一语的互动中生成,学生们的思维迸发出了很多闪光点,学生提出可以对阴影部分进行分割和平移。整堂课在学生对问题的主动探索中达到了高潮。

(节选自汪杨:《浅析学案在复习课中的作用》)

至于学案在复习课中的成效,我校汪杨老师基于课堂教学实践研究,反思如下:

在课后我也对这堂课进行反思,很多时候老师或是因为课堂时间的宝贵或是对学生能力的不信任总是马上一股脑儿地告知学生解决问题的方法,但是如果老师能试着放手,让学生自己尝试,会带来很多惊喜,而学生在尝到成功的喜悦的同时也会更加喜欢自己来解决问题。学案的使用既能使教师更好地把握自己对课堂预设的内容,以提高课堂效率,又能够给学生独立思考探究的机会,让学生成为课堂的主人,更多地参与到课堂互动中,使得复习有效生成。

5. 学案在探究课中的应用及实例

学案就像一级级的台阶,分解学生在自学过程中可能会遇到的困难和疑惑,帮助学生将已有的知识和所要学的知识形成连接,同时,学案也能提供和指导学生掌握有效的探究、学习的方式方法和学习策略,架起教与学的桥梁。由于探究课的教学内容和其他的教学内容不同,它没有专门的例题和定理可供参考,但是其教学内容又是立足于教材,高于教材,最终又回归教材,因此更加需要学生进行自主学习、独立钻研、主动探索,最终自己发现结论并加以证明,所以探究课更需要一份好的学案来为学生铺设台阶,建立新旧知识的连接,达到自主探究的目的。下面就以我校张海芳老师执教的探究课《平行线被折线所截》为例,阐述学案设计的意图:

平行线是最简单、最基本的几何图形之一,它是研究其他图形的基础,且在实际中也有着广泛的应用。学生在前面的课程中已经学习了平行线的性质与判定,对相应的知识有了一定的了解。但七年级的学生刚接触几何,课前我就预设到学生识图能力比较差,缺乏严谨的逻辑推理能力、空间想象能力及规范的几何表述能力。因此,在平行线中"折线"问题的探究过程中,主要通过生生互动,以小组形式对图形进行仔细观察、比较、联想、分析、归纳、大胆猜想和概括;最后,通过平行线中的"折线"在变化过程中的探究,使学生学会识别基本图形、构建基本图形、理清解题思路,体会图形之间变化及联系,激发学生兴趣,从而增强学生的识图和逻辑推理能力。

(节选自张海芳老师的说课稿)

思考是行动之始,行思结合尚能达成初衷。张海芳老师基于以上分析,对学生学情预设充分且到位,课前,在其学案设计中,她为学生的自主学习铺设台阶,以原有知识作为起点,以可能出现的问题为阶梯,利用学案为原有知识和新知识建起一座桥梁,引导学生或自主或合作一步一步去获取新知。以其探究课学案中的"温故知新"部分的设计为例:

【温故知新】

1. 平行线的性质:

(a) 如果两条平行线被第三条所截,那么_____;

(b) 如果两条平行线被第三条所截,那么_____;

(c) 如果两条平行线被第三条所截,那么_____。

2. (a) $\because AB // CD$(已知)　　$\therefore$　　 = 　　(　　)

　　(b) $\because AB // CD$(已知)　　$\therefore$　　 = 　　(　　)

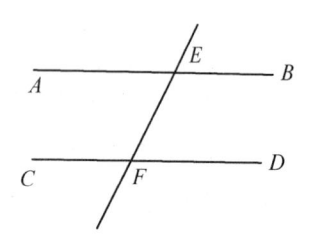

　　(c) $\because AB // CD$(已知)　　$\therefore$　　 + 　　 = 　　(　　)

小结:上图是两条线被截的问题。

【分析】这部分内容是对之前学过知识的复习,所以在课堂只作简单复述,但是反复强调"被直线所截"并用红笔做上着重记号。课前预设到学生可能认为这一环节只是对旧知的一个常规复习,与本节课所学的内容"被折线所截"没什么关系,但实际上,"被折线所截"的问题可通过添加适当的辅助线最终转化成"被直线所截"的问题,因为不断强调"被直线所截",所以在后面的探究过程中同学们始终围绕这一点构造基本图形,就很容易添对了辅助线解决问题,因此这一板块在这里真正起到了承上启下的作用。

恰是因为教师对相关学科知识的熟稔于心及对学生学习认知水平的精准把握,在学案设计中,看似寻常的题目,却蕴含着教师的精巧预设。在课堂中,学案的反馈,更加是将教师的独具匠心外显于行。下面以张老师探究课学案中的"新知导学"和"学以致用"两部分为例,通过其案例片断,来感知教师的设计与落实是环环相扣,师生互动、生生互动严谨有序。具体如下:

【新知导学】

(a) 操作:测量出图①中 $\angle B =$ _____ 度,$\angle D =$ _____ 度,$\angle E =$ _____ 度;测量出图②中 $\angle B =$ _____ 度,$\angle D =$ _____ 度,$\angle E =$ _____ 度。

(b) 猜测:① 数量关系:猜测 $\angle B$、$\angle D$ 和 $\angle E$ 的数量关系;

② 位置关系:图①和图②是两条被所截的问题。

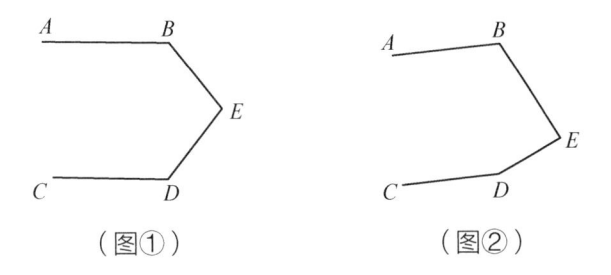

（图①）　　（图②）

(c) 验证:请说明这个数量关系。

已知:$AB /\!/ CD$,问:$\angle B$、$\angle D$ 和 $\angle E$ 的数量关系。

解:(提示:过点 E 作 $EF /\!/ AB$)

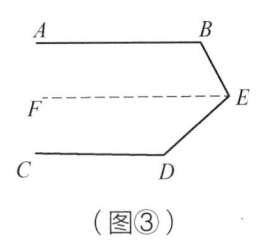

（图③）

【分析】由于七年级的孩子年龄比较小,喜欢动手画一画、量一量、测一测,喜欢和同伴之间交流、分享,同时也喜欢成功带来的快乐。基于这个特点,在课堂上更多采用学生与学生之间互动的方式来获取知识:我让他们自己动手测量,再让他们四人一组共同讨论猜测出角之间的数量关系并尝试地加以论证,这时课堂上每个同学都在动手动口动脑。通过实践操作孩子们很快就猜测出三个角的数量关系,这一板块通过量一量、猜一猜来培养学生在几何学习中的动手操作能力、几何的直观感知能力,同时在讲位置关系时再次强调"被折线所截",与(c)验证中添加辅助线后转化为"被直线所截"建立联系,为新旧知识构建桥梁。

【课堂落实】

考虑到添加辅助线是这节课的一个难点,所以我事先添好辅助线降低难度,由于有了操作板块,所以我预设到孩子们已经知道了结论是360°,因此对于我所添加的辅助线,大部分的学生都知道是将原图分解成两个基本图形,构造出两组同旁内角,每组同旁内角的和是180°,所以两组为360°。课上讲解时我一直让学生观察图①②和图③的关系,通过师生互动积极引导他们得出图①②是"被折线所截"的问题通过添加辅助线后转化成"被直线所截"的问题,找到基本图形,不断渗透化归思想,即让学生明白当遇到不会做的题或没学过的知识时可以通过某种数学方法将其转化为之前学过的知识来解决。也正因为这道题不断地强调"化曲为直"的化归思想,所以学生在探究其他几种辅助线方法时游刃有余。

【学以致用】

你还有其他添加辅助线的方法来说明这个数量关系吗?如果有请写出成立的理由。

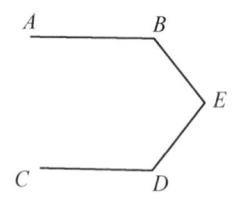

【分析】出这道题时,已经预设到可能只有个别同学能添对辅助线并加以证明。但在课堂上讲解第一种方法时((c)验证),由于我不断地强调把"被折线所截"的问题转化成"被直线所截"的问题,找到基本图形,正因为整节课无时不刻地渗透着化曲为直的思想,所以在生生互动环节中,课堂气氛非常活跃,每个小组讨论时都参考上一题的解题思路,积极发表自己的见解,集思广益,很快就得出了四五种不同的添加辅助线的方法,并能非常清晰地用规范几何语言来表达。

(节选自张海芳:《学案在探究课上的有效尝试》)

综上,在探究课学案的设计中,秉承如何有效引导学生自主探究的理念,不管是学案中内容的设计还是课堂教学中的落实,教师预设充分,将学科知识由浅入深地巧妙渗透在各个板块与环节,学生开展主动探究,在完成学案的过程中品尝成功的乐趣,在课堂学习中则学生在多元互动中展现敢于尝试、敢于探究的魄力,探究课不再是教师一路引导的"伪探究",而是学生真真切切卷入学习过程的的探寻与研究,课堂生成水到渠成。

6. 体现学案研究成效的案例

学案如果只是题目的集合,以知识训练为目的,那么,此举也仅仅是知识的位移,将课中的知识前置到课前,将课前未掌握的知识再位移到课中。在我校学案设计应用过程中,我校教师不仅重视学科知识,更兼顾学科思想的渗透。这就需要教师在课前预设之际,便要对本学科相关知识点涉及到的学科思想进行梳理,以确保学案设计预设精准到位。而在课堂教学渗透中,则避免教师一讲到底,通过多样化的互动,让学生体悟学科思想的魅力。

(1) 渗透学科思想

在学科思想渗透方面,我校数学老师范军军曾谈到:

数学知识的学习要经过探究、理解、操练等才能掌握和巩固,数学思想、方法的形成同样如此。要使学生形成自觉运用数学思想方法的意识,必须建立起学生自我的数学思想方法体系,需要一个反复训练、不断完善的过程。学案就是一个很好的载体,在学生已经预习并完成练习的情况下,教师预设到学生对题目的理解可能只是停留在回答问题的层面,对于可能用到的数学思想也是模模糊糊。在学案反馈的环节中,老师和学生通过师生互动、生生互动一起梳理数学思想,实质上是起到点醒的作用,能够促进学生对用到的数学思想方法的理解和掌握。

对一线教师而言,在学案及学案反馈中渗透学科思想,听起来貌似有些高位,但敢于尝试,善于积累,长此以往,学科思想的生成将会由点到面,渐渐趋于体系化。以下基于范老师的课例,分享其在概念教学中渗透类比思想、在方法教学中渗透化归思想的探索。

- 在概念教学中渗透类比思想

学案反馈片段一:

已知点 $A(x,0)$,且与点 $B(2,3)$ 的距离等于 $3\sqrt{2}$,则在求点 A 的坐标时可列的方程为_____。

【具体做法】

由于预设到学生比较熟悉以前学过的方程一元一次方程、二元一次方程、分式方程,所以通过概念的梳理学生很自然地得出这个新方程的名称。因为有了前面类比的铺垫,预设到学生对于名称的获得并不会困难,但是概念的名称并不是我们在学习的过程中要掌握的主要内容。所以我预设了一些互动环节:为什么会叫作"无理方程"? 是依据什么得出的? 也可以进一步反问,为什么不能叫作"根式方程"呢?! 也很合理啊。通过师生互动、生生互动来理解这个名称的意义和合理性。在充分的讨论之后,再请同学用文字描述"无理方程"的概念。

【实践意图】

"无理方程"是学生首次接触的全新名词,预设到学生会存在一些困惑。由于学生已经通过学案的引导进行了预习,所以对于这个概念有了初步的感知。但是知其然不知其所以然,是概念教学中学生最易存在的问题。如何从"似懂非懂"到真正理解掌握,还在于老师上课时的

"弹性预设"的引导。所以我在课堂上采用了"两点之间的距离公式"来引入新课,通过类比以往学习的分式方程,引导学生观察方程中未知数的位置特征,学生很容易就得出这是一个无理方程的结论。所以,在数学教学中"类比"的数学思想是无处不在的,不是要用几节课的时间专门把"类比"的思想灌输给学生,而应在平常的学习中,不论是概念,还是计算,还是基本解题思路,处处都渗透着类比的思想。

- **在方法教学中渗透化归思想**

学案反馈片段二:

师:怎样解方程 $x = \sqrt{3x+4}$?

【教学实践分析】

解无理方程的关键在于把它转化为有理方程,转化的基本方法是对方程两边同时乘方从而去掉根号。对于简单的无理方程,可通过"方程两边平方"来实施。用问题引导学生进行尝试、探索和讨论,让学生经历探索无理方程解法的过程,从而归纳得到解无理方程的一般方法。这些过程我预设学生通过学案的引导基本完成,但是可能会对无理方程的增根产生的原因产生困惑。通过师生互动,引发学生的思考和讨论,再通过小组充分的讨论,生生之间的交流,使学生对这个问题再思考、再认识。我也通过简单的无理方程的增根的举例,使学生形成对"验根"的必要性的认识。而对于产生增根的原因,并没有进行强化,只是指出在方程两边进行乘方(偶次方)的时候,扩大了未知数的取值范围,有产生增根可能。

对于在数学课中渗透数学思想的实践研究,范军军老师分析道:

中学数学的教学中,处处渗透着数学思想。如果使它落实到学生学习之中,数学思想就能发挥出巨大的作用。通常的学案设计本身渗透了数学思想。例如本节课就是通过分式方程的概念类比得到"无理方程"的概念;通过解分式方程先转化为整式方程的"化归思想"得到解无理方程的步骤和方法。但是预设到学生并不一定完全能够真正理解、体会。那么教师可以在学案反馈的环节进一步体现数学思想的作用。请同学梳理题目中包含的数学思路方法不仅仅是学案作用的延续和补充,更有效地提升了学生数学思维能力。在数学教学过程中培养学生的数学思想,不仅能使学生学好数学知识,掌握基本技能,而且能使他们具备终身学习数学的能力。

(节选自范军军:《在"学案反馈"中渗透数学思想的初探》)

学科思想是学科教学的魂,一味地为教知识而"教"、而"学",则难免停留于学科的浅表。从初中开始,适时、适度地渗透相关学科思想,初步让学生感知学科学习的魅力与内涵,既是对教师专业素养的挑战,又可夯实学生学习之根基,利于其后续学习之发展。

(2) 提升学科学习能力

在学科学习能力提升方面,学案对学生学习习惯的养成、对学习方法应用的提升,日积月累,时久自现。以物理学科为例,物理教学以观察和实验为基础。初中学生年龄小,抽象思维尚未形成,为开发学生智力,激发学习兴趣,急需培养学生的观察能力和动手操作能力。以学案为载体,为学生课外活动提供大量素材,作为课堂教学的有效补充,这将对提升学生学习物理能力大有裨益。就此,我校物理学科基于"小实验"学案,在培养学生物理学习能力方面进行了有益的探索。下文,以徐微老师在《音调》一课中渗透"小实验"学案的研究为例,具体呈现学案在提升学生学科素养方面的作用:

- **物理小实验,释疑解惑推动学习**

课前学生在预习和自学过程中常会遇到一些疑难问题,对某些新的物理概念似懂非懂,对某些物理规律将信将疑,有时想不通就会产生畏难情绪,影响自学效果。为了解决上述问题,笔者在学生的预习和自学过程中,弹性预设了一些小实验,这样做可以调动学习的热情,激发学生兴趣,体现物理现象的新奇,而实验本身的结论并不做要求,只是做过程性评价。这些实验的目的在于提供必要的感性素材,引导学生思维活动的发展,突出本质,减小非本质因素的干扰,促进学生建立新的知识概念,降低学习难度。在《音调》这节课中,我们选择钢尺实验作为第一个学生实验。如图①。

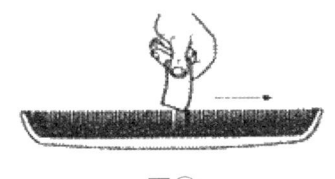

图①

关于"音调"这个物理概念,学生都知道是表示声音高低的因素,但不理解影响音调高低的因素。在该实验中选用的梳子作为一个发声体,用一张硬纸片在梳子上滑动,使梳子发出声音。通过这个活动先让学生感受到声音,再让学生用硬纸片以不同的快慢速度划过梳子,仔细去听、感受到声音有高低(即音调)。在学案中要求学生比较梳齿振动的快慢,继而引导学生思考影响音调高低的因素。

- **物理小实验,提升实验操作能力**

心理学研究表明,学生对学习内容的巩固程度与学生是否动手做过有很大关系。在《音调》这节课中,我们采用课前小实验与课堂实验相结合的方式,通过多次实验让学生充分参与实验。如图②。

图②

由于有了课前的小实验探究,该实验从一开始就让学生来参与设计。让学生思考如何利用水杯和水来实现实验探究。学生在前面实验的基础上,会思考到通过改变杯子中水的多少来实现音调的变化。通过脑想、眼观、耳听、语言表述和动手操作,完成了设计实验、现象观察、探究原因等各项活动。不仅使学生将学到的知识转化为操作能力,还培养了学生独立分析、解决问题的能力。

- **物理小实验，助推知识内化**

学生在学习过程中由于受到来自生活习惯的"前概念"的干扰，受前面所学知识中的"负积累"及知识综合难度和抽象思维能力等多种因素的影响，学习新知识时会有障碍。《音调》这节课中，学生会将音调与响度这两个物理量混淆。为了深化学生对知识的理解，在这个实验中，首先笔者预先让学生感受到声音；然后通过用不同大小的力，感受声音的响度；最后通过改变钢尺伸出桌面的长度，感受声音的音调（如图③）。借助小实验可以形象、具体、直观地说明问题，通过对互动生成问题的讨论，抓住反馈及时矫正，学生便容易接受。在教学中及时接受反馈信息，根据反馈信息调节教学内容、进度，改进教学方法，尽快纠正偏差，才能做到讲课有的放矢，从而提高教学效率、提高教学质量，使学生能够尽快弥补知识和技能上的欠缺。

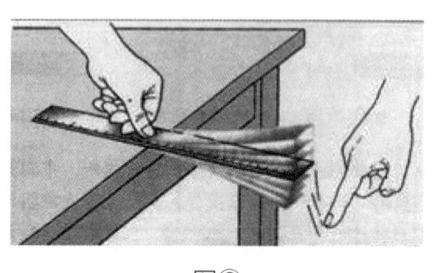

图③

（节选自徐微：《物理小实验学案对学生学习能力提升的实践研究》）

综上，以学案为载体，在《音调》这节课中，借助学案阅读自学、动手实验探究等提升了学生学习物理的兴趣。在课堂教学中，教师组织学生针对课前实验进行讨论交流，再通过课堂实验探究使师生、生生之间彼此在知识和情感层面发生碰撞，学生将所学知识延伸迁移，进一步深化与升华。

在语文学科中，通过学案提升学生对文本感悟能力方面，本校教师也进行了实践研究。下文以"父与子"一课为例，在课前、课中与课末，执教教师张海燕均以学案为载体，环环相扣，为提升语文学习感悟力展开探索。

- **课前独立完成学案，为感悟做铺垫**

在上《父与子》一课前，我先要求学生回家独立完成学案。我在学案中做了如下设计：其一，设计了有感情地朗读全文。这个环节的预设是为了激发学生主动地去认真朗读课文，在熟练朗读的基础上，再做到有感情地朗读，逐步提升学生对文本的个体认识。其二，在有感情地朗读全文的基础上完成学案中"用简洁的语言概括全文的主要内容"这个环节。这一环节的预设是为了考查学生个体的筛选、概括和表达的能力，也是进一步认知文本的途径。针对这一题，我对学生可能会反馈的答案做了弹性预设，事实上学生的反馈的确呈现出了很多问题，有共性的，也有个性的问题。比如大多数同学没有能概括到父亲冒着生命危险和不顾劝阻这个很重要的背景环境，这就不利于学生对大地震后生命处于危险境地这一特定环境下的父子深情的认识，很显然，本文展现的是有别于一般的父子情的。其三，在达到预设生成——在特定环境下的父子深情的认知的基础上，展开对文本中关键句"不论发生什么，我总会跟你在一起"

在不同语境下的含义的分析,形成学生个体对这句话在不同语境下的含义的认识做了铺垫。借助这些题目,学生就能有自己的感悟,去体会人物的语言、行为和心理,理解关键句在不同语境下的不同含义,初步感悟文本的深层主旨,为课堂的深入阅读感悟做铺垫。

- **课中合作交流学案,助推个体感悟**

在《父与子》这堂实践课上,针对学案中预设的关键句"不论发生什么,我总会跟你在一起"在不同语境下的含义一题,在课前独立完成的基础上,在课堂上进行学生小组合作交流和小组 PK 两个环节的活动。小组合作交流的内容主要为:学生课前在独立完成学案时遇到的问题,经小组合作未能解决的问题,以及学生个体在讨论的过程中即时生成的新的问题等。比如某小组在讨论的过程中,对于关键句"不论发生什么,我总会跟你在一起"这句话在第三段的上下文之间的含义达成了共识,但对这句关键句在第 19 段上下文之间的含义的认识有不同的见解:甲同学认为这句话在这里表现出了儿子信任父亲,坚信父亲会来救他;乙同学考虑问题较全面,他能联系这句话是儿子对同学们说的,所以不仅有对父亲的信任,更是在面临生与死的艰难环境下对同学们的鼓励,使大家坚持到了最后被救。甲乙同学在争论的过程中逐渐发现这个认识还不够深层次,儿子对父亲的信任不仅救了自己,更救了 14 个伙伴,而他的这种对生的渴望的力量来自父亲,并把这种力量传递给了伙伴们。在讨论的过程中,个体认知逐渐达成知识的内化,形成更深层的感悟。同时,小组交流活动的过程也是一个头脑风暴的过程,在不同问题被抛出后,通过激烈的争辩,形成个体和个体间思维的冲击、个体和小团队间思维的冲击,深化对主旨的认识。

《父与子》这堂实践课完全改变了以往传统的教学模式,教师只是一个引路人,给学生提供一个正确的方向但又不包办,引导学生在 PK 中展示他们的生成,使学生真正成为学习的主体,课堂的主人。这样全新的教学模式激发学生的学习动机,充分调动了学生的积极性,为学生提供了充分发挥自己才能的空间,推进了个体情感的感悟。

- **课后独立修正学案,升华个体感悟**

课后及时反馈课堂上的互动生成,订正学案,学生针对自己在课前独立完成学案中遇到的难点和课中合作交流过程中个体认知的差异,及时并独立地修正已经解决的难点。这样既可以让学生对所学知识理解得更深入,记忆更牢固,同时对文本的自我个体的情感体验的生成也来得更为深刻。比如在"请用简洁的语言概括全文的主要内容"这题中,通过反馈课堂上的互动生成及时订正,学生对于概括文本内容的练习生成了更深刻的体会和感悟,强调大地震下处于自身危险中的父亲不顾劝阻,历尽艰辛,经过 38 个小时的独自挖掘,终于在废墟中救出儿子和他的伙伴。并更重要地认识到,儿子在父亲的潜移默化之下,在困境中把生的希望传递给了同伴,成为了另一个心灵的强者,这份认知大大升华了个体的感悟。在互动生成的道路上,学生对文本的认知可以走得更远。

(节选自张海燕:《以学案为载体,提升初中生语文阅读感悟力》)

综上，《父与子》一课以学案为载体，通过课前学生独立完成学案，为初步感悟文本的主旨做铺垫；通过课中学生针对学案中预设的关键句"不论发生什么，我总会跟你在一起"在不同语境下的含义这一问题展开小组合作交流和小组PK的活动，助推学生个体对文本的深入感悟；通过课后学生独立修正学案，升华学生个体对文本主旨的深刻感悟。总之，学案犹如一艘船，将学生从文本阅读渡向文本感悟的彼岸。

(3) 改变课堂面貌

在改变课堂面貌方面，学案由于触动了教师的惯性思维，课堂教学不再是"教师主导，知识权威"，而是"学生主体，能力至上"，课堂面貌势必要革新，教师亦将驱使自我去思考、去尝试。以尉媛媛老师执教的《哦！冬夜的灯光》一课为例，第一次试讲之后，评课时，有老师提出疑问：这堂课上得很顺畅，学生似乎没有遇到什么障碍、有难度的问题。但是课上得太"顺"，本身可能就存在很大的问题。对于课堂上提出的问题，学生真的都掌握、都明白了吗？还是被个别积极发言的同学的声音淹没了呢？如果我们课堂上提出的问题学生都掌握了，那我们教师上课的意义价值何在？这一问题引发了尉老师的思考：

如果我们的教学设计仍然只有教师的"刚性设计"，而忽略甚至无视学生的学习需要，学生的主体地位必定无法得到保障，教学自然低效。这就需要我们发现学生的学习需要，充分了解学情，做好"弹性预设"。

为此，尉老师尝试设计完善学案，并对其教学设计进行相应的调整，以期改变其课堂，具体做法如下：

- 呈现共性问题，明确"教""学"方向

概括文章内容是语文课堂里老生常谈的基本环节，也是学生阅读文章的基本功，但学生在概括时经常出现概括不完整、语言不简洁、表意不清的问题。归其因，在于在教师的刚性预设中，学生的学习经历未得到关注，教学方向不够明确、教学针对性不强。如何弹性预设，根据学生的学习经历完善自己的教学设计呢？在《哦！冬夜的灯光》一课的学案中，我要求学生用简洁的语言概括这个故事。为了降低概括的难度，我给出如下提示：故事发生的时间是？地点是？灯光是谁开的？为谁而开？开亮电灯的目的是？在学案反馈环节，80%左右的学生在概括时忽略了医生出诊后返回的情节，表明本次概括的共性问题是对于事件的概括不完整，有头没尾。于是，我选出了其中一份表意清晰、只是情节概括不完整的具有代表性的学案，即A同学的概括"在一个寒冷的冬夜，加拿大西部的沿途农家开亮电灯使我顺利出诊"作为集中诊断的样本，课堂上学生通过上生生互动，自行纠正、完善，最终明确了"教"与"学"的方向。

- 聚焦焦点问题，寻找教学突破口

为了更好地了解学生在自主阅读中的困惑点、兴趣点，并以此作为教学突破口弹性预设，带动整篇文章的解读，在学案中笔者设计了质疑环节："你在本篇文章的阅读过程中产生了什么疑问？可以在下面的横线上提出来。"在笔者以往的教学中，学生都是处于被动回答问题的位置上，这是第一次尝试通过设计学案弹性预设，给学生提出问题的空间和时间。结果没想到，39人的班级中有35名同学从文本内容、作者的写作技巧、写作意图等方面提出了自己在阅读文章时产生的疑问。在学生的学案中，笔者发现学生质疑的焦点是："为什么返回途中的灯光，使我绝不感到孤独，就像黑暗中经过灯塔一样？"找到了学生自主阅读中的兴趣点，也就找到了教学的突破口。于是笔者摒弃了自己最初的刚性教学设计，课堂上，通过 PPT 出示学生做学案时质疑的"焦点"，建议学生通过比较阅读、小组讨论的方式生生互动解决自己的困惑。学生热情高涨，反响热烈。这样的课堂不再是教师的刚性预设，而是充分尊重了学生作为课堂学习者的主体地位，从学案出发，弹性预设，让学生在课堂中找到自己的"话语权"，师生互动生成，成就了课堂教学的精彩。

- 尊重个性问题，奠定思维基础

当然，我们不仅仅要发现学案中的"共性"，也要充分尊重学生的"个性"，这也正是我们利用学案弹性预设的价值之所在。学生能力水平不同，个性特点不同，对文章的理解也会参差不齐。以往的刚性预设是无视这种差别的，而弹性预设尊重学生的个性解读，因势利导。在批阅学案时我发现，平时经常置身课堂"旁观者"之列的小 A 同学对于文章的主人公还心存疑惑，在小组交流时就这个问题我和小 A 进行了单独的交流。在不影响课堂进程的情况下关注了学习能力较弱的学生，发现他们的学习需求，并及时予以解答，避免他们在集体的学习中产生学习倦怠。同时，课前下发的学案保障了学生的个体阅读时间，学生在个体阅读的基础上，对文本已经有了自己的解读。即使是个别接受能力弱的学生也对课堂中的文本的学习有了前期的准备，并能在小组合作交流的过程通过生生互动完善自己个体阅读时对文章的思考，使其在小组交流中更深入、更全面。

（节选自尉媛媛：《课堂变脸，学案先行》）

由此观之，学案在教学中能成为教师了解学情的手段，呈现学生的共性问题，使教师明确教学的方向，提高教学预设的针对性。不仅如此，只要教师能充分利用好学案，它就能帮助教师聚焦学生学习需求的"焦点"，投其所好，寻找到课堂教学的突破口，点燃学生参与互动的热情，提高课堂生成有效性。

（四）学案研究的反思

学案的实施，目的在于让学生实现从"学会"到"会学"，从"被动"到"主动"的转变。实践研究表明,学案不仅有益于激发学习兴趣、养成预习习惯、提升学习能力,也在助推教师专业发展方面不容小觑,这就为打造"弹性预设—互动生成"的课堂提供了有利条件。

1. 学案的实施,提高了学生的学习兴趣

我校生源以务工人员子女为主,学生学习处于被动状态,缺乏主动学习的意识。教师在组织教学时往往从主观愿望出发去要求学生"学什么""怎么学",而鲜有思考学生"想学什么""怎样学",为此,学生往往成为吸收知识的容器,厌学情绪普遍。

课题实施以来,在学生预习环节,立足学生认知水平和知识经验,学案编制着眼于学生学习能力发展,一方面关注学生如何有效提炼教材信息、如何圈划重点知识,从预习方法上进行引导;一方面在学案内容上根据学科特点,通过设计填空题、判断题、选择题、动手小实验等形式多样化,旨在多角度调动学生思维,自主构建认知。使用学案以来,学生不再是被动等待教师灌输知识,通过预习尝试,逐步卷入学习过程,学习的针对性、目的性得以增强,学习兴趣油然而生。

2. 学案的实施,培养了学生的学习习惯

学案为学生学习习惯的养成提供了抓手。恰是要尝试解决学案中呈现的问题,以此为内驱力,学生开始主动预习,研读教材,自己圈划重点难点,改变了以往被动学习的状态,在教师授课之前,初步具有了一定的"知识储备",在学习过程中,主动性有所提升,久而久之,在学校学案连续性的推进之下,良好的学习习惯由此养成。

3. 学案的实施,提升了学生的学习能力

以往学生的学习基本靠教师的牵引和灌输,学生习惯于"手把手"式的传授方式,自主学习能力欠缺。著名教育心理学家布鲁纳强调:"要让学生参与获得知识的过程,学生的学习应是主动发现的过程,而不是被动地接受知识。"学案为学生从被动接受到主动汲取搭建了一座桥梁,在完成学案的过程中,学生学会梳理教材中的基础知识,尝试解决问题,训练拓展思维,在自主构建新知的过程中,学习能力的提升水到渠成。

4. 学案的实施,促进了教师的理念转变

学案的实施,冲击了教师的惯性思维,打破了教师的常规举措。首先,以教师为主的本位主义,转变为以学生为主的"生本思想"。教师更愿意关注学案反馈,更愿意倾听学生心声,以学生预习环节的得与失作为教学指南,不再是为了知识而教教材。其次,设计一份优质的学案,并非一己之力可得。在编制学案的过程,教师越来越意识到团队合作、智慧分享的可贵,单打独斗已成为过往,集体备课、研课成为常态。

总之,学案的实施在预习环节触发了教师教育教学理念的转变,敦促教师充分预设实际学情,以确保课堂教学有的放矢地开展。与此同时,学生也在学案的帮助下,萌发了学习兴趣、养成了预习习惯、提升了学习能力,这就为学生主动积极参与学习过程,助推课堂生成夯实了基础。

二、关于教案的研究

（一）研制教案模板，构架"双案"联动下"弹性预设—互动生成"课堂的桥梁

在本课题研究中，教案是触发"双案"联动的关键一环，更是构架"双案"联动与课堂"弹性预设—互动生成"的桥梁。为此，借鉴教案研究已有经验，结合我校课题研究之需，我校研制出如下教案模板（详见表12），具体从三方面言之：

表12 宝钢新世纪学校教案模板

学科		备课老师		备课日期	
教学内容					
教学目标					
重点难点					
学情分析	学案	温故知新		新知导学	学有所思
	存在问题				
	调整策略				
教学过程	一、预习反馈，感知新知				
	二、多元互动，共探新知 1. 尝试解决，感悟新知 2. 总结梳理，构建新知 3. 学案订正，巩固新知 4. 综合应用，延展新知				
	三、交流收获，内化新知				
意外生成					
板书设计					
作业设计			教学反思		

其一，教案制订的原则——"以学定教，以教导学，'教''学'相长"。即改变以往教师以教材、教参为本的常规之举，教案内容设置不再以书为本、以教师为主，而是要从学生实际学习水平出发，打破"刚性预设"的教案，使教案内容与学案内容构建关联，明确"教"的指向，"学"与"教"不再是一端起主导，而是两端均予以兼顾，"学"与"教"相辅相成，教学相长。

其二，教案具体的内容——由"教学目标""重点难点""学情分析""教学过程""意外生成""板书设计""作业设计""教学反思"八个部分组成。其中"学情分析""教学过程""意外生成"三个部分是我校教案的特色。"学情分析"的设计旨在细化教师学案反馈，做到充分地"备学生"；"教学过程"则进一步细化，共由"预习反馈，感知新知""尝试解决，感悟新知""总结梳理，构建新知""学案订正，巩固新知""综合应用，延展新知""交流收获，内化新知"六个环节组成，旨在明晰教师将学案与教案构建关联的路径及在课堂中渗透落实的步骤；"意外生成"旨在鼓励教师及时整理课堂的精彩生成，挖掘并积累课堂教学资源。

其三，教案使用的方法——"三稿定一案"即第一稿是与学案编制同步；第二稿是学案反馈之后，完成"学情分析"部分，对"教学过程""重点难点"等适时调整；第三稿是课堂教学之后，完成"意外生成""教学反思"部分。

（二）教案实践与应用，勾勒"双案"联动下"弹性预设—互动生成"的课堂

基于前提课题研究规划设计，我校教案的研究与应用，既要能达成与学案"联动"之效，又要从教案流程设计中充分预设、环环相扣，以期勾勒"双案"联动下的"弹性预设—互动生成"的课堂。为此，我校教案既有常规教案的做法，也有其与众不同的特点（如表13）。就此，需注意如下三个方面：其一，熟悉课程标准和教材，整合教材内容与学生学习需求，预设充分，并设计一系列问题，让学生亲历知识发生、发展的过程。其二，通过多样化的教学手段，激励学生主动参与互动交流，关注学生思维发展，引导学生运用已学的知识、方法予以解决，并获得知识体系的更新与拓展。其三，设计每个问题都力求有针对性，并服务于教学目标，相应的每个教学环节也应从浅入深，环环相扣。以此确保整个设计教学流程流畅，更好地达成预期目标。

表13　宝钢新世纪学校教案样本

学科	数学	备课老师	李晓美	备课日期	5.5
教学内容	3.5（1）百分比的应用				
教学目标	了解百分比在生产、生活中的应用，会解决有关百分比的简单问题。会求及格率、合格率、增产率、出勤率、增长率等。初步了解"率"的意义，推出其他计算"率"的公式，加深对百分率的理解。				
重点难点	通过对及格率、合格率等百分率的理解，推出其他计算"率"的公式。				

续表

	学案	温故知新	新知导学	学有所思
学情分析	存在问题	分数化小数,再化百分比时,除不尽的保留三位小数,就此,学生不知道四舍五入;等于号与约等于号,学生容易混淆。	学生在求出席率、缺席率的时候容易在"总数"上出错。	3位同学没有填写;8位同学填写较为简单,没有思考性。
	调整策略	多举些实例,强化教师黑板演示、提醒。	提示学生在做题目时,画出关键词。	从方法上引导学生在自主学习中学会自我反思。

预习反馈,感知新知
预习反馈
师: 通过预习,你觉得本节课主要学习什么?
生: 学生通过预习浅谈自己的认识。(板书课题)
二、多元互动,共探新知
(一) 师生探究:
师: 你知道生活中有哪些常用的百分率?
生: 互相补充说明。
师: 通过预习,你会求这些百分率吗?
生: 互相补充说明。
师: 教师引导学生完成常用百分率的计算公式,并板书。

(二) 典型例题(学生尝试解决)
1. 去年种树,成活的有240棵,没成活的有10棵,求成活率。
2. 汽车配件厂每天生产汽车零件1000个,其中次品有25个。求产品的合格率。
3. 2002年12月3日,在摩纳哥举行国际展览局第132次大会,确定2010年世博会主办城市。在最后一轮投票中,共有88个成员国参加了投票,中国上海赢得了54票,成为2010年世博会的主办城市。问上海在这一轮投票中的得票率是多少。(在百分号前保留一位小数)
注:(1) 教师要先倾听学生的讲解,并让学生思考如何书写解题步骤。
(2) 教师规范书写过程。
4. 订正学案(学生自行)。
5. 教师明确学案中的问题。
三、练习反馈,应用新知
1. 教材
2. 练习册3.5部分练习
注:做练习要给学生充足的时间,多听取学生的想法,注重引导、分析及规范书写。
四、交流收获,内化新知
学生小结。
五、课后反馈,巩固所学
布置作业: 课课练3.5(1)、堂堂练3.5(1)(选做其一)

续表

意外生成	通过本课"百分比"的学习和应用,学生提出在现实生活中哪些问题需要用到百分数(百分率)、哪些问题需要用分数表示,由此延伸到教师对百分比与分数的互化问题在实际生活中的应用进行关注,体现了"数学来源于生活,并服务于生活"的理念。
板书设计	一、列举生活中的常用百分率 及格率＝ 合格率＝ 增产率＝ 出勤率＝ 二、课堂练习及应用(略) (教案中的三个例题) 三、常用公式 1. 合格率＝1－次品率 2. 合格率＝合格产品／产品总数×100％ 3. 得票率＝得票数／投票总数×100％
教学反思	在讲解题目时,要将问题细化,多设计小问题,分解解题思路,规范解题步骤;分布计算和综合算式计算都需要兼顾,避免遗漏!

(本样本由数学学科李晓美老师提供)

至于教案的落实,下文将结合数学《多边形》一课案例,详细阐释之:

- 学案反馈,感知新知

批改学案,对典型问题、典型错误进行统计,在课堂上有针对性地讲评,可针对知识点,也可具体到有典型错误的同学。本节课开始,我从班级所做的学案中挑选了几份,在课堂上通过投影仪请同学批改!本环节通过多媒体,请同学批改学案中"温故知新"环节中的1、2两题及"新知导学"环节中的第1题。阅读、批改、解释概念特征。

【设计意图】让学生来评价批改同学的学案,在互动中生成,熟悉基本概念,初步认识多边形的基本特点,增强对多边形概念、多边形边、角、顶点、对角线等有关概念的理解,体会类比思想,同时也体现生生互动原则,培养生生感情。这也让学生认识到学案的重要性,教师再针对学生的预习情况,适当调整这一堂课的教学内容。

- "双案"衔接,引入新知

新课探索一:

批改学案"新知导学"第三题:"请画图说明什么叫作凸多边形?什么叫作凹多边形?"让学生小结出凸多边形和凹多边形的概念。展示几个同学作图,请同学判断是凸多边形还是凹多边形,同时请同学说明,如何画图说明一个图形是凸还是凹多边形,从而理解归纳凸多边形和凹多边形的概念。

【设计意图】本环节主要是让学生知道凸多边形及凹多边形有关概念,能更好理解多边形,同时能培养语言概括能力;设计中,让教案和学案充分联动,同学自己说明图形是凸多边形还是凹多边形,然后作图说明是凸多边形还是凹多边形,这些步骤都由学生自己完成,老师适当引导,很好地体现了学生才是教学的主体这一原则。

新课探索二:

完成学案"新知导学"第4题:

分别过点 A 画下列多边形的对角线,完成下列表格。

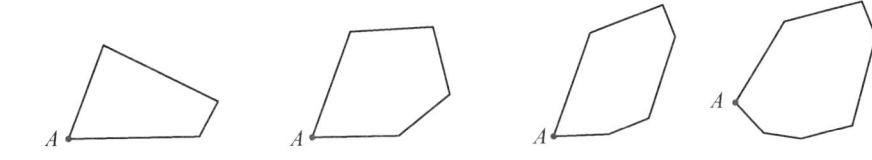

多边形边数	4	5	6	7	…	n
顶点个数						
过一个顶点对角线条数						
多边形所有对角线条数						
根据上图分成的三角形的个数						
多边形的内角和的度数						

看图填表格,思考并回答下列问题。

(1) 比较每个多边形边数与顶点个数、对角线条数、内角和度数,你发现了什么规律?

(2) 仿照上图分割方法,你还有其他方法分割多边形吗? 求每个多边形内角和。

让学生说明填写的正确性,并说当为 n 边形时,对角线总条数及内角和公式成立的理由。

思考:证明多边形内角和定理还有其他什么方法吗?

引导学生构造三角形来求解。

【设计意图】多边形内角和公式、对角线条数与边数关系是本节课的重点和难点,学生通过本环节的经历,直观感受、数据统计与分析、归纳与小结,很好地感受和理解了公式的和规律的由来,加深理解的同时,也培养了分析归纳能力。设计时的弹性预设、多种方法论证多边形内角和公式,提高了学生发散思维能力,也培养了学生学习数学的兴趣。

- 回归学案,巩固新知

回到学案"新知导学"第五题,让学案能更好地为我们教学服务,"双案"联动,并完成基本练习题。

学案"新知导学"第五题:"求九边形的内角和。"并加一小问:求过九边形中所有对角线条数。

学生自主完成基本练习题。

练习1:n边形共有(　　)个顶点,(　　)条边,(　　)个内角,共有(　　)条对角线。

练习2:如果多边形的内角和是1800°,那么这个多边形是(　　)边形。共有(　　)条对角线。

【设计意图】"双案"联动,巩固新知,并会应用多边形内角和定理及多边形对角线与边数关系,解决实际问题。

- 例题解析,运用新知

新课探索三:

回到学案"新知导学"第六题,并追已知对角线条数求多边形边数,把它当做例题完成。完成例题后,学生自主完成练习题4。

《新知导学》第六题:"如果多边形的内角和是1440°,求这个多边形的边数。如果多边形共有35条对角线,求这个多边形的边数。"

练习4:如果一个多边形的每个内角都等于150°,那么这个多边形的内角和是多少?

【设计意图】学案与教案的再次互动,有两个作用:其一,有巩固作用。为了加深理解内角和定理和对角线条数与边数关系,巩固所学知识。其二,具有示范性作用。通过示范性的书写,让学生在参与解题整个过程受到潜移默化的影响,领会数学的严密。

- 提升能力,拓展新知

练习5:"有一张五边形的纸片,把它剪去一个角后,所剩的多边形纸片的内角和是多少度?它共有多少条对角线?"

学生课前准备好剪刀、白纸,课堂可进行试验,同时也可和同桌探讨结果。

【设计意图】本题的设置具有综合性作用。综合运用各方面的知识,通过学生独立运用数学知识实践和与同学的交流、互动,生成多种可能,培养学生动手操作能力和合作能力,提高学生的数学思维能力和解决问题的能力。

- 交流收获,内化新知

这堂课你有些什么收获,还有什么困惑?

【设计意图】①帮助学生掌握具体的知识,如多边形有关概念,多边形内角和定理,从而促进知识结构的形成、新知识模块的建立;②承前启后,激发学生求知欲望;③促进解题技能的优化和思想方法的提高。

(节选自叶华平:《"双案"联动中的教案在〈多边形〉一课中的实践应用》)

（三）教案研究的反思

为渗透课题研究之初的理念，在教案研究环节，我校教师进行了创新性的探索，既有教案模板内容设计的革新，又有教案在课堂中推进的质变。

1. 冲击教师惯性思维，彰显学生主体地位

以往教案编制依据教材、教参而定者居多，教案成为教师授课的蓝本，往往只见教案制订者，不见教案的受众——学生。我校落实"双案"即学案和教案的联动，旨在冲击教师惯性思维，在制订教案之初就考量学生的认知特点、学习水平，不是以教材、教参在相关学科知识层面的要求作为硬性指标落实在教案设计中，而是以学生学习现状为基准，以学生为主体，以满足学生学习需求为宗旨，这势必将敦促教师改变思想上的教师权威主义、意识里的学科知识本位主义，转而认真研究学生、仔细分析学情、灵活调试教学目标、严谨设计教学内容、弹性预设教学过程，将"学生为中心"的理念渗透在教案设计与落实的始末。

2. 触及教学常规之举，激励教师勇于突破

在"双案"联动理念的引领下，教师教学常规之举势必将难以为继。适度改变、灵活适应将成为教师革新课堂教学的内驱力。具体言之，为实现"双案"联动，首先从编制上而言，常规的教案设计板块势必将做调整，从形式上相应改变，这将激励着教师勇于突破陈规，大胆创新设计教案新增板块内容。其次，从教案落实而言，教师不必在课堂上重复再现教案内容，将教案流程贯彻到底，而是基于学案反馈，课前教案设计做好弹性预设，针对学生学习过程中出现的问题思考多种应对策略，课堂教学不再是教案设计的外显化，而是教师主动做到灵活调试，使自己的"教"服务学生的"学"、引导学生的"学"，"教"与"学"不再是单线的灌输与接收，而是双向的交流与碰撞，课堂真正成为教学相长之地。

三、关于"双案"联动的研究

（一）"双案"联动的具体实施

"双案"联动与"弹性预设—互动生成"相辅相成，即"双案"联动为"弹性预设—互动生成"夯实基础，"弹性预设—互动生成"则是"双案"联动效能发挥的外在表征，这是我校市级课题研究的难点。称之为难点，原因有二，既要从文本上看出学案与教案的联动之处，还要在课堂流程中将二者的联动予以呈现。为此，除了上文中学案与教案某些板块设计上的呼应外，为实现"双案"设计上的衔接，我校老师进行了有益的尝试。具体如下：

1. 案例背景

"双案"如何联动是我校市级课题《基于"双案"联动的"弹性预设—互动生成"课堂实践研究》的一个关键性问题。笔者依托"同底数幂的乘法"这一课例研究，思考设计能够启迪学生思维的学案，并从如何实现学案与教案的联动、层层落实知识进行了尝试。

2. 学案设计说明

我校研究的学案主要由以下五个板块组成,即预习目标、重、难点,温故知新,新知导学,学以致用,学有所思。笔者以"新知导学"板块为例,阐释学案设计的理念与意图。

【新知导学】

1. 试试看:

(1) 下面请同学们根据乘方的意义做下面一组题:

① $2^3 \times 2^4 = (2 \times 2 \times 2) \times (2 \times 2 \times 2 \times 2) = 2^{(\ )}$

② $5^3 \times 5^4 = $ _____ $= 5^{(\ )}$

③ $a^3 \cdot a^4 = $ _____ $= a^{(\ )}$

(2) 根据上面的规律,请以幂的形式直接写出下列各题的结果:

$10^2 \times 10^4 = (\quad)$;$10^4 \times 10^5 = (\quad)$;$10^m \times 10^n = (\quad)$;$\left(\dfrac{1}{10}\right)^m \times \left(\dfrac{1}{10}\right)^n = (\quad)$

2. 猜一猜:当 m,n 为正整数时,

$a^m \cdot a^n = \underbrace{(a \times a \times a \times \cdots \times a)}_{m \text{ 个 } a} \cdot \underbrace{(a \times a \times a \times \cdots \times a)}_{n \text{ 个 } a} = \underbrace{(a \times a \times a \times \cdots \times a)}_{\text{ 个 } a} = a^{(\ )}$

观察上面式子最左端和最右端,你发现它们各自有什么样的特点?你想探究它们之间怎样的运算规律?

得出同底数幂的乘法法则:文字表达式 _____;

用公式表示 _____。

【设计分析】 在以往学案的设计中,在"新知导学"这部分的设计中概念、定义、定理往往直接让学生填空,思考性不强,学生不一定理解概念的获得,只要会用公式就行,这样导致学生只会机械地操作,缺乏创新性的思考。教师在学案设计的过程中有意识地引导学生做好课前预习,初步翻阅教材,了解教材内容,让他们自己去发现自己有哪些不懂的问题,不断挖掘他们自己的学习潜能,提高他们的学习能力。教师设计一份好的预习作业有助于他们进行课前预习,能使得他们预习有法可寻、有路可走,预习的结果有据可查。这节课在"新知导学"设计中强调了公式的获得、概念的获得的过程,让学生在从一般到特殊的认知规律中通过获得公式,体会获得新知的成就感,使学生理解学案上的问题在教材中是没有标准答案的,预习的目的不是照抄书上的概念,套用公式,而是理解教材内容,内化为自身所需要的知识,这样的设计使学生在预习的过程中,观察、分析、归纳、识记,学生的自学能力等诸多方面得到有效的训练。

3. "双案"衔接的尝试

针对学案中对学生暴露问题的反馈,笔者根据涉及的知识点设计六个问题(如下所示),让学生在预习的基础上继续分组讨论,进一步细化学案,完善设计,在新课导入环节加以运用。

1. a^n的底数a可以表示什么？指数n表示什么数？

2. 你一定能理解公式的推导过程吗？能再推导给老师看吗？你能用文字表述吗？老师会请你回答。

3. 公式中的a表示什么？指数m、n表示什么？

4. 在公式中，同底数幂只有两个幂相乘，是不是仅限于两个？可以多吗？如果多，结论还成立吗？请你推导。

5. 学案中公式的推导是怎样的一个过程？公式的应用又是一个怎样的过程？

6. 同底数幂的乘法公式可以反过来用吗？如果可以，学案中哪一题体现了公式的逆用？

另外，你在预习时，遇到了什么困惑吗？特别对于学案中的基础练习的第三题，你能解决吗？

【设计分析】该设计中我始终把预习中"新知导学"的内容和教学内容紧密联系，以期保持"双案"联动。随着所设计问题的逐步推进和深化，学生在思考的过程中学习兴趣被激发，思维强度不断加大，教学内容得以解决。由此，学生学习障碍被解决，在对概念、公式理解透彻的基础上，随后围绕公式的题组练习中，对各种题型迎刃而解，为课堂高效奠定基础。

4. "双案"联动的落实

课堂实录：

片段1：a^n的底数a可以表示什么？指数n表示什么数？

师：上述问题中a表示什么？

生1：我认为是单项式。

师追问：只能表示单项式吗？还能表示其他吗？

生2：在前面幂的内容里我们刚学过，a除了表示单项式以外，还可以表示多项式、数。

师：回答得很好，对问题的考虑很全面，那同底数幂的乘法公式中的a又表示什么？

全体学生积极抢答：数、单项式、多项式。

片段2：预习学案中公式的推导是怎样的一个过程？公式的应用又是一个怎样的过程？

生1：我认为公式推导是一个从特殊到一般的过程，公式应用是从一般到特殊的过程。

师：你回答得太好了！

【设计分析】学生预习时总会碰到预习不到位和理解不了的知识点，教师在充分把握教材的基础上，要做好课前充分的预设，把预习学案和教材内容更进一步整合，对同底数幂的教学内容进行了梳理和进一步的拓展，同时教师大胆改变教学方式，让学生分组讨论，各组派代表回答，教师只是点拨而已。在学生积极、热烈的讨论中，学生的学习兴趣被激发，学习智慧被燃起，教师不断巡视，不断给学生积极、鼓励的评价，调动学生学习状态，使他们处于一种亢奋状态中，从而提升了学习效果，所以教师在教学时应放手让学生主动探索新知识，放手让学生阅读课本，放手让学生讨论重点、难点和疑点，放手让学生寻找提出的问题，放手让学生构建知识结构体系,才能体现课堂的有效性。

(节选自刘娟:《"双案"在〈同底数幂乘法〉一课中有效联动的实践研究》)

综上,基于执教教师的良苦用心,通过"双案"联动的有效衔接,教师必须改变传统教学方式,进一步关注学生的学习需求。实践研究表明,"双案"联动在以下三个方面受益匪浅。其一,学生思维有效性得以提升。由于学案设计的问题均是老师在一次次的集体备课中研讨而得,有其思考价值性和针对性,通过一段时间的使用和对学生的训练,学生思维的有效性明显提高。其二,学生瞬时反应状态得以改善。由于课堂新知内容前移,留给课堂的学生练习时间较多,学生的思维难度和强度加强,学生思考问题的瞬时反应较快,长此以往,学生的思维的速度、解题都得到提高,课堂效率也因此而提高。其三,学生建立了良好的学习习惯,学会了如何预习,如何了解每节课的重难点,如何自主学习。

在探索如何使"双案"联动外显化方面,我们也尝试探究"双案"联动下的课堂流程,以期构建富有我校特点的课堂教学模式。下文,以李晓美老师执教的《特殊的平行四边形》一课为例,具体呈现课堂执教的过程。

第一环节:学案反馈,感知新知

师:平行四边形有哪些性质?

生1:平行四边形对边平行且相等,对角相等,对角线互相平分。

师:还有补充的吗?

生2:邻角互补。

生3:平行四边形是中心对称图形,它的对称中心是对角线的交点。

师:通过预习,今天我们要共同学习什么知识?

生:矩形的性质。

【分析】这一环节实施下来,效果与教师预期的一致。经过学生的完善,就能将平行四边形的性质从边、角、对角线及对称性四个方面分别叙述,这与学案中的再次引导密不可分,也表明了学生在独自梳理知识过程中,智慧得到了启发,学生的知识和能力得以发展。

第二环节:多元互动,共探新知

师:矩形的性质从哪些角度去研究?矩形有哪些特殊的性质?如何推导?

生1:矩形的性质也应从边、角、对角线及对称性四个方面研究。

师:接下来我们四人一组进行研究,并归纳出矩形的性质。同时要想清楚是怎样得出的结论。

生:分组研究。

(学生积极投入,学习气氛非常高涨)

师：接下来是小组汇报研究结果。先说矩形的性质，再说理由。

生1：矩形除了具有平行四边形的所有性质外，它还具有两个特点：矩形的四个角都是直角；矩形的对角线相等。

生2：矩形还是轴对称图形，对称轴有2条。

师：好在哪里？

生：因为矩形也是平行四边形，所以，平行四边形有的性质，矩形也一定具备，所以有些性质不必重复叙述。

【分析】教学过程是教师引导学生把人类的知识成果转为个体认识的过程，是一处"再创造"的过程。在这个过程中，要发挥学生的主体作用，自始至终让学生自己动脑发现规律，动口说出自己的发现。充分发挥学生的主动性、积极性，提供充分的时间，让学生亲身经历数学知识的探究过程，从中发现知识、理解知识、应用知识。这样，学生获得的并非纯粹的知识本身，更重要的是态度、思想、方法，是一种探究的品质。这一环节，我增加了小组交流，共同梳理知识，为学生提供了互动交流的机会，让学生在自由、宽松的情境中充分发表各自的见解。这样，不仅有利于学生形成全面、准确的知识结论，而且有利于培养学生有效表达自己的看法，认真倾听、概括和吸收他人意见的能力，更好地相互了解彼此的见解，不断反思自己的思考过程，使自己的理解更丰富、更全面。

第三环节：尝试解决，内化新知

例题（学生尝试解决）

已知：如图，矩形 $ABCD$ 的对角线 AC 与 BD 相交于点 O，已知 $\angle AOD = 120°$，$AB = 4 cm$，求：AC、BD 的长。

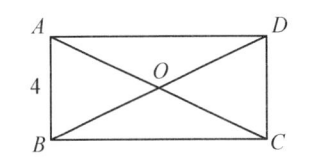

（全班同学思考2分钟。）

生：由 $\angle AOD = 120°$，得 $\angle AOB = 60°$，再由矩形对角线互相平分且相等可证 $\triangle AOB$ 为等边三角形，所以 $AO = BO = AB = 4$，所以 $AC = BD = 8 cm$。

生：（板书）

生：（纠正书写不规范的地方）

师生共同总结。

生：（纠正学案中的错题）

师：（检查，答疑）

师：布置课堂练习。（学案后面的练习）先思考，再说思路，达成共识再书写。（本节课学生的做题质量很高，只是个别地方的书写要强调一下）

【分析】这一环节采用先由学生尝试解决，到黑板书写，再由师生共同评价，找问题，提醒学生注意点，在每一个问题解决之后，及时进行小结，合理体现教师的主导作用。总体来说，本节课通过学生预习，在课前对这节课有了一定的感悟，课中又通过学生自己探究、合作交流，学生经历感知、体验、发现，自己去归纳，解决问题，从而达到在课堂中能力的升华。本节课，课堂气氛活跃，学生能主动参与，加上教师对学生的肯定评价等师生互动，改善了学生的学习态度，增强学生学习数学的积极性，这样的学习有助于发展学生的归纳能力、评价能力和自主学习能力，教学效果相对较好。

第四环节：交流收获，深化新知

师：请同学们谈谈本节课的收获，还有什么疑问？

生：学生小结。（两个学生共同补充完整）

【分析】这一环节由学生自己总结收获，可喜的是，学生不仅总结了知识点上的收获，又总结出了学法上的收获，学会了类比的思想，而且能同预习前后及上完课的收获进行对比。这个收获体现了学生的有意识学习能力的提高。

在尝试践行探索"双案"联动下的课堂流程之际，李晓美老师也进行了深刻的反思，道出了一线教师对"双案"联动的理解与感悟：

经过实践，我认为采用"双案"联动的模式，经过以下课堂教学流程，即学案反馈，感知新知；多元互动，共探新知；尝试解决，内化新知；交流收获，深化新知，其目的是让学生在自我探究的过程中提高学习能力，能更为主动和牢固地掌握知识，培养学生自学能力及提高课堂教学效率。那么，对于数学课的教学来说，由于理科的内容着重于概念明确，步骤清晰，因此要达到这个目的，要求教师在学案中更多地设疑和引导，还要重视指导学生的预习及预习后的反馈，以便能使学生迅速进入课堂环节，真正成为课堂上的主角。另外，在课堂上还要注意既不能为了制造课堂热闹的气氛，将知识简单转化为游戏的形式放手给学生，也不要对学生不放心，教师代替学生得出结论；为了培养学生独立思考的能力，教师在创设问题时还要合理分配好自我解答和合作交流的时间，使每一个学生都能有所收获。

（以上节选自李晓美：《以"特殊的平行四边形"为例，初探"双案"联动下的课堂流程》）

（二）"双案"联动的反思

"双案"联动是我校课题研究的创新点，它突破了现有学案与教案单方面的研究，二者有机整合，在促进教师的"教"与学生的"学"方面都不无裨益。

1. 以"研"促"教"，做扎实的研究者

当下，课题研究的重要性为众人所知。要将课题研究的理念植入教师头脑之中，渗透在教学常规之中，实属不易。在我校课题研究推进中，我们采用化整为零的研究策略，从课题的关键词入手，设计研究点，逐步突破。在突破"双案"联动这个研究点时，我们分两步走，一是转换教师理念,即"以学定教,两案并举";二是带领教师研究如何将"双案"联动外显化。基于该认识,我校教师一方面必须在新授课之前,既要完成学案、教案的设计,还要完成学案反馈后教案的灵活调试;另一方面,在课堂流程上还应研究关注学案与教案的衔接、渗透与贯通。三年来,我们的老师经历了从茫然无措到从容面对,从痛苦纠结到淡然接受,从中途放弃到毅然坚持,从畏首畏尾到果敢前行,恰是由于这一扎实的研究过程,打造了一批扎实的研究者,教师经历了从教书匠到研究者的"转身",课堂经历了从循规蹈矩到亮点纷呈的蜕变。

2. "教""学"联动,切实惠及学习者

教师是学生学习路上的领路人,教师的提升势必将惠及学生的发展。"双案"联动其实就是"教"与"学"的联动,从理念上言之,彰显了"以学定教,以教导学,教学相长"的思想;从行为上言之,既体现了师者"传道授业"专业上的提升,也展示了师者"求新求变"职业上追求;从情感上言之,师道尊严不在高不可及,而在于师与生民主、平等、和谐的情谊俯仰可见;从效能上看,教师学科素养内涵得以充实,学生学习经历得以丰富,教与学的效能得以提升,课堂面貌焕然一新,课堂成为孩子知识习得之处、习惯养成之所、人格发展之地。

四、关于"弹性预设—互动生成"的研究

(一) 经验梳理与研究借鉴

1. 预设和生成的相关文献研究综述

本研究所涉及的预设生成主要是指课堂教学领域内预设、生成,既区别于传统的逻辑学、语言学领域内的预设,也区别于广义教育基本理论研究中的预设生成。

(1) 预设及弹性预设的相关研究

预设(Presuppositions)一词,最早应用于逻辑学领域,又称为前提、先设和前设,是说话者在说出某个话语或句子时所做的假设,即说话者为保证句子或语段的合适性而必须满足的前提,它由弗雷格(G. Frege)于1892年提出。[1] 20世纪50年代,"预设"一词又逐渐进入语言学研究,狭义上研究预设,认为一个句子一经形成,预设就已寓于句义之中,即语义预设,这是完全抛弃了语境的概念;广义上研究预设,是将预设看成是交际双方预先设定的先知信息,即语用预设。[2] 教育研究中预设是逐渐从语言学研究中分离出来的,课堂教学的实践中,教师课前的备课就属于"预设"这一范畴。预设是教师在进行课堂教学活动之前做好的一系列预先设计,相对于教学活动的实施过程而言,它是一个隐性前提。

关于预设的概念,存在不同理解。如陶红玉认为"预设是指预先设定,即教师在课堂教学之前预先制定需要严格执行的课堂教学步骤,以保证教学目标的实现"[3];余文森认为,"预设

---

[1] S. C. Levinson,沈家煊. 语用学论题之一:预设[J]. 国外语言学,1986,(1):29—36.
[2] 徐盛桓. "预设"新论[J]. 外语学刊(黑龙江大学学报),1993,(1):1—8.
[3] 陶红玉. 弹性预设促生成[J]. 文学教育(上),2009,(9):28—29.

表现在课前,指的是教师对课堂教学的规划、设计、假设、安排;预设表现在课堂上,指的是师生教学活动按照教师课前的设计和安排展开,课堂教学活动按计划有序地进行;预设表现在结果上,指的是学生获得了预设性的发展,或者说教师完成了预先设计的教学方案"。[1] 潘海娟认为"预设"从实践的意义上理解,是指预想和设计,是教师在课前对教学进行的有目的、有计划地超时空设想与安排。它不仅包括教师按计划对教学目标、教学内容、教学手段和教学结果进行的理性清晰的设计,还包括对未来时空里学生学习的状态及发展的个体差异,课堂教学可能产生的走向等进行的预测性的思考。[2] 综合上述研究,我们认为预设是课堂教学活动顺利展开的一个隐性前提,是保证教学质量的基本要求。对于学生而言,它不是教师课堂教学的目的,而是手段;对于教师而言,它是实施课堂教学的"设计图",教师通过预设来完成有意义的教育教学活动。

弹性预设是基于新课程改革中知识的建构和不确定性提出的,如金亦挺认为,"新课程不再把知识技能视为凝固起来的供人掌握和存储的东西,它合理地承认了知识技能的不确定性,知识技能的本质在于人们通过它而进行批判性、创造性思维,并由此建构出新的意义"。[3] 这种预设是具有弹性以及留有空白的,因为教学的复杂性与差异性决定了教学过程的生动可变性,教师在教学设计中应充分考虑到课堂上可能出现的各种情况,从而使整个预设留有更大的包容度和自由度,给生成留足空间[4]。

(2) 生成及互动生成的相关研究

"生成"(Generation)的概念不常被下定义式地论及,但常被描述性地阐释,以下为四种基本的理解生成的视角。首先,从学习者自我认知建构的角度理解生成,代表性研究是威特罗克(M. C. Wittrock)于1974年在他的《作为生成过程的学习》一文中提出"生成学习"概念:"生成学习,模式的本质不是大脑被动地学习和记录信息,而是主动地建构它对信息的解释,并从中做出推论。"[5]其次,从教育过程角度理解生成。叶澜认为,"动态生成性是对教育过程生动可变性的概括。它是对过去强调教育过程的预先设定性、计划性的一个重要补充和修正。"[6]这种看法实际将生成看作教育过程的一个必然特征。第三,从教学的生命意义角度理解生成。例如迟艳杰认为"教学是生活的过程,强调其'生成性',也就是不承认或不再假定人、教学有预先存在的本质,而是在活动中敞开其性质。简言之,所谓'生成论本体论',它强调教学是师生以内在体验的方式参与教学生活过程中,教学过程本身就是师生创造生命意义的生

---

[1] 余文森. 有效教学十讲[M]. 上海:华东师范大学出版社,2009.
[2] 潘海娟. 中学语文课堂教学预设与生成的实践研究[D]. 上海:华东师范大学,2010.
[3] 金亦挺. 基于弹性预设下的课堂教学生成[J]. 当代教育科学,2004,(22):32—34.
[4] 李祎. 新课程课堂教学:从弹性预设到动态生成[J]. 当代教育科学,2005,(10):39.
[5] 马向真. 论威特罗克的生成学习模式[J]. 华东师范大学学报(教育科学版). 1995,(2):73—81.
[6] 叶澜. 更新教育观念,创建面向21世纪的新基础教育[J]. 中国教育学刊,1998,(2):73—81.

活过程"。① 这种观点从哲学的角度上理解生成,虽然稍显牵强附会,但不失为一种解释途径。第四,从教学外在过程理解生成。余文森认为,"生成表现在课堂上,指的是师生教学活动离开或超越原有的思路和教案;表现在结果上,指的是学生获得了非预期的发展"。② 这种观点实际是从教育过程的外在表现角度理解生成,观点更为切合具体实践,也是在具体研究中使用最为广泛的生成理解视角。综合上述四种研究,我们认为,"生成"是相对于"预设"而言的,是师生在教学互动中促成学习者实现意义的获得及自我主体建构的过程。

"互动生成"是对于生成的进一步研究,一般而言,互动主要侧重于师生之间的互动③。但同时,互动也强调学科之间的互动,学生之间的互动,简而言之,互动就是教育过程之间一切可能利用的主体、客体之间的互动,这既包括主体—主体之间的互动交往,也包括最大限度利用外在客体环境④。

2. 现有研究的不足及拓展空间

基于上述文献的梳理与分析,我们认为目前国内相关研究主要存在以下不足:

首先,现有学案研究在概念界定上不甚清晰,导致研究定义区间的不等值,在结论上虽然导致看似结果不同,实际仅仅只是由于不同语言体系使用造成,很大程度上影响了学案研究的进一步深化;预设和生成本身很难作为一个基本的本体层面的概念使用,且不同话语之间使用差别差异巨大,因而导致研究在逻辑层面缺乏坚实的基础。

其次,研究力量层次有待提升。目前的主要研究力量是中小学教师,虽然他们在实践层面上提出了很多值得借鉴的经验和模式,但研究往往局限于经验层面的应用,缺乏具体的理论支持。

第三,研究同质化倾向严重。大多数研究相互重复,抄袭现象也时有发生,创新性不足。

第四,研究方法存在不足。基于实践类的研究主要存在研究经验总结化的趋向,缺乏具体的理论升华和模型构建;而理论研究往往只是在抽象层面的空泛议论,缺乏在教学过程中具体实证研究的支持和依托,缺乏实践层面的反思。

第五,研究缺乏整合,整体意识较为薄弱。大多数研究仅仅涉及某一方面的研究,缺乏具体的研究整合,交叉研究十分稀少。

综上所述,国内研究中未见到将学案或者教案与"弹性预设—互动生成"联系起来的案例。本项研究不仅突出学案与教案之间的联动关系,而且将双案联动与"弹性预设—互动生成"整合起来研究,这是本研究的创新之所在。

---

① 迟艳杰.教学本体论的转换——从"思维本体论"到"生成论本体论"[J].教育研究,2001,(5):57—61.
② 余文森.课堂:如何让"预设"与"生成"共精彩[N].中国教育报,2006—4—14.
③ 王芳.课堂教学互动生成的理论与实践研究[D].上海:华东师范大学,2006.
④ 吴亚萍.课堂教学互动生成三层次过程结构的探究[J].基础教育,2010,(5):34—38.

（二）何为"弹性预设—互动生成"

课堂不仅是知识传播之地，更是"师"与"生"情感、思维、智慧乃至生命交汇之地。课堂不是机械的流水线，课堂是富有生机与活力的生命场。如何打造灵动的课堂？如何繁衍知识成智慧？如何融洽师生之情谊？……在"弹性预设""多元互动""动态生成"研究方面，下文将基于多个学科、多个案例的实践探索，从理论上的思考到策略上的实践多角度呈现我校在"弹性预设—互动生成"方面的研究。

1. 关于"弹性预设"的研究

受苏联教育家凯洛夫教学理论之影响，我国形成了一套比较稳定的传统教学理念和思维方式。它从本质上将教学视为特殊的认识活动，以线型的、确定的思维方式对待教学中的一切，表现在课堂教学中就是一种预设式教学。简言之，教师上课之初，为完成知识的传授，往往依据教参、考纲、教材、《课程标准》等编写教案，刚性预设知识的重点、难点甚至是教学环节，上课围绕"机械兑现"教案而开展。恰是受制于兑现教案中的条条框框，教师的教学行为缺少创新、学生的学习行为缺少动力、"教"与"学"缺少新意与活力、课堂缺少盎然生机。究其原因，其一，"传统预设"抑制了学生学习主动性和积极性。在传统预设式教学中，教师是知识权威，主宰教学的始末；学生被规约，亦步亦趋。学生怎么学、学多少都取决于教师的影响力，学生的学习、行动及思维被束缚，缺少自主选择、自主决定、自主表达的权利与机会，其生命中内在的主动精神和探索欲望被压抑、被漠视甚至被磨灭，他们成为学习的"配角"，只能消极、被动地学，学习的主动性与积极性受抑制。

其二，"传统预设"抑制了学生的独立性和创造性。在传统预设式教学中，教师追求的是"标准答案"式知识的"输入"与"接收"。整个教学过程中，学生没有思考、判断、想象、体验、感悟甚至是创造的时间与空间。尽管在课堂"活动"中，教师鼓励学生"畅所欲言""脑力风暴"等，但活动形式的多样难以掩盖教师引导学生思路向书本知识靠拢的本质。经过长期训练，学生成了老师的"应声虫"，时时在揣摩老师的心思，按照老师的套路给出令老师满意的答案。整个学习中，学生不断地接受、迎合、顺从、适应，没有思想的独立，更遑论创造性的发挥。

其三，"传统预设"抑制了学生参与面，造就"边缘人"。在传统预设式教学中，教师教学的过程实质是执行教案的过程，为实现知识的顺利"输出"，教师精心设计教学环节，学生的一举一动全在教师掌控之中，稍有偏离"方向"，教师会立即使之"步入正轨"。检验学生是否顺利"接收"的标准，往往以部分学生的应答作为参照，至于是否全部学生都顺利"接收"，学生是否"接收"到本质的东西，学生"接收"的程度如何，教师往往疏于思考。于是，课堂喧闹的背后，一群学生被漠视、被疏离，一些游离于课堂教学过程的"边缘人"应运而生。

其四，"传统预设"抑制了课堂的丰富性与生成性。在传统预设式教学中，为忠实地执行教案，确保课堂有序，教师有意无意地扼杀"突发事件"，如学生的质疑、突发奇想、不同见解等，教师或回避、或淡化、或拖延、或导向"标准答案"。如此一来,蕴含丰富教育契机和教育生长点的"资源"未被开发,便遭扼杀。看似"行云流水"般的课堂教学,在一派和谐中丧失了丰富性、泯灭了生成性。

其五,"传统预设"抑制了教师的创造性和幸福感。在传统预设式教学中,教师将教学大纲、教材、教案、《课程标准》、教学参考书等视为"金科玉律"。由此,课堂只是教师忠实执行编者的意图,授课过程平铺直叙、授课程序中规中矩,无形中教师的思维被框定、教师的行为被束缚。没有鲜活的思想,没有激情的投入,没有创造的冲动,没有幸福的体验,教师无法感受到课堂教学对参与者所赋予的个体生命价值,因而丧失对工作的创新而产生异化和失落感。[①]

(节选自施忠明:《管窥"传统预设"之不足》)

综上所述,传统预设式教学过分强调预设与封闭,使课堂教学不可避免地走向程序化和模式化。作为课堂教学活动的参与者,教师和学生都是完整的生命个体,课堂不能严格执行预设式教学,教师必须根据课堂实际运行情况,对教学的目标、过程和方法等进行"弹性预设"。在进行"弹性预设"的过程中,我们有得也有失。在此举两个学科的案例,一是语文学科,二是历史学科。首先,以语文学科为例,语文教材中的每篇课文属刚性预设的范畴,课堂教学过程中生成的学生的问题和困惑,则是预设之外的一种教学资源。后者可以拓展知识、延伸思维,也可以塑造学生的学习品质。这就要求教师在预设时,加强科学性、计划性,预留"弹性时空",期待问题的发生、发展和解决。在整个教学过程中,教师要大力保护并培养学生的可贵的问题意识,对教材中容易产生个性化观点的地方进行充分预设,预留时间、空间给学生思考、质疑,避免课堂教学程式化、封闭化。基于以上认识,我校教师立足课堂实践,通过弹性预设培养学生的问题意识进行了系列尝试。具体如下:

其一,注重课前初读预设,唤醒问题意识。

"唤醒学生的问题意识",就是要求教师想方设法引导学生发现问题,并带着自己的问题走进课堂。让学生带着自己的问题而不是教师、教材上的问题走进课堂,并不是排斥、拒绝教师、教材上的问题,而是把学生"沉睡"的问题激活,培养学生自我发现问题的能力,把学生从被动接收问题转化为主动发现问题。

为唤醒学生的问题意识,课前预设时,笔者预留给学生足够的思考时间与空间,即把教材、教参上的问题暂且搁置一边,多方引导、积极启发,使学生学会提问。起初,学生可能对提问感觉无从下手,教师可从三方面入手:第一,启发学生着眼题目提问。如围绕《在那颗星子下——中学时代的一件事》,有预习提出环节,学生提问:该文为什么要有正副两个标题?第

[①] 郭丽君.新课程教学呼唤生命色彩[J].湖南第一师范学报,2003(2):6—8+32.

二,着眼文本内容提问。如围绕《在那颗星子下》,有学生提出质疑:"奶奶"这个人物与故事无多大关联,完全可以去掉这个人物。第三,着眼言语内容和言语形式的结合点提问。如《在那颗星子下》文中的这件小事,实际上是"我"的一次教训,作者为什么不说是"警钟",却说它"像一只小铃"?这些问题不离文本,有利于走进文本与作者对话。

课前问题的提出,反映了学生真实的学习状态与需求;笔者据此灵活、开放地预留教学时间,设计活动方案,体现了课前预设的弹性,又增强了教学的针对性。

其二,注重课堂教学反馈,彰显问题意识。

课堂教学,因充斥了一个个鲜活的生命,而成为一个生命场,灵活且多变。尽管有课前预设,教师也无法料及学生在课堂中还会有怎样的质疑与困惑。对此,重视预设环节的反馈,即通过自读时的自我反馈、课前和课堂的生生反馈(同桌之间、邻座之间、小组之内)、师生反馈,构建充分的反馈渠道,拓宽教师的信息源,以便更有的放矢地培养学生的问题意识。

课堂中的弹性预设,是正规课堂中的"意外",教师应视之为宝贵的教学资源,保护并彰显这种可贵的问题意识。如,笔者引导学生鉴赏诗歌《登高》时,有学生提问:诗中"不尽长江滚滚来"为何没写成"不尽长江滚滚去"呢?这是一个超出笔者预设的问题,对此,笔者肯定其质疑精神并组织学生交流讨论。同时,教师对学生的提问还应加以正确引导,即对学生的问题进行"筛选"。通过师生合作,从学生提出的问题中选出学生确实不能解决的难题和值得深入探究的问题。在反馈中,对于一些知识性的问题,应尽量让学生通过搜集资料或资料共享的方法解决(必要时教师应指点查阅的途径和方法);对于学生没有发现的、但确有深入探究价值的问题,应多方设法引导学生去发现。经过这种交流、筛选、引导,最后遗留下的问题往往只剩几个、一个,甚至全部解决。如《孙权劝学》一文,经过反馈、筛选和整合,最后的问题是:题目是"孙权劝学",为何文末花了不少篇幅写与劝学无关的内容?这个问题充分体现了文本特性。

在课堂教学中,笔者敢于正视课堂过程中可能出现的变化,不屏蔽,不回避,预留一定的时间与空间,使问题酝酿、发酵,最终生成有意义的课堂资源。

其三,注重课后教学延伸,深化问题意识。

弹性预设不拘泥于预习环节的教学方案设计,也不拘泥于课堂教学过程中的灵活应对,它还涵盖课后延伸性学习的设计,贯穿于教学过程的始末。

语文课程丰富的人文内涵对学生精神领域的影响是深广的,学生对语文教材的理解有往往是多元的。因此,教师应该充分考虑到教学过程中生成的学生的问题和困惑,应该尊重学生在探究过程中的独特体验,鼓励学生提出问题并解决问题。为此,在课堂结束时,一改教师画圆满句号的常规之举。

笔者尝试预留问题,启发学生再思考,继续研究,以此深化学生的问题意识。如《范进中举》课堂教学结束时,笔者抛出一个问题:这篇小说还可以从哪些角度尝试新的读法?有学生课后反馈:作者吴敬梓为什么把范进的老丈人设计成屠户?为什么不是农夫或者小商人之类的?既然范进中举了,迎来了扬眉吐气的一天,为什么吴敬梓还要设计胡屠户给范进一巴掌呢?这是一个全新解读文本的角度,它提示我们完全可以从次要人物的职业入手分析文本。这是一次弹性预设后生成的有效的课堂教学资源。

(节选自谢凌:《语文教学中以弹性预设培养学生问题意识的实践》)

总之,以"弹性预设"培养学生的问题意识,是启迪思考的有效途径。叶澜教授指出:教学课堂应是向未知方向挺进的旅程,随时都有可能发现意外的通道和美好的图景,而不是一切必须遵循固定的线路而没有激情的行程。为此,我们的教学应是灵活而富有弹性预设,而非固定不变的程式。

在"弹性预设"实践探索中,我们也有失败的经历,但失败也是研究者的必经之途,在失败的经历中我们反思如何走向成功的经验。下文以历史学科周晓艳老师的研究经历为例:

近日,笔者就七年级历史课——"新文化运动",开设组内公开课。虽精心设计,但学生反应平平,通览整节课,俨然是执教者的"独角戏"。课虽结束,学生"懵倒一片"的场景,却挥之不去。笔者定心反思,归咎于一端,即"预设"不足,导致"生成"乏力。

- **"亮相"心态,一叶障目**

公开课,又被称为教师的"亮相课",某种意义上还被误读为执教者的一场"秀"。不管从课程设计,还是课程进展,都倾向于彰显教师个人才华学养,由此,教师往往会一叶障目,陷入"误区"。

就本节课而言,鉴于"新文化运动"堪比"中国的文艺复兴",历史地位举足轻重;其中涉及的历史人物如陈独秀、蔡元培、胡适、鲁迅等都皆为近代知识分子之典型;运动的内容对旧文化的批判、新文化的倡导,破旧立新之处令人振奋;运动的活动中心——北京大学,更是学人文化交锋之处……一个个令笔者兴奋的知识点,在课文中却是浅尝辄止。倘若能深挖掘,将"新文化运动"鲜活地呈现,定会增加课程的风采。基于此想法,笔者利用专业特长,对教材进行再构,从历史宏观发展的走向,补充其背景、细化其内容、凸出其口号、彰显其人物……却忽略了教材文本的回归、学生主体地位的凸显、对学生认知水准的预判。课堂预设步入盲区,为本节课的失败埋下伏笔。

- **主体倒置,指向错位**

学生是学习的主体。无论是公开课还是家常课,概莫例外。然而,公开课由于同行的介入,使执教者严阵以待,力求完美。由此,教师难免会本末倒置,从"评课"的角度,揣测听课者的感受,并依此进行课的预设,由此导致主体倒置,指向错位。

就本课而言,听课老师均属同一教研组,学科知识相近。对"新文化运动"一课有共同的困惑,即"新文化运动"承上启下,既是中国人从"器物"到"制度"再至"文化"探索的延伸,又是中国"以俄为师",宣传马克思主义,探索社会主义道路之序,意义深远。历史地位如此举足轻重,但教材对此着墨不多。为此,笔者从教师对学科知识整体把握基础上进行预设。如,新课导入环节,预设以"1915年陈烈女"的故事导入,从小人物命运折射大时代背景,使学生感知新的时代必须要以新的思想来塑造新的国民,以避免历史出现反复。而后通过激发学生联想旧知,归纳提炼当时已具备"新文化运动"兴起的各种条件,并由此而顺利衔接到教材。然而笔者漠视学生的主体地位,想当然地认为学生能够按照自己的思路,顺利应答。殊不知,学生的历史课学习意识淡薄、历史知识储备少,遑论历史脉络的掌握,时代背景的勾勒。由此导致曲高和寡,学生难以产生共鸣,师生问答"风马牛不相及",最终,尽管笔者竭力引导,也只能面临听课教师心知肚明,学生则云里雾里的尴尬。

- **文本悖离,拔高无力**

文本是知识的载体,也是学生学习获取新知识的依托。基于文本的预设,是课堂生成的起点。脱离文本,一味拔高,只能徒劳无益。

就本课而言,笔者将"新文化运动"的发展脉络进行了调整。对于缺少预习习惯的学生而言,他们习惯于从教材第一行依序阅读,注重大字部分,而忽视小字部分。在对教材陌生的情况下,学生对教师调整顺序后的提问反应缓慢,甚至不知所从,以致教材成为点缀,学生学无所依,教师徒劳无功。而对于教师拓展的"时代背景",本课内容并未涉及,需要翻阅前几课所学内容方可总结而得。原本就遗忘的历史知识,一时难以勾起记忆,加之时间仓促,学生一时也不知从何处去搜寻答案。为此,脱离文本,导致预设的偏离,所谓的拔高只能是教师的一厢情愿。

- **认知脱节,预设低效**

基于学生心理特征、年龄特点、学习习惯等学情分析之上,契合学生认知特点的预设,才能避免预设的低效甚至无效。

就本课而言,概述"新文化运动"的早期发展,仅仅总结为口号式的罗列"提倡民主,反对专制;提倡科学,反对迷信;提倡新道德,反对旧道德;提倡新文学,反对旧文学",至于"旧道德",教材仅仅用"三纲五常"即"君为臣纲,父为子纲,夫为妻纲","旧文学"则仅仅用"文言文"一笔带过。对于具体内容及反对的原因均未涉及。教师若不阐释,学生既不能"知其然",更不能"知其所以然"。一旦展开,因牵涉中国传统文化,而学生对此认识不足,是故,教师的拓展势必会超出学生的认知范畴,以致预设的低效甚至无效。

- **学生失语,生成乏力**

学生是新知识的接受者,也是新知识生成的助推者。一旦课堂上出现学生"集体失语",课堂生成将丧失动力。

本课出现学生多次"失语"情况,其中,以鲁迅的《药》为引子,引导学生思考为何要提倡科学反对迷信时,竟然无人知道《药》的内容,教师只好简述故事梗概;在引导学生如何辩证看待传统文化时,学生一度卡壳,在引导学生联系到我校推行开展的"礼仪教育"时,学生方有所悟……凡此种种,导致学生"集体失语",皆源自教师预设的误判。

(节选自周晓艳:《学生"懵"了,谁之过?》)

综上分析,本课的失误之源,皆在预设之不足。就此,执教教师反思道:

本节课过度突出了教师,淡化了学生;侧重了内容,忽视了学情,以致教与学相脱节,师与生难共鸣,更遑论课堂的有效生成。

(节选自周晓艳老师的"教学反思")

为此,以上反思对课题进一步研究提供了重要的启示——加强预设针对性,方能有的放矢地实施教学。

2. 关于"多元互动"的研究

就"多元互动"方面的研究,我们的成果主要呈现在两大方面,一是促进课堂"多元互动"教学策略的研究;二是课堂"多元互动"教学成效的研究。

具体言之,在"多元互动"教学策略研究方面,既有微观层面的,如以问题驱动,激活课堂多元互动,又有宏观层面多种教学策略并举,助推课堂互动的。在"多元互动"教学策略探究中,属于我校个别教师自己的"教学法"也应运而生。

首先,以我校数学学科毛郭岚老师的《"三问"策略在课堂中促多元互动实践研究》为例。该研究是基于我校市级课题立项的一个区级一般课题,"三问"即设置问题、追加提问、解决问题,主要针对当前初中数学课堂教学中存在的获得知识与培养数学素养之间、追求考试成绩与课堂教学改革之间、培养学生的应试能力与培养全面发展的人之间的矛盾,旨在探索初中数学课堂的互动及问题有效落实,寻找解决的途径。

教学实录一

师:针对学生完成的预习学案,老师进行初步批改。面对学生共性的错误,拿出一张典型作业,在投影中展示。

(问)请一位同学来批一下这位同学的这道题。

(学生们都非常激动,积极举手,愿意来批改)

生1:我认为他的这道题回答得不够完整,几何问题回答要有"因为""所以"的论证过程,他漏了一些。

师:(追问)那你能帮他修改一下吗?

生2:(学生走到投影前在原答案上批改,并改正错误)

【设计分析】

通过对预习学案的反馈,在老师的提问及追问下,由学生与学生之间的互动,对这个知识点进行了点评,已达到教学的目标,同时学生的主观能动性和学习能力也得以提升。整节课始终在老师的提问、追问的引导下,由学生自主地批改学案,以达到生生互动的课堂效果。

教学实录二

师:投影学生预习学案中的"学有所思"板块。

(问)请一位同学来评价这位同学的"学有所思"。

生3:这位同学的"学有所思"写得非常认真,把他预习过程中的收获和困惑都罗列了出来。

师:(追问)那你看了有何感想?

生3:我以前对于"学有所思"不够重视,敷衍了事,我以后也要认真对待。

【设计分析】

让学生在学习完以后能静下心来思考一下所学东西,是每个老师都希望的。但老师一次又一次的提醒,不如学生自己在与同学比较中,自己认识到这一点,因而养成这种好的学习习惯。古人云:授人以鱼,不如授人以渔。所以,我在上课过程中穿插展示学生好的"学有所思",以达到教学目标中的情感态度与价值目标:学生在学习过程中获得成功的体验,同时感受数学的严谨性,培养了进行独立思考的习惯。这个教学环节的设计,同样是在老师的提问、追问的引导下,由学生来谈完成学案后自己思考的点点滴滴,也同样达到了生生互动的课堂效果。

教学实录三

例题:如图,已知 $\angle BAD = \angle CAD, AD \parallel BE$,则 $\angle ABE$ 与 $\angle E$ 在数量上有什么关系?

学生分析,再写过程。

师:(问)请每位同学先思考一下,通过预习,你能解决这道题吗?(给学生思考的时间)

师:(追问)请一位同学上来讲一下这道题的思路。

生4:(略)

师:再请一位同学来评价一下前一位同学的讲解。

生5:(举手)我有不同的方法。(略)

【设计分析】

这一环节我先由学生思考,再到讲台前对照着黑板上的图形,讲解题思路,再让学生来评价。这时,又有一位同学举手表示他有不同的方法,使这道题能一题多解,开拓学生的思维,思维在碰撞的过程中得到升华,也成为这节课的一个亮点。这个教学环节是整节课的重点也是难点,老师同样采取提问、追问的方式来引导,学生能解决的放手让学生自己解决,或寻求同学的帮助,学生如有困难,老师再针对学生的不懂之处加以解释,从而达到生生互动、师生互动的

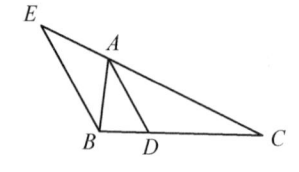

课堂效果。

(节选自毛郭岚:《"三问"策略在课堂中促多元互动实践研究》)

综上,七年级的学生刚刚开始接触几何的推理论证,加之学生年龄和能力的差异,抽象分析的能力较弱。因此,几何逻辑推理能力急需加强。本节课毛郭岚老师始终采用"三问"策略的教学方法,以问题的提出、问题的解决为主线,倡导学生主动参与教学实践活动,以独立思考和相互交流的形式,在教师的指导下发现、分析和解决问题。在引导分析时,给学生留出足够的思考时间和空间,让学生去联想、探索,从真正意义上完成对几何论证推理的自我建构。另外,在教学过程中,采用多媒体辅助教学,以直观呈现学生的作业完成情况,从而更好地激发学生的学习兴趣,提高教学效率。

其次,以我校历史学科沈秀萍老师执教的《繁盛的经济》(《中国历史》七年级上册,华东师大版)一课为例,沈老师认为,历史是一门非工具学科,学生对此并不重视,教师对于教学也缺乏热情。常规的教学循规蹈矩,鲜有生机。然而七年级学生有好奇心和求知欲,为此她尝试通过巧设问题、游戏互动、角色换位等方式来打造"动态"课堂,让学生充分地参与其中。具体做法如下:

- **巧设问题,启迪思维**

思维总是在一定的"问题情境"中产生的,以问题为主线来组织课堂教学,不失为启迪学生思维的最佳选择。为此,笔者在《繁盛的经济》一课中创设问题情境,提出一些由表及里、由浅入深的问题激活学生的思维活动,从而使师生互动围绕着教学内容有效地进行。笔者在讲解"大运河"一框时,主要设计了五个问题。详见下表:

问　题	设　计　意　图
1. 大运河的开凿时间	先从最简单的问题入手,让学生从教材中找到答案。
2. 大运河开凿的概况	培养学生学会看图,从中获取所需的历史信息,使学生懂得历史地图在历史认知中的作用。
3. 大运河开凿的目的和作用	学生分组讨论,根据教材用自己的语言归纳。
4. 大运河在世界史上的地位	让学生通过比较法可以清楚看出,我国隋朝大运河开凿时间早,比巴拿马、苏伊士运河要早1000多年,它的长度在世界上也是首屈一指的。从中激发学生热爱人民、热爱中华民族的感情。
5. 如何评价大运河	让学生根据材料汲取所需历史信息。引导学生辩证地思考历史问题,客观地评价历史事件,得出正确的结论。

这样师生之间不断形成"问—答"的对话,学生沉浸在热烈的气氛中。这样设计问题照顾了学生的接受能力,学生发言踊跃,学习情绪高涨,学生思维一反"笨"态而敏捷。通过这样的学习,学生历史知识得以巩固,教学标准得以落实,学生的情感得以升华。

- 游戏互动,激发兴趣

喜爱游戏是学生的天性,学生在教室里上一节课会感到疲劳,然而他们玩上一节课、两节课,甚至更多的时间,却不会感到疲劳,这主要因为他们的身心得到了活动,并且避免了机械操练。学生借助课堂教学游戏,能培养学生的上进心,能充分发展每个学生的智力,能使学生学得生动活泼、轻松愉快,能培养和发展学生猎取科学文化知识的能力,还能激发起学生学习历史的兴趣。

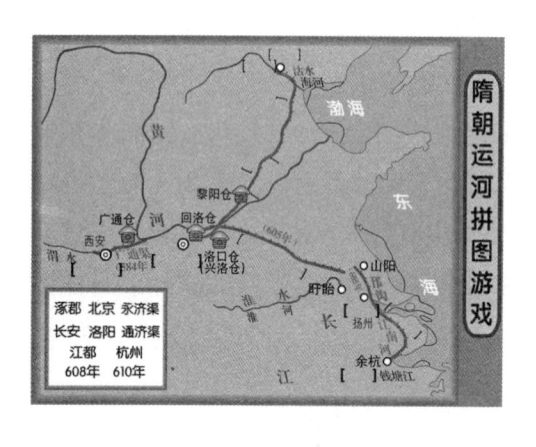

笔者在这节课中利用网上(flash)游戏。在"隋朝大运河"这框内容中,由于涉及地名比较多,范围广,所以运用小游戏"隋朝运河拼图"(如图)可让学生更好地掌握历史知识。首先把学生四人分成一组进行小组讨论;然后请速度最快的一组学生上讲台来完成游戏(一个学生操作,另一个学生进行讲解);如果在操作过程中,方框中的字不能填入括号内就说明填错了,那么其他小组同学可以再上讲台来进行修改。通过利用游戏这种合作方法将复杂的历史问题直观化、简单化;通过学生的积极参与,既培养学生学习历史的兴趣,又培养了学生读图、识图的能力。

- 角色换位,彰显个性

常规教学大多体现为老师的控制和学生的服从,教师常作为唯一的信息源指向学生,占据了强势地位。而在互动式教学活动中,师生应该是平等和谐的,也就是教师应该转变自己的角色,作为普通一员参与互动,与学生形成包容共享的互动式关系。实践证明在课堂教学中进行角色换位,让学生过把"教师瘾",有利于他们主体性的提高。笔者在本课中学习"长安城"这一框时尝试角色换位,学生成为"老师",老师成为"学生"。让学生自己根据教材内容做好充分的前期准备,并在课外寻找一些有关的文字资料和图片资料。上课时,学生走上讲台,向我们介绍长安城的布局和长安城的生活。学生的介绍使我们身临其境,重现当时的长安城。通过角色换位,将学生"托举"至课堂教学的主角地位,给学生以"动起来"的机会与时空,增强学生诸多方面能力,也让学生展示自己的个性和风采,避免了教师唱"独角戏"的单调,不失为一种新鲜而有趣的教学方式。

(节选自沈秀萍:《多措并举,打造"动态"课堂》)

综上，沈老师通过积极探索多样化的教学方式，寻求更具吸引力的教学方法，在教与学的互动中，真正使传授知识的过程如淙淙溪流，在学生的心灵间流淌，回归了历史课教育的本质，让历史课散发活力、充满魅力。

最后，我校个别老师匠心独运，在探索实践中形成了富有自己执教风格的教学方法。先以英语学科唐春燕老师的"分层次互动教学法"为例，其具体做法如下：

- **明晰教学主线，确保互动学习层次性**

有层次的互动英语教学过程始终按照教师精心设计的教学主线，有目的、有方法、有步骤地进行，充分发挥了教师的主导作用。

以 New Century Edition 9A Unit4-L1 Studying Abroad 为例，笔者设计了以下教学主线：Visiting a Canadian family — Tips about tipping — Eating out — Studying in Canadian schools — Discussing the advantages/disadvantages of studying abroad — Debating。层次分明的教学任务有效分解了本堂课的难点，即解决了 What are the advantages and disadvantages of studying abroad? & Are you for or against studying abroad? Why? 这几个问题中有关中西方文化的差异问题。

- **营造愉悦氛围，助推分层次互动教学**

语言只有在其相应的文化氛围中才能真正被激活，而文化也只有在积极的语言应用和交流中才充满魅力。因此，真正的英语学习应该是工具与文化的互动过程。在这个过程中，既要将语言作为工具来摄取知识，又要通过知识学习去了解文化。为了实践这一教学理念，教学方式就要以交流互动为主，让学生充分参与其中，即在课堂学习中设法积极营造真实的英语语言和文化氛围。

各个环节的任务要相互关联、循序渐进、从易到难。教师把自己的经验和感受与学生分享交流，达到了有效的师生互动。各个任务的完成都以不同形式的学生交流展开，达到全面的生生互动的效果。

如：New Century Edition9A Unit4-L1 Studying Abroad 一课的 Warming-up 环节：A Tongue Twister "My stay in Canada"，以绕口令的方式直接进入主题，既吸引了学生的注意力，也激发了学生的学前兴趣；紧跟其后的 Lead-in 环节：以小组抢答的形式复习中西方文化的差异，有效地巩固了前一单元所学的内容；接下来的 While-task 环节以笔者在加拿大学习旅游的真实经历展开，有初次拜访西方家庭的经历，有之后乘出租车去观看加拿大国庆日游行引出西方国家付小费的比例等一系列习俗，等等。因为有了真实的情景设计，语言又符合学生现有的水平，难易适度，学生能在具体的场景中达到对知识的巩固和消化，并一直在轻松愉快的课堂气氛中进行交流。在这种宽松愉悦的课堂氛围里，学生的思维才不会受束缚，从而去主动学习、主动探索。

- **培养参与意识，激活分层次互动教学**

如：New Century Edition 9A Unit4-L1 Studying Abroad 一课的 Post-task 环节：讨论出国学习旅游的 advantages 和 disadvantages，学生们充分发挥小组的能动性，积极展开讨论，深入挖掘，合作学习和协作精神得到充分的发挥。之后的 Having a debate 环节，让学生把各个任务整合起来考虑，进行辩论，使整堂课达到了高潮，学生的自主、探究、合作都有了极致的发挥。

（节选自唐春燕：《分层次互动英语教学方法的运用》）

综上，在有层次的互动英语教学中，唐春燕老师通过巧设任务，通过师生协调，小组合作，组际交流，多维互动，创设了一种主体互动、协同竞争的富有生气的教学情景，从而产生教学共振，实现教学相长；完成任务的过程有利于催化学生对语言的运用，有利于学生将语言运用内化为言语技能，并在小组互动交流中提高课堂的有效性。

唐春燕老师在英语学科探索"多层次互动教学法"之际，我校化学学科李洁老师则开始了在探究实验中"三步"助推课堂有效互动的探索。所谓"三步"，即第一步，"创设情境，激发求知欲"，为课堂互动奠定基础；第二步，通过"实验探究，激发表现欲"，鼓励学生积极参与，充分互动；第三步，通过"交流互动，激发成就感"，以期形成人人参与、个个有成就感的互动氛围，将课堂"教"与"学"推向高潮。以《二氧化碳的性质》一课为例：

第一步，创设情境，激发求知欲

在《二氧化碳的性质》一课中，笔者首先通过多媒体展示"死狗洞"的故事：意大利有一个山洞，如果有人带着狗来到山洞，狗会晕倒甚至死亡，而人却安然无恙，当地人都说洞里有个"屠狗妖"。以该故事为导入，吊足学生胃口，鼓励学生进行"'屠狗妖'到底是什么"的大猜想。同学们兴趣盎然，跃跃欲试。结果，基本上呈现两类答案：一是"二氧化碳"在作怪；二是"一氧化碳"在捣鬼。在两种声音争持不下时，笔者顺势播放科学家波义耳的实验：他拿着火把来到山洞，当火把接近地面，火焰慢慢熄灭了，他又将一杯石灰水放到山洞里的地面上，很快石灰水变浑浊了，波义耳大笑说，这"屠狗妖"不就是二氧化碳吗？当学生知道自己的猜想与科学家波义耳的结论相同时，自信心油然而生。

综上，通过教学情境的创设，不仅设下埋伏、制造悬念、激发学生好奇心和求知欲，而且能调动学生的思维，切入实验，激发学生学习兴趣和营造人人动手的氛围。

第二步，实验探究，激发表现欲

对刚开始学习化学的学生来说，自己设计实验方案进行探究的能力还不够，所以教师提供实验方案(如下表)进行探究。具体言之,通过实验操作与思考使学生认识二氧化碳能溶于水,二氧化碳不能燃烧,不支持燃烧,能与水反应、能与石灰水反应的性质。

实验步骤	实验现象及结论
1. 往一瓶充满二氧化碳气体的软塑料瓶中,注入水(已准备在烧杯中,全部倒入塑料瓶中),观察现象。	塑料瓶变_____了,说明瓶中的二氧化碳气体_____。
2. 将烧杯中的梯形蜡烛点燃,将二氧化碳气体缓缓地倒入(提示倒法:集气瓶口不能正对着蜡烛的火焰,应沿烧杯壁倒入)烧杯中,观察现象。	蜡烛_____了,且_____层的蜡烛先说明二氧化碳气体①_____,②_____。
3. 用导管向盛有石灰水的试管中吹入气体,观察现象。	通入二氧化碳气体后,石灰水_____。写出有关的化学方程式:_____。
4. 在盛有水的试管中滴加3滴紫色石蕊试液,用导管向试管中吹入气体,观察现象。	通二氧化碳气体后,紫色石蕊试液变色说明二氧化碳气体与_____发生反应,生成了_____。反应的方程式为:_____。
5. 将上述反应后的溶液,分到两支试管中,加热其中一支试管中的溶液,观察现象,并与另一支试管中的溶液颜色进行对比。	_____色的溶液又变成了_____色。说明_____不稳定,加热又分解了,反应的方程式为_____。

学生在实验中,看到塑料瓶变瘪了、烧杯内下层的蜡烛熄灭了,石灰水变浑浊又变澄清了,不断地发出"太神奇了""真有趣""太有意思了"的感叹,说明该教学环节的设计顺应了学生的心理特征,提高了学生的参与度,促进了学生在探究的过程中体验学习化学的乐趣。

第三步,交流互动,激发成就感

实验结束后,同学们跃跃欲试,争相向其他同学表述实验过程中观察到的现象及得出的结论。在交流的过程中,有一位同学描述实验步骤1的现象时说:"塑料瓶变扁了",另有同学就急不可耐地说:"应该说塑料瓶变瘪了更恰当。"在对实验步骤2的描述中有学生说"短"的蜡烛先熄灭,立即有同学提出反对意见,认为这样表达不确切,应描述为"低"的蜡烛先熄灭,教师引导学生们一起讨论哪种说法更好,学生们一致认为"'低'的蜡烛先熄灭"更能说明二氧化碳的密度比空气大的性质。这些问题来源于学生、答案也来自学生的交流互动,时刻能让学生感受到成功的喜悦。这种人人参与,个个有成就感的互动氛围,使我们的课堂教学一直处于动态生成之中。

(节选自李洁:《探究实验中"三步"助推课堂有效互动的探索》)

综上，李老师的设计以探究学习为基本学习方式，在探究实验中"三步"助推课堂有效互动，通过情境创设，学生探究，生生、师生间交流互动，教师引导与评价，取得了较好的教学效果。

恰是得益于我校教师在"多元互动"教学策略上的积极探索，课堂氛围趋于民主，师生、生生活跃度明显提升，课堂成效甚佳。以政治学科两位老师的探索为例，通过"多元互动"教学，既能引起学生的"心灵共振"，更能激发课堂活力。

首先以政治学科樊卿卿老师执教的《学会珍惜生命》一课为例。随着现代社会物质生活的日益丰富和社会环境的日趋纷繁复杂，青少年学生的生理成熟明显提前，极易产生生理、心理和道德发展不平衡的现象。市教委在全市中小学中做了一次调查，暴露出了很多问题：49.8%的初中生和61.4%的高中生相信"有人能够死而复生"，青少年的自杀意念比例上升，校园暴力、离家出走、网络沉迷等事件频频发生。由此可见，生命教育迫在眉睫，如何让学生认识生命，珍惜生命，尊重生命，热爱生命呢？樊卿卿老师探索用多元互动的教学方法贯穿课的各个环节，促心灵共振，让学生学会自我保护，感悟生命的可贵，学会珍惜生命。

第一环节——课前准备：生生互动，学会自我保护

以往的教学会单纯地列举一些因不遵守规章制度或不懂得保护自己而引发的悲剧，可能会给学生造成这些事发生在自己身上概率低的印象，产生一种与己无关的心理，起不到震撼心灵和吸取教训的作用。所以，本课通过课前学生互动，发现发生在自己或者周围同学身上的一些危险事件，来感悟应该如何保护自己。

笔者探索生生互动的教学方法，课前将班级分为几个小组，组内明确责任：有组长、组长助理、记录员、表演者、发言人等职责，大家协作完成以下课前任务：抓拍课间学生不文明休息可能带来安全隐患的照片；拍摄食堂就餐时班级个别同学奔跑进入的危险画面；放学后回家路上个别学生不遵守交通规则可能带来生命危险的图片；小组合作排演小品《出走》。通过生生之间的互动，让学生自己发现其实危险有时候就在身边，要自觉地遵守相应的规章制度并学会一定的自我保护。

第二环节——课中交流：师生互动，感悟生命可贵

师生之间的关系影响着教学策略的实施和教学过程的进展，在和谐的生态课堂中，师生不仅仅是"教"与"学"的关系。有效的师生互动，可以让课堂活起来、动起来，充分调动学生的积极性，从而提高课堂教学效率。

所以在《学会珍惜生命》这一课中，老师就与学生一起做起了一道数学题：

请大家来看这么一段数据：据统计，全国每年约有1.6万名中小学生非正常死亡，死于食

物中毒、溺水、交通或安全事故,约有64万学生因伤致残。但这些死伤事故中,约有80%的死亡本可以通过预防措施和应急处理得到避免。

师：请同学们算一算每天有多少名中小学生非正常死亡,离开我们这个美好的世界？

生：1.6万除以365天等于43人,相当于一个班级的人数。

师：每天又有多少学生因伤致残？

生：64万除以365天等于1753人,相当于一所学校的人数。

师：但是这里面80%的死亡可以通过预防措施和应急处理得到避免,那么如果我们预防措施做好的话,可以挽救多少年轻的生命？

生：1.6万乘以0.8等于12 800人。

师：也就是说如果预防措施到位的话,我们可以挽救12 800条年轻的生命！

（师生一起感慨：不算不知道,一算吓一跳）

学生领悟到：遵守规章制度不仅仅是为了维护正常的生活、学习秩序,也是为了保护人们的生命安全。

第三环节——课后实践：多方互动,学会珍惜生命

我们不仅仅要懂得生命的可贵,更要学会珍惜生命。所以,在课后可以通过多方互动,学会珍惜生命。教师可利用各种资源进行教学,学校资源、家长资源、社会资源都是思想品德课进行实践活动的丰富资源。

例：学生们除了在学校,其余大部分时间是在家里度过的,那么在家里可能遭遇到哪些危险呢？针对这些危险的存在,我们同学如何来保护自己呢？学生可以积极地与父母进行探讨,学会家里的自我保护,防止意外事件发生。

在我们的生活中,往往会不经意地出现伤害别人生命的行为,发现这种情况,我们应该如何去制止？除此以外,在别人身处险境的时候,我们不能袖手旁观,而应该尽量为他人提供帮助。

除了我们人类的互相帮助,我们生活在这个星球上,其他各种各样的生命存在着,我们有没有珍惜他们的生命呢？要学会珍惜花草树木以及动物的生命。

（节选自樊卿卿：《多元互动,促"心灵共振"》）

综上,课前的生生互动、课中的师生互动、课后的多方互动,能够使教师授课为主转变为学生探究为主,单向传授变为多向交流,在实践中培养学生发现问题、分析问题、解决问题的能力,培养学生的合作意识、交际能力,扩展思维空间；同时也使课堂氛围活跃起来,提高了教学的质量和效率；让学生从内心深入感悟到生命的可贵,学会自我保护,珍惜生命。

与此同时,以《我们周围的公共设施》一课为例,在教学过程中,通过师生、生生交往互动等

"多元互动"形式,激发学生思维,调动学生自主学习的积极性,让政治课堂"活"起来。

第一环节,课前"任务驱动",把课堂交给学生

"任务驱动"教学法是一种建立在建构主义学习理论基础上的教学,它将传统以传授知识为主的传统教学理念,转变为以解决问题、完成任务为主的"多元互动"的教学理念。传统政治课堂以老师的说教为主的模式已经不能适应时代的发展、学生的发展,而"任务驱动"教学要让学生从被动学习转变到主动学习,使学生能处于积极的主动学习状态,让每位学生都能根据自己对当前问题的理解,运用共有的知识和自己特有的经验提出方案、解决问题,提升学习能力。

笔者在《我们周围的公共设施》一课中运用"任务驱动"教学法,课前布置任务,如出示了6大类的公共设施:教育设施、医疗卫生设施、文化娱乐设施、市政公用设施、公安消防设施、商业服务设施。分小组引导学生在生活中找出相对应的公共设施名称。学生在接受任务、完成任务的过程中可以识别这些我们身边常见的公共设施,并且在探究活动中了解他们各自的功能,了解这些设施现有的使用情况,维护和保养状况,从而进一步更好地体验生活,提升学生的道德责任感。

在"任务驱动"下各小组领任务,合作完成学习任务。活动中学生积极性高涨,人人投入,小组间比赛争先不落后。课前"任务驱动"法的实施,使得学生在小组合作完成学习任务的同时,他们的知识面也在随之不断扩大,收集信息的能力也逐渐增强。这为以后课堂学习开了一个很好的头,奠定了良好的知识基础。

第二环节,课中"头脑风暴",提高学生参与度

要打造魅力课堂,激活课堂,让课堂"活"起来,在课堂教学中必须要充分调动学生的学习积极性和主动性。在课堂教学中笔者设计了"头脑风暴",提升学生自主学习的教学环节,如:(1)教学中以小组为单位,让学生思考:以人民广场为起点,利用公共交通去浦东东方明珠,有几种交通方式?(2)开展小组抢答:"黄浦江上的大桥、隧道知多少",说说上海黄浦江上有多少座的大桥?多少条隧道?并根据了解的大桥、隧道情况,画一张简单的示意图。比比哪组最确切、最完整、最详细。

在富有挑战意味的"头脑风暴"活动环节中,各小组群策群力,充分挖掘各自已知知识。实现智慧共享,不少学生不仅了解黄浦江上的一些大桥、隧道情况,还对于上海发展比较关注、对时事新闻比较了解,知晓上海将要对外滩延安东路隧道进行大修,同时也要在杨浦区新建两条越江隧道。在"头脑风暴"的活动中,通过教师的引导,学生观察、讨论交流,智慧的分享,学生的协作能力得到很好培养,同时口头表达能力以及分析能力又进一步得以锻炼。并在互动学习活动中真正有所感悟,体会公共设施与提高生活质量、与社会文明进步之间的内在联系。课堂教学"活"了,学生学习的主动性增强了,在主动探究学习中,也有利于政治课德育功能的实现。

第三环节,课末"探究活动",激发学习热情

课后的学习也是课堂整体教学的一部分,是课堂教学的延伸和拓展。笔者在课后根据学生的课堂学习情况和教学内容,布置了课后的探究扩展作业——"聚焦身边的公共设施",让学生观察、聚焦我们身边的公共设施,对生活周边公共设施的现状进行了排查了解活动。如:哪些是与时俱进的公共设施?哪些是有待完善的公共设施?哪些是效用趋少的公共设施?并就这些设施如何完善、保护、合理使用提出一些可行的建议。通过学生亲身实地的调查、观察、走访等,在探究活动中了解我们城市公共设施的现实状况,引发学生思考、关注:哪些公共设施是与时俱进的公共设施?哪些是有待完善的公共设施?哪些又是效用趋少的公共设施?

探究调查活动的开展过程中,有时会产生许多老师教学设计中无法预设的内容,会产生许多生存性知识。活动中学生各自思维交织碰撞,主动探究欲更强,学习潜能也得到更多的挖掘。"探究活动"也是学生与社区、与社会大家庭的互动,它有利于学生后续的学习探究,变被动学习为主动学习,乐学、善学。社会大课堂也有利于学生们的道德情感激发。通过"探究活动",感受公共设施的发展变化,知道爱护公共设施是社会文明水平的标志,折射了社会文明发展的实际进程。学生自觉爱护公共设施的自觉性和责任感也得以增强。

(节选自胡凤英:《"多元互动",激活政治课堂》)

综上,"多元互动"是构筑精彩思想政治课堂的灵魂,通过开展课前的"任务驱动"、课中"头脑风暴"、课末"探究活动"等"多元互动"的学习形式,学生的小组比赛竞争意识强、小组合作团队精神好,探究调查实践能力也有显著提升,这样既盘活了政治课堂,政治课的魅力也得以散发。

3. 关于"互动生成"的研究

对于"互动生成"的研究,是我校市级课题的又一个难点。为此,我们将"互动生成"的研究细化分解,开始着重思考并解决以下几个问题:如何充分利用现有资源、积极挖掘意外资源,以期为"互动生成"提供支撑;如何调动教师、师生热情,让师生、生生主动自愿地"互动",以期为"互动生成"提供动力;如何通过多元、多维的互动,实现动态生成甚至意外生成,以期确保"互动生成"成效;"多元互动"与"动态生成"又是怎样的关系,"多元互动—动态生成"的课堂又将是怎样的……带着这些问题,我们逐一突破。

(1) 充分利用资源,为"互动生成"提供支撑

我们基于初中学生的年龄特点和认知特点,利用游戏、谜语、生活实际以及学科自身蕴含的资源等,通过创设情境,调动学生参与的热情、表现的欲望,在多元互动中让课堂生成水到渠成。下文,将分别从体育课、英语课等学科案例具体分析:

案例之一：巧用"游戏"促课堂生成——以《快速反应和快速跑》一课为例

我校时燕婷老师是一名典型的"90后"年轻教师，头脑灵活、方法多样，她的体育课总是趣味横生，深受学生喜爱。在《快速反应和快速跑》一课中，她通过一系列游戏，将课堂生成一步步推向高潮。

教学片段之一：

假设每位同学都当"消防员"，以消防战士训练，为一条故事主线，模拟消防战士平时训练的情景设计跑的练习。在教学中调动学生的积极主动，利用初中生喜欢竞争比赛的特点，以情景练习的形式组织练习，使得学生的情绪始终高涨，对练习始终保持热情。本课力求靠近这些新的教学理念，结合学生性格特点，大胆设计以情景游戏贯穿于教学中，旨在"玩中练，玩中表现，玩中指导，玩中提高"。

教学片段之二：

学生性别与体质的差异也是形成生成性体育教学多元化的重要原因。男女学生在身高、体重、体能等方面都有明显的差异。同一性别的学生在体质方面也有很大的差异性。所以，教师在体育课堂教学中，应根据学生的具体情况采取不同的教学策略。如：把男女同学分成人数相同的四组，每组为一个单位，以绳子代替水管，第一个同学从终点开始迅速跑到相距20米的地方把"水管"放下，然后迅速返回到起点击掌，第二个同学跑到第一根"水管"处，然后与之相接把"水管"拉直，折回，以此类推。当每个单位第二个同学出发后，我发现男同学和男同学两组比赛，女同学和女同学两组比赛，男、女同学两组积极性均不高。因此我暂停了比赛，重组了队伍。把男女同学混合，平分成四组来游戏，结果发现同学们的积极性大大地提高，男女同学表现出极高的热情。从这个练习情况来看，同学们练习积极，课堂非常活跃，提高了练习密度，取得了很高的效率。由此看出，生成性体育教学特征，既有教师的生成，也有学生的生成。

教学片段之三：

生成性体育教学中蕴涵的生成性信息不一定是显性的，有些是隐蔽的，有些信息甚至是稍纵即逝的，这就要求教师要有一双善于捕捉信息的眼睛，将潜在的生成信息上升为显性的信息，将其巧妙地糅合到体育活动中。

如在本课中有一位学生对另一位同学说明明自己反应一直很快，为什么老师一喊口令，却慢半拍？在这个时候我停下了练习，让全班集合，回答了这位同学的质疑：不是你的反应慢，而是启动奔跑也需要一定的练习，首先你要做到思想集中听口令，加强快速起动及两腿交换的步幅步频。针对他提出的问题，我又加强了此类的练习，比如，各种姿势的快速反应，追逐跑。这些小练习既能练习他们的反应能力和跑动中手脚配合的协调性，也能使课堂气氛活跃。

(以上节选自时燕婷：《巧用"游戏"促课堂生成》)

综上所述，课堂是一个动态生成的过程，教师要明察秋毫，捕捉学生学练过程中的良机，发现那些不容易发现的、隐蔽的教学资源，提供丰富的与学生的生活背景相关的素材，使学生积极参与教学活动，从而激发学生的学习兴趣，寓教于乐，从而促进课堂生成。

案例之二：寓教于乐，词汇学习 high 起来——"Knowledge of Common Interest"单元教学

在充分利用并挖掘教学资源方面，我校英语学科陆秋萍老师谈到：

心理学研究表明：轻松、愉快的氛围能使学生以愉悦的心境学习，思考并获得新知。因此要想学生学得 EASY，英语课堂必须 HAPPY。正所谓"兴趣是最好的老师"，而兴趣源于内心的快乐，快乐的内心能驱使学生愿意并主动探索新知。活跃的课堂离不开轻松的环境、愉悦的语境以及快乐的心境。

在其"Knowledge of Common Interest"单元词块教学中，陆秋萍老师便是将上述理念贯彻到底，通过游戏、谜语、演唱会设计等，寓教于乐，让学生的词汇学习轻松愉悦。

◇ **PUZZLE 游戏玩起来，唤醒词汇 SO FUNNY！**

对于一堂复习课来讲，由于单元教学内容的时间跨度较长，所以对学生已知词汇的唤醒相当重要，这是整堂课顺利推进的基础。而本单元的主题是人们所普遍知道的知识，涉及的词汇又比较分散，所以我设计了 PUZZLE 这个找单词游戏（如下图所示）。事先整理出三课重要词汇，分横、竖、斜三种顺序设计，以小组为单位，要求学生准备三种不同颜色的水彩笔，找出最多组为胜。首先，游戏的形式能让学生在课堂的开始进入放松的状态。其次，小组合作竞争更容易激励学生在最短的时间内唤醒旧知。当然，缤纷的色彩给学生一定的视觉冲击，更容易吸引学生投入课堂。短短五分钟，课堂一度沸腾，随着一双双小手举起，学生们沉浸在乐趣中，课

PUZZLE 游戏图

堂渐渐拉开帷幕。

◇ **主线人物猜起来,学习词汇 SO HAPPY!**

韩国组合 BIGBANG 大热,学生们对主唱 GD 更是热爱有加。基于这一点,我设计 GD 演唱会为教学主线,同时"主线人物大公开"的环节我设计成让学生用与身体部位有关的英语习语来逐步揭示的方法(如下图所示)。如学生如果说出"He's all ears."的英语习语,为了进一步检验学生之所学,我会接着问"What does it mean?",如果学生们回答对"It means he is listening attentively." PPT 就会出现主角人物的耳朵,依此类推,手、脚、眼睛等部位。过程中学生们都绞尽脑汁,而且随着身体部位的逐步显现,学生们也逐步兴奋起来。随着学生们越来越期待这个主线人物,他们举手的热情也越来越高涨,课堂进入小沸点。顺着学生们的追星心理,我又顺势教了几个表示非常喜欢某人的谚语,如"He's the apple of my eye",学生学得轻松又快乐,课堂推进得心应手。

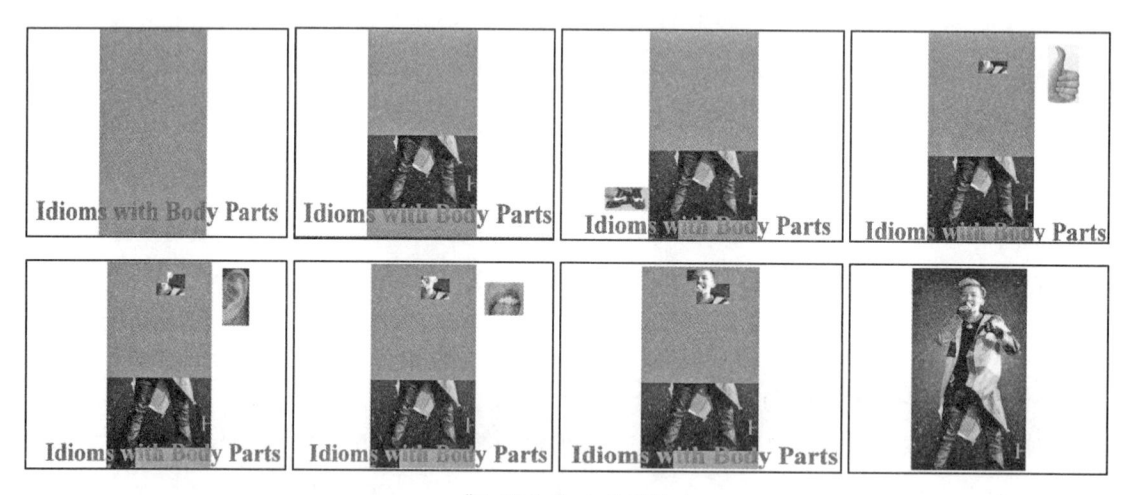

"主线人物大公开"

◇ **情境对话说起来,运用词汇 SO EASY!**

词块复习的最终目的是运用。首先,只有在真实的情境中,词汇的运用才会容易且自如。其次,只有和同伴在情境中应用词汇,学生才会更放松。再次,如果有学生十分渴望得到的东西作为激励,他们的表现会更出彩。因此我设计了编造情境对话这项教学活动,要求两个同学编写关于邀请对方参加 GD 演唱会的对话。首先,我将所复习的三大词块:Basic Information,English Idioms 以及 The Things to Bring 分别用三种不同的色块标在 PPT 当中,醒目且易用。其次,我许诺将海报奖励给最出色的一组,在此激励下,教室里再一次沸腾了,一组组同学跃跃欲试,学生思路也被渐渐打开,不再局限于老师事先设想的词块,最后一组更是有自己的自创情境配以肢体语言,就连没拿到奖品的同学也没感觉到特别失望,因为他们都发现其实语言学习没有那么困难。学生学得轻松容易,课堂收获颇丰。

```
A: Hi, Is he...
B: Yes, I like him very much.
A: It is/ has been ... since... began ...
   And he will have his .. at... on ...
B: Are you... How do you learn the news?
A: I didn't ... until ....
B: What did you do as soon as ...?
A: I ... as soon as .... I've ...
   Let's ...., shall we?
B: Great. The ticket must cost... Thanks a lot.
   By the way,
A: It will begin at... Let's meet at ...at...
B: Great plan. See you at ....
A: Remember to bring ...
B: Ok. I think it must be ...
A: I see eye ...
```

Basic Information:
Dec. 28, 2013
7:00 p.m~9:00 p.m
Shanghai Stadium

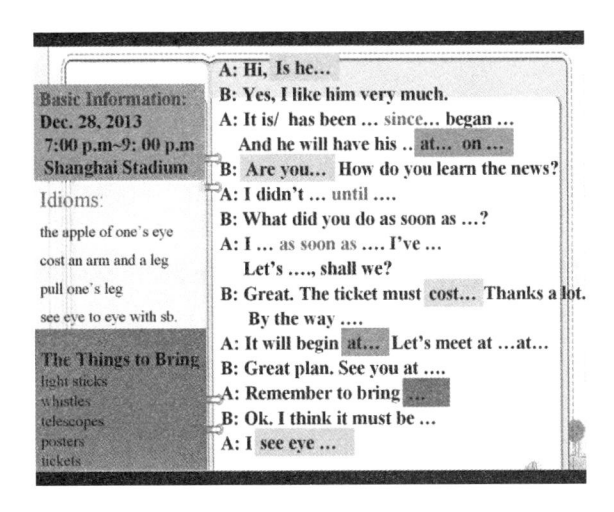

Idioms:
the apple of one's eye
cost an arm and a leg
pull one's leg
see eye to eye with sb.

The Things to Bring
light sticks
whistles
telescopes
posters
tickets

（节选自陆秋萍：《寓教于乐，词汇学习 high 起来》）

综上，轻松的课堂离不开兴趣，以 PUZZEL 游戏作为导入，很好地激发学习兴趣，提高学生关注力；轻松的课堂离不开乐趣，猜测形式本身就很吸引人，再加上学生喜爱的韩国明星为谜底，大大地激发学生学习乐趣，提高学生学习动力；轻松的课堂离不开情境，利用所学词块，设置真实情境——GD 演唱会，并以明星海报作为激励，大大地激发学生潜力，使学生学得轻松且容易。总之，猜猜谜、对对话，英语课堂就会兴趣盎然。

案例之三：创设情境促有效"生成"——以"Traffic and Traffic Rules"复习课为例

情境创设是激发课堂活力之必要路径。以我校英语学科宋利老师执教的单元复习课"Traffic and Traffic Rules"为例，针对单元复习课内容多、容量大的特点，在设计时，宋老师针对单元内容进行筛选，确定重难点和复习目标，同时引用了"功夫熊猫"这一卡通形象，设置了"它来到我们学校，对中国文化和习俗很感兴趣，想去宝山图书馆查阅相关信息，需要同学帮助，制订去图书馆的计划"这一情境，接着创设了"教功夫熊猫比较并挑选最适合的交通工具"—"如何遵守交通规则"—"怎样问路并指路"三个小情境，层层递进，串接一系列任务，最终达成本堂课教学目标。做法如下：

◇ **"挑选出行工具"，契合认知激发兴趣**

在本课教授时，正值电影"功夫熊猫"热播之际，"功夫熊猫"憨态可掬的形象深受小朋友欢迎，因此我先出示"功夫熊猫"图片，并告诉学生"功夫熊猫"就要来我们学校，以及它此行的目的。引入第一个环节"教功夫熊猫比较并挑选最适合的交通工具"。学生们的注意力马上就集中起来，兴趣也被调动起来。本环节的重点是复习语法点比较级和最高级，并能以对话的形式比较并选择最佳交通方式。再出示两幅交通工具图片，用比较级句型提问，复习比较级。

T：Which is cheaper，the taxi or the underground?

S：The underground is cheaper.（有图片提示，轻轻松松就能回答问题）

再加入一幅图片，复习比较级句型。

T：Which is the cheapest，the taxi，the underground or the bicycle?

S：The bicycle is the cheapest.（这也难不倒他们）

在此基础上，展示更多图片，创设对话情境。

A：How do you like travelling?

B：I like travelling by ... because ... than ... And it's ... of all.这也延续了导入环节的情境，使情境更加完整、自然。图片形象、生动，比较传统的教学方式，学生乐于接受，易于理解。班上同学很快进入教师所创设的语言环境中来，学生兴趣高涨，迫不及待地举起小手，要向大家展示他们的选择，"功夫熊猫"终于知道怎样选择最佳交通工具。达到了这个环节的教学目的，为最终计划的制订打下了坚实的基础。

Task1. Compare means of transport
1. answer two questions

Which is cheaper, the taxi or the underground?

Task1. Compare means of transport
1. answer two questions

Which is cheaper, the taxi or the underground?

Which is the cheapest, the taxi, the underground or the bicycle?

Task1. Compare means of transport
4. talk about favoutite means of transport

A: How do you like travelling?
B: I like travelling by...because...than...
And it is ...of all.

fast, safe, convenient,
cheap, expensive, exciting,
interesting, comfortable...

◇ "遵守交通规则"，联系生活尝试应用

英语教学活动必须建立在学生的认知发展水平和已有的知识经验基础之上。学生的已有认知发展水平、知识经验和生活经验等构成了学生的现实学习起点,在创设情境时,必须关注学生的已有生活经验,从学生的生活出发,突出情境的真实性、有效性,促进学生的学习。

通过第一个环节的学习,"功夫熊猫"知道了怎样选择最佳交通工具,但是还不能上路,路上有太多交通工具,必须要教它"如何遵守交通规则",由此自然过渡到第二个环节。

T: Today we invite a policeman to give us a talk on how to obey the traffic rules. Please listen to it with Kongfu Panda and tell whether the following statements are True or False. And correct the sentences.(和功夫熊猫一起听交警的报告,判断下列句子的正误。并对错句进行修改,用恰当的方式表达)

1. Take the footbridge to cross a busy street.
2. Run across the street when there is no traffic.
3. Wear helmets when riding a motorcycle or a moped.
4. Carry our classmates when riding bicycles.
5. Listen to the music when we cross the street.
6. Line up when we get on the bus.
7. Ride bicycles on the left-hand side of the road.

本环节中涉及学生每天安全出行,必须遵守的交通规则。当判断并修改完后就列出了以下内容:当红灯亮时,才能过马路;穿越马路时不能戴耳机听音乐;有序排队上公共汽车;等等。这些规则,根据交警的报告内容,不难得出结果,更重要的是与他们的日常生活紧密联系,正好也可以作为提高学生安全意识,提高国民素养教育的契机。

T: Well done. Let's look at …

S: No.1 … It means We must cross the street at the zebra crossing.

   No.2 … It means we mustn't run across the street when there is no traffic.

   …

T: Let's discuss the traffic rules. What must/mustn't we do when we are in the street?

将全班同学分成两组,组内共同探讨,总结他们知道的交通法规,并以组间竞赛的形式呈现。学生们纷纷陈述本组的观点。

S: We must …

S: We mustn't …

因为创设了与生活贴近的情境,引发了学生的共鸣,因此在竞赛中学生你一言我一语,活动开展得有序而激烈。本来还担心他们列举的交通规则只局限于书本中出现的几个,后来发现根本无需担心。因为创设了与生活贴近的情境,学生在这个活动中表现出来的积极参与的热情与发散性的结论,令人惊喜。如 We must keep walking when the traffic light is green. We mustn't get on the bus until it stops.等这样得出的结论,学生记忆更牢固,语言点

we must ... 与 we mustn't 复习也很到位。就这样离最终教学目的"制订出行计划"又近了一步。

◇ "学习问路指路",解决问题提升技能

在第三环节"学习问路指路"中,设置"功夫熊猫"不会问路指路,需要同学们帮助的情境,顺势复习问路指路的句型结构,再提供宝山城区地图,受刚才快乐、自信情绪的感染,大家积极性很高,同学纷纷指出从学校到宝山图书馆的线路有哪些,并告诉"功夫熊猫"其中哪条更合理。借助情境,对话自然而然就生成了:

Panda：Excuse me，...?

Student：You can ... on foot/by ... Go along ... and ...

Panda：How far is it?

Student：It's about ... walk/ride.

Panda：Thank you very much.

Student：...

学生们在快乐的气氛中复习了问路指路的句型,会话技能得到提升。最终学生们轻而易举和一起"功夫熊猫"制订出去图书馆的计划,轻轻松松解决问题。在落实教学目标同时,学生的知识水平和语言技能得到提升。

(节选自宋利：《创设情境促有效"生成"》)

综上,基于上述课例的实践,从学生的年龄特点出发,将"功夫熊猫"引入,尊重其认知特点,通过创设情境,帮助"功夫熊猫"制订出行计划,构建教学内容与生活的联系,既开拓了学生思维,激活其语言输出,学生的综合运用语言能力也得以提升。

案例之四：以话题为主线,多渠道促"词块"有效生成——以新世纪英语教材八下 U3 "Leisure Time"为例

以英语学科为例,我们所使用的新世纪英语教材,每个单元都以一个话题的形式来构建知识体系。而词块教学体现了在使用中学习词汇、在语境中运用词汇,具有临时生成的特性。为此,在教学中需要教师敏锐地察觉课堂教学中稍纵即逝的生成资源,善于捕捉英语课堂资源的生成触角,从而产生丰富多彩的动态生成。具体做法如下：

◇ 构建话题统摄词,进行词块分类,基于学习需求促词块生成

所有的教学活动都不是凭空想象出来的,是因为学生有需求。学生虽然学习了很多词和句,但在头脑中是零乱无序的,真正表达时,会出现"大脑一片空白"或词汇误用、滥用等诸多问题,原因是学生在积累英语词汇的时候,没有对庞杂的英语单词进行"词块化"。以话题为主

线,在教学中找出与话题相关的统领词进行合理的分类,以不同类别的方式呈现在学生面前,理清学生头脑中的词块脉络,促进词块有效生成。

(话题的引入)

教师在 PPT 上聚光灯突显出今天的话题"Leisure Time",学生在课前就已感知今天的话题是关于闲暇时光。然后提问:同学们在闲暇时光做什么?学生们纷纷回答与话题相关的词块,如 read books/play computer games/listen to music, watch movies, go to the camp,等等。自然而然地生成与话题相关的统摄词 movie, music, camp。紧接着又对电影、音乐、营地的种类进行归类,生成有关电影的词块:animated movie, comedy, thriller, science fiction ... 音乐类的词块:classical music, rock music, light music, country music, hip-hop... 营地类的词块:adventure camp, sports camp, language camp, art camp...

(谈论学生的业余生活)

(对学生所谈到的业余活动相关词块进行分类,ppt 展示相关词块)

在家的业余活动:listen to music, watch TV, read books, magazines ..., surf the Internet, play musical instruments, play chess, computer games, collect stamps, grow plants and flowers, DIY ...

紧接着教师又提问:那么在家以外的活动呢?通过问题促相反词块的生成:

在家以外的业余活动:play football, tennis, golf ..., go travelling, fishing, hiking, jogging, skiing, shopping ..., go for a picnic, a walk, go to a concert, musicals, walk a dog, sign up for camp ...

这样的课堂活动设计,既厘清了学生头脑中的词块脉络,又复现了已有的相关话题词块。教学过程既贴近学习与生活实际,也让学生感受到用英语交谈的乐趣,又能够使学生始终处在学习的"亢奋"状态,大大提高学生的学习兴趣及课堂的教学质量。

◇ 拓展话题词块,运用典型句式进行操练,在对话中促词块生成

学生虽然存储了一定量的词块,但在真正需要表达时却像挤牙膏一样,表达不流畅、不真实,也无逻辑性。针对某一话题,能在脑海中复现的词块也不够丰富,更谈不上拓展的新词块。因此,让学生开拓视野,累积更多词块,在表达时让语言更丰富多彩,提高语言的实际运用能力,那么教师就应该运用典型句式进行操练,合理拓展话题词块,在师与生、生与生对话中促词块生成。

在谈论业余活动这一环节,教师利用句型:I ... because ... 给出题干,让学生造句。学生自然生成:I often go jogging because it is good for my health. /I always go to the football camp because I can make a lot of friends. /I usually listen to music because I can relax myself. ..... 然后通过生生对话、小组交流等形式反复操练。

通过这一教学活动,学生能整块提取存于脑海中的话题词块,而且忽略了语法,避免了不必要的语法错误,又能表达出自己的心声,表达也更流利,更符合逻辑,大大提高了学生的口头

表达能力。

当然,课堂教学不能只局限于谈论学生的业余生活。因此教师设计了学生讨论不同人的业余生活,拓展话题词块。通过师与生、生与生谈论其他人的业余生活,课堂就豁然开朗了起来,老年人、年轻人、教师、医生、警察等不同职业的人,他们的业余生活各不相同,因而生成了大量的新词块,如:drink tea, grow flowers and plants, raise the bird, play chess, go hiking, boating, go to a concert, play golf, tennis, volunteer to do sth. ....

教师与学生在课堂上有效互动拓展,并运用典型句式进行操练,在对话中促词块有效生成,大大提高了学生的口头表达能力。

◇ 创设合理情境,培养综合语言运用能力,在创造中促词块生成

学生克服障碍,敢想敢说,语言的表达更丰富、更真实、更有逻辑,需要在创造中促词块生成。学生由词块知识向词块运用能力转化的过程逐渐实现,学生实际运用语言的能力也得到提高。在最后的输出环节,教师通过创设情境:Jay是一位中学生,但他的业余生活糟糕透顶,整天迷恋于电脑游戏,不爱学习,成绩不理想,生活枯燥乏味。希望学生给Jay推荐一种闲暇时光的休闲方式并说明理由,让其改变糟糕的业余生活,享受多姿多彩的快乐生活。

学生天性都乐于助人,自然愿意参与活动。这一教学活动无意间让学生运用所学的词块,根据实际情况在创造中促词块生成。学生有话可说,也点燃了学生用英语真实表达自己思维的愿望,无意间克服了语言表达的障碍,语言的运用能力自然有所提高。

综上所述,在英语课堂教学中,教师通过有效运用多种渠道,敏感捕捉学习活动中的教育契机,挖掘教学资源、生成教学智慧,最终提升了学科教与学的品质。

(2) 开展多元互动,为"互动生成"提供动力

教师兼顾学生学习需求与学科教学要求,积极采用多样化的教学方式,调动教师与学生、学生与学生的互动的热情,为最终的生成提供动力。下文以地理学科陶颖佳老师和英语学科钟佳颖两位老师的教学实践为例:

案例之一:巧妙互动,精彩生成——以《34个省级行政单位》教学为例

中学阶段地理学习并不受重视,学生自然缺乏动力,对地理课程缺乏求知若渴的学习态度,让学生一下子转变学习态度不可能一蹴而成,只有从每节课的变化开始,改变地理信息的呈现方式,考虑学生的"兴趣点"和"兴奋点",设计出巧妙的教学活动,逐步让地理学习变成一种既有趣又高效的事。具体做法如下:

◇ 回归生活,歌曲巧导入

"34个省级行政单位"这一章节的学习内容较多,包括34个省级行政单位的位置、简称、

全称和行政中心。为让学生在一上课就"兴奋"起来,而不是被这么多学习内容吓倒,网上的一个视频资源《小苹果版中国34个省级行政单位》映上我的心头。打开视频一看,首先就是令人想随之舞动的动感节奏,仔细听歌词"山东山西分两边,广西广东左右站,两河两湖还在中间……你是我的大呀大中国,怎么爱你都不嫌多,民族的情怀温暖我的心窝,点燃我爱国的火火火火",正是我所需要的导入素材!

上课的时候我先给同学们卖个关子,特意说:"今天学习前老师先给大家听一首'神曲',会唱的同学可以跟着一起唱!"果然随着前奏的响起,同学们的神色活络起来,"亚洲东部有条龙,它的名字叫中国……"歌词一出来,有些同学喝彩起来,有些同学津津有味地看画面,有些同学跟着唱起来。放完一遍,立刻有同学要求再放一遍。其实正合我意,我顺势说:"看第二遍的时候看看大家能够记得多少省级行政单位?"放第二遍的时候多数同学能跟着歌词一起唱,最后一句"复兴华夏豪迈气魄",全班合唱,热情高涨,有的同学忍不住叫起来:"老师,我已经全都记住啦,快来考考我们吧!"其他同学也露出跃跃欲试的表情,"神曲"导入果然有效。

◇ **化难为易,方法巧点拨**

为了帮助学生更好更全地记忆34个省级行政单位的位置和轮廓,我运用了很多方法,轮廓记忆法是其中之一。老师先出示某个省区的轮廓,学生通过查找中国政区图完成相应表格。轮廓记忆法对学生的空间想象能力要求较高,因为我们一般看到的都是完整的中国政区图,很少把个别省区单独拿出来看,所以刚开始同学们查找起来比较慢,渐渐地找到心得后,回答的速度越来越快。最后一栏"像什么"中,答案五花八门。有说云南省像孔雀,有说陕西像跪拜的兵马俑,有说黑龙江像飞翔的天鹅,有说宁夏像小写字母t,同学们在交流的过程中既确定了省区的地理位置,又发挥想象,思维一直处于兴奋状态,记忆效果也更明显。

◇ **精彩生成,竞赛巧整合**

竞赛一直是地理学习中受学生欢迎的学习方式,这节课我整合了几种不同的竞赛方式,让学生在竞赛过程中巩固学习重点,还可以使综合能力较强的同学得到发挥。环节一是"疯狂猜猜猜",课件显示某一省区轮廓,猜谜者背对白板,邀请5位同学给出相关提示,猜出即获胜。同学们的提示也显示出他们平时的知识储备量,猜云南时有人跳孔雀舞,猜湖北时有人用方言提示,猜新疆时有人提示各种瓜果……比赛结束时,学生不仅巩固了知识,还展示了自己的才艺,体验全国不同地区的精彩民族文化,升华了学习主题。环节二是"不服来猜",以小组为单位,出谜语给其他小组的同学猜。制作谜语为学生创设了一个思维反思的机会,从而达到知识迁移和扩展延伸的目的。在掌握学习重点的基础上,通过查阅课本和地图,通过组内同学思维互相激发,同学们制作了许多生动有趣的谜语。如:下围棋,黑子胜(打简称);给我一头象(打简称);用圆规画圆(打行政中心)。老师在活动中作为观察者,通过评价和适时地引导,促进组内合作和组间竞争。

(节选自陶颖佳:《巧妙互动,精彩生成》)

综上，在巧妙互动的地理课题里，学习成为师生富有个性化的创造过程，课堂变成动态生成的过程。在互动中，学生的情感、质疑、探究能力得到发展，教师的设计、组织、调控能力相应提高，教学相长水到渠成。

案例之二：基于情境的多元互动激活语言输出——以 School Life 一课为例

语言输出是语言习得的最终目标。语言学家 Swain(1985)[1]在"语言输出假设"中提出：要使学习者达到一定的外语水平，可理解的语言输出必不可少。学生需要充分利用现有语言资源，对将要输出的语言进行思考，使它更恰当、更准确、更容易理解。经过多年的教学实践研究，Swain[2]发现，相较于传统课堂中直接告诉学生语言的意义，在内容丰富的情境中运用多种互动形式更有利于语言输出。以新世纪教材六年级第一学期第二单元 School Life 的单元复习课为例，英语学科钟佳颖老师在本课中引入新同学 Steven 来我校游学这一情境，设置了多元的互动环节：同伴互动，合作切磋，组别竞争，以此探究基于情境的多元互动课堂对学习者语言有效输出的积极影响。具体做法如下：

◇ 同伴互动，提高对语言的注意力

课堂一开始，引入"告知 Steven 校园日程安排"这一环节，学生两人一组进行角色扮演：一人扮演 Steven，询问有关学校日常安排的问题，一人作为本校学生回答问题。这一情境由于贴近生活实际，激发了学生想要表达的欲望。在学生准备环节中，笔者旁听了几组学生的对话，发现学生在表达中遇到了一些语言困难，比如在提问时不能确定合适的疑问词，对时间的表达不准确等。而当学习者在与同伴沟通时遇到语言困难，通常会意识到自己的不足，从而提高对语言信息的敏感度。一些基础薄弱的学生努力搜索原有知识让同伴能理解自己的语言或直接向同伴求助。在展示环节中，当一位学生说错或输出困难时，同伴则会小声提醒或对其进行补充，从而促进了两人互动顺利进行。因此，在贴近生活的情境下，同伴互动在一定程度上提高了学生对语言的注意力，促进学生对输出的语言进行加工处理，从而达成更准确的语言输出。

◇ 合作切磋，促进有效的意义协商

随后，笔者创设了"与 Steven 一起参加线上活动：给校长的一封信"这一情境，在信中学生们可以畅所欲言，谈一谈希望校园生活如何改善。这一环节由四人一组的合作完成，首先小组成员一起讨论学校可以增设哪些新设施来促进校园生活的非富多彩，达成一致后一起写出

---

[1] Swain, M. Communicative Competence: Some Roles of Comprehensible Input and Comprehensible Output in Its development [A]. In Gass S, Madden C (eds.) Input in Second Language Acquisition [C]. Rrowley, M: New bury House, 1985.

[2] Swain, M. & Lapkin, S. Peer Interaction and Second Language Learning: Focus on Meaning Versus Focus on Form in Meaningful Context s [J]. Le Journal de l'Immersion, 1996: 20(1).

一封给校长的建议信。合作切磋的过程对学生的语言输出有较高的要求。因为学生需要进行意义协商,即根据交谈对象的反馈,学生需要对自己的语言输出做出不同程度的调整。比如有一组中某位同学提出"We can suggest building restrooms"(我们可以建议造厕所),另一个同学就说:"We already have enough restrooms"(我们已经有很多厕所了)。前一位同学把restroom当成了休息室,当意识到自己说错时,他就更正了自己的表达:"Maybe we can have some resting rooms"(或许我们可以造一些可休息室)。在为学校出谋划策的情境中,组内成员为了完成共同的任务合作切磋,进行有效的交流沟通,从而达成有效的意义协商。

◇ 组别竞争,推动积极的输出修正

结合六年级学生热情好客的特点,笔者设计了"做小导游,带领Steven参观校园"这一情境,该环节互动形式为小组擂台赛,每一小组的每一位成员都需要说出自己要带Steven参观的地点,该地点的方位以及在那里可进行的活动。在一分钟内介绍地点最多的小组获胜。在这一分钟内,若有小组成员表达错误,其他小组有权打断纠正。擂台赛将本课推向了一个小高潮,当某一组进行地点介绍时,其他小组的组员一个个都认真聆听着是否有语言错误,一发现错误便立刻打断纠正。于是,在组与组之间的互动中,学生不仅关注自己的语言输出是否准确,同时也认真地纠正其他同学犯的语言错误,从而推进了积极的语言输出修正。

综上所述,多元互动的教学形式在基于合理情境的英语课堂中扮演了重要的角色,有效地激活了学生语言输出的质量,在提高学生语言注意力,促进意义协商以及推动语言输出修正三方面起到了积极的作用。

(3) 巧用资源,为"互动生成"提供契机

苏霍姆林斯基曾说:"教育的技巧并不在于能预见课的所有细节,而在于根据当时的情况,巧妙地在学生不知不觉中做出相应的变动。"课堂教学是一个动态的不断发展推进的过程,具有灵活的生成性和不可预测性。为此,在课堂"意外生成"方面的研究,我们也进行了积极的探索。下文,以体育学科顾娟老师的教学实践为例:

案例:巧用资源促课堂"意外生成"

教师要有强烈的资源意识,用敏锐的观察和嗅觉发现能使课堂进行生成的资源。课堂中的各种因素,如教师本人、学生的生活经验、教学中的各种信息,都可看作宝贵的教学资源。当师生围绕教学内容展开真情互动时,相互启发、相互感染、相互促进,学生的求知欲望就会被激发、情感的闸门就会被打开、思维的火花将被点燃,课堂中精彩的意外生成也在情理之中。基于此,顾娟老师的具体做法如下:

◇ 敏感捕捉,促生成

如今的课堂教学不再是教师牵着学生走,而是需要教师不断地去捕捉课堂中的一些信息,

不断地去调整、去发展,因为它是动态的、开放的生成过程。我们要使向学生单向传输知识的教学变为师生、生生多向互动交流的方式,才能激发出灵感和智慧的火花,更需要用心倾听和尊重学生,通过教师的倾听和捕捉、点拨和组织,使师生向着有效品质的目标互动发展。

在一次快速跑教学中,个别调皮的男生对着一个正在跑步的男生起哄"大屁股,大屁股",从姿态中看出这名学生是典型的"坐着跑",这种现象在学生中还是经常出现的。针对这一意外事件,我先肯定了男生的体型在老师看来是很健康的,再请起哄的同学来谈谈该同学在跑的时候有什么不同。有同学说,他跑步时看上去好像腿很短,屁股很重。有同学说,我们跑步时身子朝前倾,而他跑起来往后仰。通过讨论我将学生从起哄的心态上引导到对体育动作的分析上,借机讲解正确的动作要领。根据正确的动作要领,让学生考虑:"我是否也存在这些缺点?"通过反思,班级中有20%的同学都表示自己也不同程度存在着这种缺点。找到错误的根源,解决起来就不是难事。趁热打铁,我在课上集中介绍了几种改变"坐着跑"的练习方法。

◇ "节外生枝",促生成

教师应在上每节课前都做到精心地备课,考虑到课中每个环节的方方面面。但课堂是一个不断生成与发展的过程,在每一个学生身上随时都有可能发生一些意想不到的事情。面对这些意外的出现,我们一部分教师表现出视而不见或大声训斥的态度,学生面对此种情况都是不再敢发表各自的想法。而也有一些教师十分珍惜这些意外的发生,他们根据意外发生的意义程度加以合理地利用,进一步引导学生进行有效地学习。

在另一次快速跑教学中,当我对快速跑进行分解动作示范时,突然一架飞机从我们头顶飞过,班上的同学注意力都被飞机吸引了,并都呼喊起来。我心想,如果我大声呵斥学生,强行将他们的注意力拉回到课堂,对接下来的快速跑教学十分不利,因为会打击他们对学习的热情和积极性。我灵机一动,想到飞机在起飞、飞行、降落的过程中与跑步有异曲同工之妙。于是我将刚飞过的飞机作为话题引入快速跑的教学中,将飞机的起飞比喻成快速跑的起跑,将飞机的加速过程比喻成快速跑的加速过程。经我引导,学生对学习的兴趣提高了。我还告诉他们,飞机在空中飞行的姿势多优美呀,这优美的姿势来自驾驶员们平时的认真训练与学习,所以你们要想把自己的身体锻炼得强壮起来,在体育课上就要认真练习,掌握好每个动作的要领。对比其他班级,这个班级的积极性更高,效率也更高。

◇ 思维碰撞,促生成

在课堂中产生的思维碰撞,是学生提高思维能力的原动力,是提炼课堂生成的有效途径。学生在课堂上的争论,是学生思维的碰撞,如果教师能够抓住学生在课堂上的争论,就能起到点燃思维、激活课堂的作用。这就要求教师能够让学生在独立思考的基础上,积极参与对问题的讨论,敢于发表自己的观点,尊重他人的见解,并从与他人的交流碰撞中获益。

我在教长跑时,学生争先恐后地向我提问:老师,跑长跑时为什么很难受?这是什么原因?怎样解决?……面对这一连串的问题,我没有打断他们的"疑点",而是抓住时机,顺着他们的思路一一解答。在我的讲解和同学与同学之间共同讨论、探索中,同学们对"极点"的理解更加深刻,也不害怕长跑了。

(节选自顾娟:《巧用资源促课堂"意外生成"》)

综上,生成,追求的是教学的真实自然;课堂,再现的是师生"原汁原味"的生活情景。总之,关注并重视课堂教学中动态生成的资源,课堂会更加精彩,学生也更显生命活力,从而获得积极主动、生动活泼的发展。在教学中,师生间的互动对话就可以催发、生成许多教学契机。教师要善于抓住并加以利用,从而使课堂充满活力。这时课堂又活跃了,学生又投入到新的探索中。因此,对于课堂生成的资源,需要教师敏锐地加以捕捉、放大。否则,契机稍纵即逝。

(4) 夯实常规课堂教学中的"多元互动"

当下多元互动的课堂教学在各级各类公开课中屡见不鲜,表面热闹、走过场的弊病也屡见不鲜。如何将"多元互动"夯实在常规课堂教学中,如何将"多元互动"真正促成课堂"动态生成"之效,就此,我校两位数学老师石爱霞、黄健进行了积极的实践尝试。

案例之一:在八年级数学课堂中"多元互动"促"动态生成"的课例研究

本案例中,我校数学学科石爱霞老师通过学生与学生的"帮教"互动、教师与学生的"碰撞"互动、"课堂意外事件"巧妙互动,进行了有益的探索。具体做法如下:

◇ 学生与学生的"帮教"互动

教学实录之一——《一元整式方程》教学片段

师:同学们先观察关于 x 方程:$a(x^2-x-2)=ax+a$,这个方程怎么解?请两个同学到黑板上来 PK 完成,其他同学在草稿本上解。

师:完成的同学请看黑板,看看有没有补充或你觉得应该强调的地方?

生1:她展开整理之后因式分解错了,方程的解应该是 $x_1=2, x_2=-1$。

生2:她的展开整理做法不好比较复杂,最好变成:$a(x+1)(x-2)=a(x+1)$,然后两边约掉 $a(x+1)$。

生3:不能随便约掉 $x+1$。

生4:a 也不能约掉,因为不知道它是否为 0,应该对 a 先讨论再解。

【案例分析】

片段中学生把板演的两个同学的不足和长处都做了批注。学生自己能解决的问题应放手让他们自己解决,把时间多留给他们使他们有机会相互切磋、相互沟通,从而起到一种"共振"效应,这种效应能使学生们之间相互交流、仿效和矫正,共同发展。

◇ **教师与学生的"碰撞"互动**

教学实录之二——顺次连接四边形各边的中点,所得的四边形是怎样的四边形?并证明你的结论。

师:平行四边形有哪些判定方法?

生:对边平行且相等、对边相等、对角相等、对角线互相平分。

师:这个题目能直接证明 $EF \underline{\parallel} FG$ 吗?

生:不能。

师:不能直接证明的通常考虑间接证明,怎么借助第三条线段呢?把 EH 和 FG 的位置关系(平行)和数量关系联系起来,分析一下,哪条线段具有这样的作用?

生1:对角线连起来。

师:你为什么想到利用对角线呢?

生2:因为 $E、F、G、H$ 是各边的中点会产生中位线。

师:真棒!以后碰到两个中点会想到构造中位线。

师:如果这个四边形再特殊点是平行四边形或菱形、矩形、等腰梯形、正方形呢?联结它们的中点会得到什么图形呢?为什么?

生3:平行四边形、矩形、菱形、菱形、正方形。

师:连接中点后得到的图形与原来图形的什么有关?仔细看看刚刚的证明过程。

生4:对角线。对角线相等得到是矩形;对角线垂直得到是菱形。

【案例分析】

师生在互动中,教师要成为提出问题的主导者,尽量引导不同层面的学生参与互动,让他们展示不同层面的思维水平,从而有利于调动起各个层面学生的学习积极性和主动性。在课堂教学中,如果我们重视并善于构建有效的师生互动,那么就能充分发挥这一教学策略的有效作用,就有利于我们取得更好的教学效果,从而实现预期的教学目标。

◇ **"课堂意外事件"巧妙互动**

数学课堂中师生多元互动时往往会出现一些"意外事件",处理不好就会使教学"卡壳",甚至"触礁",美好的设计因一个小小的意外,教学效果就有可能大打折扣。这正是考验数学教师教育智慧的时机,如果教师能蹲下身,站在与学生视线的同一高度来看待"意外事件",理解学生的意外,"课堂意外事件"说不定就成了新的教学资源,课堂教学也会多一份精彩。

教学实录之三——《二元二次方程组的解法》教学片段

师:刚刚同学在解这个方程组 $\begin{cases} x^2 + 2xy + y^2 = 4 \\ 2x^2 - 3xy - 2y^2 = 0 \end{cases}$ 时用"一变二"的方法,那么还以此题为例,这个方程组还可以怎么变形,怎么解?同学们讨论一下:

生1：变成"一变四"，是：$\begin{cases}x+y=2\\x+y=-2\end{cases}$、$\begin{cases}x+y=2\\x+2y=0\end{cases}$、$\begin{cases}2x+y=0\\x-2y=0\end{cases}$、$\begin{cases}x+y=0\\2x+y=0\end{cases}$。

生2：第一、三个分组分错了，如果这样分的话跟另一个方程就没关系了，就不是方程组的解而是第一个方程的解。

师：很棒！我们讨论一下如何分组，对于分组有更好理解的方法吗？

生3：用大写的英文字母来表示分解好的代数式，这个方程组可以那么就可以变成"一变四"：

$\begin{cases}A\cdot B=0\\C\cdot D=0\end{cases}$ ⟹ $\begin{cases}A=0\\C=0\end{cases}$ $\begin{cases}B=0\\D=0\end{cases}$ $\begin{cases}A=0\\D=0\end{cases}$ $\begin{cases}B=0\\C=0\end{cases}$

【案例分析】

片段中在课堂上出现了"意料之外"的情况，这个学生的想法远远超出了我的预设，受这个同学的启发，我索性放弃了预设的环节，引导学生进行争论、验证。当他们在分组上出现问题时，师生一起探索研究出简单易行的方法化解之前所出现的问题。

（节选自石爱霞：《在八年级数学课堂中"多元互动"促"动态生成"的课例研究》）

生生互动、师生"碰撞"互动——"课堂意外事件"巧妙互动作为课堂教学过程中一种十分重要的互动方式来加以有效利用，对我们正确认识新课程的教学方式，减轻教师的负担，提高学生参与度，增进教学效果有很大意义。课堂教学设计并不是唯一的，而是多元的；不是确定不变的，而是预设中生成的；不是按预设展开僵硬不变的，而是在动态中调整的。

案例之二：多元互动，打造动态课堂——"线段的大小比较"案例分析

本节课是上教版六（下）几何的第一课时。学生在小学阶段已经知道了用刻度尺来画一条线段和线段的基本表示方法。本节课看似内容比较简单，实则概念多且凌乱，如果老师按部就班一个一个概念地讲，课堂就会变得枯燥乏味，学生的积极性无法调动。学生是一个个充满探究欲望和生命力的个体，他们有信心有能力解决符合他们现有认知水平和知识基础的新问题，再加上在上课之前已经先让学生完成了学案，又考虑到六年级的孩子刚从小学上来，大多数好奇、好动，注意力集中时间短，但精神旺盛，好表现，一点就通，积极性高，因此要求我们的课堂是动感的、有趣的。故本节课的教学中，黄健老师以注重互动，整节课均以学生为主体，鼓励学生尝试画图操作、小组探究讨论，教师则不失时机地把握教的机会，引导、点拨、质疑、启发，最后一起总结结论，整节课课堂的气氛非常活跃，收效甚佳。具体做法如下：

◇ 与教材的互动

《新课程标准》指出数学活动必须建立在学生的认知发展水平和已有的知识基础上,因此老师在上课前必须充分和教材进行互动,与教材互动就是老师在分析学生知识水平的基础上,对教材内容及与教材内容有关的知识进行整合。因此在设计学案时,我设计了下面的问题:

1. 线段的表示方法:如何表示一条线段?
2. 如何画一条线段等于已知线段?
3. 观察中国地图,回答下列问题:

① 北京到上海的距离和北京到广东的距离,

哪个远?你用的方法是_____。

② 北京到上海的距离和上海到广东的距离,

哪个远?你用的方法是_____。

③ 北京到上海的距离是指_____。

这个练习的目的主要是让学生回忆小学学过的有关直线、射线、线段的概念,如何表示一条线段的方法,为本节课的学习做铺垫。这部分我们设计学案的时候不是让学生按照书上的内容填空,而是根据本节课的重点和难点精心设计几个小问题。

为实现课堂教学的最优化,我力求在课前吃透教材所包含的实质内容和关键因素,然后根据教材特点和学生的年龄心理特点创设各种活泼、有趣的教学情境。如角色扮演,通过活动让学生去表达、感受、体悟,从而加深学生对数学知识的理解和运用。课堂上,在教学中常组织学生小组合作,自主汇报交流,使学生真正拥有尝试、合作、享受成功的实践和机会。在小组汇报展示中,其他学生做到了很好的评议、补充,形成了生生互动积极学习的氛围。教师作为一名参与者在启发、评价,充分调动学生学习的积极性、主动性。

◇ 生生的互动

生生互动,即学生与学生之间在课堂交换思想的过程,它的运作方式是课堂上学生之间互相讨论、互相切磋。这是一种很有效的课堂手段。在互动中,学生会获得更多的思维结果和思维方法,这对拓展思维空间、培养思维能力是很有益处的;同时,在互动中也可使学生的合作精神、交往能力得到培养和提高。

如在探讨学案上的第一问题:画一条线段等于已知线段。学生的方法比较多,上课时让学生通过小组交流,然后上台讲解总结,同一问题,要找多名学生回答,倾听他们的想法,洞察这些想法的由来,并鼓励学生之间相互评价和补充。

还有在讲授本节课的重点"线段的大小比较"时,我让两个学生通过比较身高,根据学生站的位置、学生身高的差异等不同的角度进行了比较,然后小组讨论在比较大小时要注意些什么问题,小组交流补充。在轻松愉快的氛围中,学生对于如何比较两条线段的大小,要注意什么,有些什么方法,得到了很好的理解。

本节课学生的角色从学会转变为会学,从跟老师学转变为自主去学。本节课学生不是停留在学会课本知识的层面上,而是站在研究者的角度深入其境,不是简单地"学"数学,而是深入地"做"数学。

◇ 师生的互动

我们常常把学生当成知识接收的"容器",一味要求学生认真听自己的讲和问,却很少顾及学生的议和答,学生的真实思维不是被打断,就是被教师简单的肯定或否定,阻隔了师生心灵对话的通道,失去了相机诱导的良机。

在讲什么是点 A 与点 B 之间的距离时,大多数同学都认为就是线段 AB,这时我没有马上纠正,告诉他们正确的答案。而是让一个学生把身高在墙上做一个记号,再追问同学们他的身高该怎么表示,这时可以让学生讨论。教师参与其中不断点拨,适当提出一些"爬坡"性问题,引导、启发、解惑。在这样的互动中,学生彻底明白了两点之间的距离到底是什么。

(节选自黄健:《多元互动,打造动态课堂》)

综上,上述案例以"流畅、开放、合作、引导"为基本特征,教师对学生的思维活动减少干预,教学过程呈现一种比较流畅的特征,整节课学生与学生、学生与教师之间以"对话""讨论"为出发点,通过互助、合作,让学生在一个较为宽松的环境中自主选择获得成功的方向,判断发现的价值。总之,"多元互动"与"动态生成"是个有机整体,前者是后者的基础与动力,后者是前者的目的与成效,二者相辅相成。

4. "双案"联动下的"弹性预设—互动生成"实践研究

"双案"联动与"弹性预设—互动生成"之间,我们认为有如下两种关系。其一,"双案"联动与"弹性预设—互动生成"相互支撑、相辅相成。"双案"是教与学的工具和载体,是对"弹性预设、互动生成"的技术性支撑;"弹性预设、互动生成"对学案、教案的编制以及两案关系的处理提供教育教学思想上的引领与指导,同时也需要借助"双案"的联动来将新的教学理念转化为有效的互动生成和学生素质的真实养成。其二,"双案"联动与"弹性预设—互动生成"缺一不可,单独进行难有实质性突破。仅仅做学案而无教案的跟进,无以发挥教的主导作用;只是做"双案"而不考量两案之间的联动,教与学之间难以达到默契;做了"双案"联动而无"弹性预设—互动生成"的理念指导,研究会停留于技术层面,难以上升到教学观念更新和教学理论发展的高度。同理,如果教师只是具备弹性预设和互动生成的意识,不借助"双案"联动,也就会因缺少抓手而流于空想或空谈。下文,将以三位老师的案例具体言之:

案例之一:学案铺垫"流行"贯穿互动生成——"Science in English"单元课教学案例

本课例为七年级第一单元 Science in English 的复习课,内容包括 weather、season 和

earth 方面的知识,科普方面涉及的词汇较多,对学生的理解能力是相当大的挑战;加之,三篇课文之间的联系不够密切,有些松散,要把这三篇关联不大的内容在一节课的时间内呈现出来,有一定难度。为此,陈肖青老师通过设计学案,做到师与生均明确教与学的指向,以此夯实课堂"互动"之根基。具体授课中,又进行弹性预设,吸纳流行元素,使之贯穿始末,以期达提升课堂"生成"之效能。具体做法如下:

◇ **学案铺垫,夯实课堂"互动"之基**

教育家托尔斯泰说过:"成功的教学所必需的不是强制,而是激发学生的兴趣,兴趣是推动学生学习的强大动力,是学生参与教学活动的基础,激发学生的兴趣是新课导入的关键。"基于此,笔者根据本班学生好奇心强、爱好音乐、活泼热情等特点,设计了能激发他们兴趣的学案,学案分成几个任务:

Task 1. 学习由甲壳虫乐队演唱的歌曲"Across the Universe"。

【设计意图】

The Beatles 是一支颇具传奇性的乐队,在年轻人中很有影响力,他们的歌曲深深地吸引着学生,而这首"Across the Universe"以轻松、愉快的曲调和流水般舒畅的歌词征服了学生。用音乐作为英语课的导入可以迅速得到学生的认同感,拉近师生的距离,贴近师生的关系。

Task 2. 完成一份调查表,对学生进行发散性的知识训练。

Seasons	Spring	Summer	Autumn	Winter
Months				
Weather				
Clothes				
Holidays				
Activities				

【设计意图】

春夏秋冬,四季交替,变化的不仅仅是季节,也是各个季节的天气、人们穿衣的习惯、享受的假日和开展的多姿多彩的活动。充满生活气息的调查,易引起学生极大的共鸣,自主、合作、探究式的互问互答,也可以拓展知识面,增加词汇量,提升课堂互动的广度和深度。

Task 3. 回答两个问题"What's in space?""What's on/in the earth?"和阅读5篇有关自然界中气候、温度、生物及地球、月亮知识的文章。

【设计意图】

枯燥的问题和阅读材料以紧张而刺激的形式调动学生求知的积极性,促使他们主动寻求答案,收集信息。通过专题知识的阅读,增加了知识的积累,让学生有能力进行课堂活动中的互动,为课堂活动进行知识的储备,夯实课堂互动的根基。

◇ "流行"贯穿,提升课堂"生成"之效能

基于以上学案,笔者结合本班学生对流行音乐的热爱,设计了以流行音乐带动学生学习热情的课堂活动形式。因为学生总是走在流行的前沿,对于荧屏上出现的各种时尚,他们总是津津乐道,对偶像的各种赞美和崇拜更是他们课余饭后的热门话题,因此流行元素贯穿课堂实践,提升了课堂生成的能效。

课堂导入环节:屏幕上徐徐放大的《来自星星的你》海报逐渐清晰,都教授的扮演者金秀贤以绝对的亮点吸引了全班学生的眼球,引得他们阵阵喝彩,挑起他们极度的好奇心和兴趣。以"Science in English"为主题的这堂课,在学生的热盼中通过认识 space,在从 the solar system 到 the moon 再到 the earth 的顺序复习及导入本课内容中拉开序幕,寓教于乐,抓住了学生的心弦,达到设疑激趣的目的。

第一环节:视频中天籁般的声音"Across the Universe"和恢宏的画面,让学生陶醉,情不自禁的放声高歌使学生在音乐的激情中体会广袤的 universe,欣赏字里行间优美的语言描述,促成学生的情绪高涨,使学生精力集中,充分激发学生的学习兴趣、提高学习热情,从而复习 rain, waves, light, wind, way, sounds, suns, shines 等自然现象,引出 space 这个单词。

第二环节:分两步走:a knowledge quiz 和 a brain-storming。quiz 的形式让学生既紧张又兴奋,一张张激动的脸上写满了跃跃欲试的冲动,高举的手透露出势在必得的自信,此起彼伏的回答达到了学以致用的目的,并为后面的环节储备了足够的资源;问题"What's in/on the earth?"使学生在 brain-storming 的风暴中展开想象的翅膀,翱翔在词汇的蓝天,学生们在七嘴八舌、急不可耐的回答中呈现了大量的词汇,完全达到了设计这个活动的初衷。当学生还沉浸在初露端倪的喜悦中时,我又趁热打铁引领学生回忆了一些大纲中要求的单词如 insects, plains, volcano, oceans, natural resources, mine, continents 等。此举除了可为后续学习打下扎实的基础外,扩大词汇量,也有益于帮助他们降低以后科普材料阅读的难度。

(节选自陈肖青:《学案铺垫 "流行"贯穿"互动生成"》)

综上,本节课虽然科普知识艰涩难懂,但有了学案做铺垫,课前预设更有有针对性;有了流行元素的纳入,课堂预设也更有弹性。加之学生的热情参与,一节参与面广、达成度高的动态课堂水到渠成。

案例之二：巧拓展，促生成

数学是一门严谨的学科，它对逻辑思维能力的培养起着独特的作用。在实际的课堂教学中，学生的表现往往会超出教师预设之外，为此，教师要善于捕捉和利用课堂上的动态生成资源，弹性预设、适度拓展，以促进教学精彩生成。下文以数学学科姚珧老师的具体实践探索为例：

◇ **创设情境，唤醒学生的生活体验**

生成性教学要以学案为基础，但在教学过程中，又不能只按照自己的学案按部就班地进行，要适当拓展。教学不仅仅是一种简单的告诉，教学应该是一种过程的经历，一种体验，一种感悟。教材本身充满了丰富多彩的情境，教师要善于结合学生和教材实际创设情境，唤起学生对生活的体验，使学生有话可说。

例如，在教学"反比例函数"时，因为函数概念抽象，学生对于理论的东西很难接受。所以我设计了一道实际生活问题，手拿一张100元的人民币提问：把它换成50元的人民币，可得几张？换成10元的人民币可得几张？依次换成5元、2元、1元的人民币，各可得几张？换得的张数 y 与面值 x 之间有怎么样的关系呢？因为这样的情境在学生们的认知范围内，他们非常熟悉，因此积极性非常高，利于课堂的互动生成，在此基础上让学生归纳出反比例函数的概念水到渠成。

◇ **多元互动，激活思维碰撞的火花**

我们的学生是一个个鲜活的生命体，他们带着自己的经验、知识、思考、灵感、兴致参与课堂教学，并成为课堂教学不可分割的一部分，从而使课堂教学呈现出丰富性、复杂性和多变性。因此教学的过程应是互动的，是教师与学生、学生与学生、学生与课本之间的互动过程。

如在"圆的周长"的教学中，如果仅仅通过告诉学生圆周率是一个固定值，接下去引出圆周长公式，学生对公式的由来不清楚，势必在后续的公式变形及运用中不熟练。因此，我设计了让学生操作计算圆周率的环节，学生通过动手测量圆的半径、直径，计算圆周率，通过小组合作，互相提问，互相帮助，共同商讨，尝试不同的测量方法，虽然每个小组测量出的数据都不尽相同，但都在3点几左右。在讨论交流过程中，学生大胆发表自己的意见，碰撞出不同的思维火花，相互促进，从而得出圆周率是一个固定值的结论。通过这样的学习，学生印象深刻，为后续学习做了良好的铺垫。

◇ **敏感捕捉，及时发现问题促进生成**

当学生成为课堂的主体之后，每个学生就拥有了独立思考以及提出问题、解决问题的平台。每一个学生就有可能在自己的学习基础上，运用自己的已有经验、认识水平和智慧来形成解决问题的方案。在此过程中，要善于发现并及时捕捉问题。

如在学习一元二次方程时,我设计了这样一个实践活动:首先抛出问题:用28 cm长的细铁丝围成一个正方形,可以围出面积是多少的正方形?学生普遍反应是49。接下去我又问:那么能否围出面积等于30 cm² 的正方形呢?学生通过讨论,引出列方程求解,解出正方形的边长是$\sqrt{30}$ cm。之后我再追问:若将这根28 cm长的细铁丝剪成相同长度的两段做成两个正方形,那么这两个正方形的面积和能否等于30 cm² 呢?学生基本上都认为28 cm分成八条边每条只有3.5 cm,小于$\sqrt{15}$ cm,不能围成正方形。我再提示大家想想看是否有特殊的情况。这时,数学课代表提出了他的想法:只要让两个正方形有一条公共边,那么每个正方形的边长就有4 cm(大于$\sqrt{15}$ cm),就能围出来了。这个方法很简单,我当场就表扬了他,同时让大家把他的方法计算一遍,最后鼓励大家寻找其他围法。

这个事例说明课堂上教师可以有自己新的独特的发现,但更多时候是学生自己有独特的发现,提出意想不到的问题,打破教师预先设定的教学思路。如果我们在数学教学中能经常鼓励学生大胆生疑,深入生疑,引导学生进入自主学习状态,这样的课堂必定会充满活力和魅力。

(节选自姚珧:《巧拓展,促生成》)

综上,以上教学中,执教教师结合具体的教学环境适当拓展,调整预定的教学环节和步骤,开放性地接纳始料未及的信息,或根据执行过程中获得的信息不断修正和改变教学方案,或依据教学现场的实时特点而动态生成新的教学方案,从而达到更为精彩的生成。

案例之三:"弹性预设—互动生成""三步法"之课堂实例探究

在课题引领下,教师的积极性、创造力也得以调动和激活。以我校数学学科龚莉弟老师为例,在参与课题过程中,她善于思、践于行,就对"弹性预设—互动生成"理解方面,龚老师认为:

为突破"刚性预设"的局限性,我认为预设应从原本的注重"技术"转向现代的关注"人文",设计时把更多的时间放在研读教材、研究学生上,预设应遵循"着眼于整体,立足于个体,致力于主体"的原则,适时提供"大问题",把课上各环节设计得"粗糙"些,像"中国画"那样常有大块的"留白",给学生的自我创造留有余地,以达到"弹性预设"与"互动生成"的动态平衡,让"预设"为"生成"奠基。

恰是基于龚老师个人的思考与理解,在课堂教学中,她勇于实践,总结了富有其教学个性的"三步法",具体如下:

第一步:打破教材束缚,根据学生实际学习水平,设计针对性较强的学案。

传统的数学教学都是以教师为主体,以备教材为主,因此在教学过程中教师不可避免地受到教材内容的限制,不能充分考虑学生学习过程的障碍和盲点。学生学习被动,主动性差,缺少对所学知识的感悟和体验,学习盲目性大。《新课程标准》中指出,数学的教学应当围绕学生的发展展开,学生是"学习的主人"。这就要求教师要正确引导和指导,要千方百计调动学生学习的主动性和积极性,激发学生兴趣,让学生成为学习的主人。因此,作为课堂教学基础工程的备课工作(或称教学设计工作),就必须从以备教为主改为教、学结合,以备学为主。于是,学案设计,自然成为教学改革中的一个新课题。……学案遵循学生的学习规律,按照学生的学习全过程设计,将学生的重心前移,充分体现课前、课中、课后的发展和联系,整个教学过程采用以学案为载体的方式,在先学后教的基础上实现教与学的最佳结合。

综上实现了从"刚性预设"到"弹性预设"的第一步。

第二步:通过批改学案,整理学案中暴露的问题,据此调整课堂教学设计。

在《分数的基本性质》这节课的学案中,有这样一个问题:请写出一个介于 $1/6$ 和 $1/7$ 之间的一个分数。由于学生已经学习了分数的基本性质以及约分、通分等知识,学习了分数大小比较的方法,所以在设计这道题时,我们预想学生可能会出现以下的解法:

① 通分扩大法(分母不变)。

② 直接扩大法(分子不变)。

③ 同时部分学生可能会想到第三种方法:折中扩大法。

批改学案之后发现,正如笔者所料,班级中72%分学生通过书本预习之后都只考虑到了第一种,28%学生能想到第二种方法的情况,但是出乎意料的是没有一个孩子想到第三种方法。所以我又重新调整教案,将原先教师按部就班地将三种方法在课堂内以提问学生的方式呈现,改为采用学生小组分别说出自己的想法,然后全班交流的方法,同时做好了各种不同解法(尤其是第三种解法)的引导准备。

正是课前尽可能预计和考虑了学生学习活动的各种可能性,才为课堂生成夯实了基础,由此实现"刚性预设"到"弹性预设"的第二步。

第三步:调整教学策略,精彩预设促进"互动生成",达成教与学的预期目标。

在实际上课的过程中,第一、二种方法大部分小组能提及,但对于第三种方法,只有个别小组能提出来(原来学生对分母是小数的分数还是不太习惯的)。笔者就让学生对他们所提出的方法进行检验,通过检验,学生发现这种方法也是可行的。这时应该说达到了预期的目标,可以完成这一环节了,没想到精彩的还在后面:一位学生提出了将 $1/6$ 和 $1/7$ 的分子分母分别相加,分母 $6+7=13$,分子 $1+1=2$,得到一个新的分数 $2/13$,其大小在 $1/6$ 和 $1/7$ 之间!此言一出,全场愕然!

笔者借此进一步追问这是什么方法,学生说,我看到第三种方法中的 $2/13$ 的分母正好是原来两个分数分母的和,分子2正好是原来两个分数分子的和,所以就想到分子分母相加的办法了。全班同学一起验证,屡试不爽。

方法四不在教师的预设之内,事实上,教师在进行教案设计的时候,已经预知会有部分生成预设不到,这时,弹性预设可以发挥作用,所以教师从心理上做好留白的准备,可以通过组织小组讨论,拓宽教师的预设性生成内容。因此,教师有备而来,顺势而导,才能有真正的"生成"。这种"预设"越充分,生成就越有可能,越有效果。

(节选自龚莉弟:《"弹性预设—互动生成""三步法"之课堂实例探究》)

叶澜教授曾说:"一个真正把人的发展放在关注中心的教学设计,会使师生教学过程创造性的发挥提供时空余地。"为此,我们课前需要以学生为主体,做好充分的"弹性预设",才能在课堂中充分调动学生的主动探索的欲望,才能有十分精彩的生成。因此预设是根,精彩可以预约。

(三)"弹性预设—互动生成"的反思

"弹性预设—互动生成"是个有机整体,贯穿于课堂教学的始末,它承载着教师的素养与技能,彰显着教师的机制与智慧,恩泽着学生的学习与成长。

1. 以"学生为中心",开启"弹性预设—互动生成"之阀门

以"双案"联动为前奏,学生无形中已被教师置于"学习场"的中心,课堂因为学生个体的差异、现场反馈的不同,从学案反馈伊始,学习之旅便不再是教师"刚性预设"下单线式的行进,而是有曲有折、有坎有坷,跌宕起伏;有疑有惑、有惊有喜,思绪难平。教师也不再唯教案、教参至上,从关注知识教授到关注知识习得,从关注学习结果到关注思维启发,"教书"与"育人"并举,师与生和谐共处于课堂这个"生命场",言语的交流、情感的交融、思维的碰撞、团队的合作等预设的"弹性"空间更大,互动的氛围更好,生成的效能更佳!

2. 教学艺术精细化,汇集"弹性预设—互动生成"之细流

课堂教学是个动态的过程,教师要有敏锐的"现场感",将学生的表现视为"灵感源",关注学生的一言一行、一举一动,及时发现、挖掘并利用课堂资源,以期使课堂生动、灵动甚至充满感动。具体言之,对学生在课堂上的奇思妙想,我们老师通常会给予肯定鼓励,促课堂精彩生成。学生的"节外生枝",考验着教师的机智,以我校体育课上学生在长跑课学习中被天上的飞机所吸引,执教教师不仅没有责备,反倒结合"飞机起飞"的姿势联系长跑起跑的动作,不但没有让学生扫兴,反而激发了学生的学习趣味。以此言之,教师教学应富有艺术性,善于关注细节,及时捕捉课堂中的教育契机,方能让课堂预设"弹性"十足,课堂生成巧妙且精彩。

3. 教学行为多样化,助推"弹性预设—互动生成"之高潮

打造动态的课堂,教师不仅需要有以静制动的涵养,更要有"多元互动"的智慧。为此,在

课堂教学中,教师要针对学生的特点,能俯身倾听学生的所思所想,能换位考量学生言行举止,能童心未泯地与之互动,抖个"包袱"刺激其求知欲,卖个"关子"触发其探究欲,搭个"台子"激发其表现欲,寻点"茬子"诱发其辩解欲……继之以师与生一对一、一对多,生与生一对一、组对组,男生PK女生等多样化的合作互动,课堂预设得以充分展开,多样化的互动将课堂生成推向高潮。

五、"双案"联动下的"弹性预设—互动生成"的课堂观察评价研究

(一) 课堂观察表的设计与应用

1. 课堂观察表设计的原则

(1) 原则之一:科学性原则。课堂观察表是进行课堂评价的依据。为此,首先,课堂观察表的各个指标选择要缜密,要能从各个角度有针对性地反映教师课堂教学相关要素,避免疏漏。其次,课堂观察表的设计是基于学校课题研究,是将课题研究外显化的需求。课堂观察表所构建的评价指标体系必须与课题研究要素相契合。最后,课堂观察表的设计还应遵循教与学的规律,能够成为一线教师进行课堂教学规范。

(2) 原则之二:可行性原则。首先,各指标确定要科学规范,简单易行,能够将课题研究要素可视化。其次,指标文字描述要言简意赅,不管是课堂观察者还是被观察者都明晰观察点所在。最后,设立的指标便于观察和评价,能够从分值上直观明了地呈现课堂教学成效。

(3) 原则之三:灵活性原则。课堂观察表的设计要富有弹性,从分值上看,不拘于百分制,单设加分项目;从指标设计看,为确保被观察者能得到客观公正的评价,增设一项特色加分指标,避免指标设置限制观察者的评判。

2. 课堂观察表评价指标的确定

根据上述原则,立足学校实际,结合课题研究点,我们初步拟定了以下评价指标:

- 学案反馈:包括学案是否包含反馈环节、学案如何反馈及学案反馈成效。
- 教学目标:包括教学目标是否清晰、教学目标是否可行。
- 课堂预设:包括预设的依据、落实的路径及预设的成效。
- 课堂互动:包括课堂是否体现"多元互动"的氛围及"多元互动"的成效。
- 课堂资源:包括课堂资源是否丰富、课堂资源是否充分利用及课堂资源能否有效促成课堂生成。
- 课堂评价:包括教师评价的方式、评价的过程及评价的效能。

3. 课堂观察表的标准体系

随后,学校将抽象的评价原则与指标具体化为可操作的课堂观察量表,供教师们研究与反思。这一工具为教研活动提供了证据,也为教师的课堂改进提供了切实的依据。

表14 宝钢新世纪学校"双案"联动下的"弹性预设—互动生成"的课堂观察量表

教师		课题		评价者	
学科		班级		时间	年 月 日 午 第 节
指标权重		评价内容		分值	得分
学案反馈	反馈环节	在课堂教学过程中能及时进行学案反馈及渗透		5	
	反馈方式	能兼顾学生差异，形式多样、灵活反馈		5	
	反馈成效	反馈具有针对性，能有效引导学生学习		5	
教学目标	契合《课标》	在"三维目标"制定上契合《课程标准》的要求		5	
	基于学情	目标具体明确，能基于学案相应调整，符合班级学生学习认知水平		5	
	切实可行	教学目标能关注学生知识习得、方法应用、价值观养成		5	
课堂预设	预设依据	课堂"预设"能基于学情，打破教材束缚，彰显教师教学个性		5	
	落实路径	能针对学生学习之需，灵活应用课堂资源机智地进行预设		5	
	预设成效	课堂预设接近学生"最近发展区"，教师能运用教学机制，促进课堂动态生成		5	
课堂互动	互动方式	能组织开展师生、生生多样化的互动，调动学生学习积极性		5	
	互动氛围	师生、生生能相互尊重、平等交流、合作共享		5	
	互动成效	能兼顾学生参与的广度与深度，鼓励学生多角度思考，能肯定学生个性化的表现，适时引导学困生		10	

续表

指标权重		评价内容	分值	得分
课堂资源	资源开发	资源开发能体现科学性、针对性、趣味性	5	
	资源利用	资源利用要张弛有度，层次清晰	5	
	资源效能	课堂资源能有效地服务于学生的"学"和教师的"教"	5	
课堂评价	评价方式	能通过言语激励、情感调动、赋予分值、物质奖励等多样化的方式及时对学生表现给予评价	5	
	评价过程	能关注学习态度、学习能力、学习兴趣、学习方法、学习水平等反映学生实际的学习状态，关注学生学习的即时表现，有的放矢地予以评价，充分关注学生学习的全过程	10	
	评价效能	学生能体验到学习的趣味，有勇于尝试的愉悦和追求成功的欲望	5	
特色加分			5	
			总分	

4. 课堂观察表的应用

根据宝钢新世纪学校基于"双案"联动的"弹性预设—互动生成"课堂观察表，注重课堂观察的导向，兼顾"教"与"学"，力求教学相长。

• 适度宣传，达成共识

我校课堂观察表基于课题研究所需而制订，其内容指标既与一般的课堂观察表有相同之处，也有其个性化之处。在使用该观察表之前，利用教工会议，向与会教师阐明用意，确保该表的理念得到教师的认同，以便于推广应用。

• 解读指标，明确用途

为确保将该观察表落到实处，我校对教师进行指标解读，明确课堂观察的指向，以确保教师在备课、上课、观课、评课等环节中能有针对性启发教师进行思考与实践。譬如，学案反馈将在哪一环节用何种方式有效落实？如何使教学目标契合学生的认知水平？如何使课堂预设富有弹性？如何充分利用和挖掘课堂资源？如何有效开展多元互动？以此敦促教师始终将学生学情置于首位，将学生学习质量的提升作为目标指向。

- 教学反思,提升自我

为确保该课堂观察表能真正成为诊断课堂教学的手段,我们倡导被观察者在上课之后根据课堂观察表的反馈,适度调整、深度反思,寻找执教不足之处,思考改进教学之方,尝试完善课堂之举,进而发挥课堂观察表鞭策教师返躬自省、提升自我的效能。

(二)课堂观察的反思

课堂教学评价有益于教师改进教学行为,提升课堂教学质量,是实现教学相长的重要手段。反观当下,各种教学评价策略良莠不齐,究其因在于,教师对新课程及教材的理解和把握不到位;只注重外在的、表面的和形式的,追求"形似",却离"神似"越来越远;评价者学科专业和评价能力不够,导致对教师的专业发展评价显得不充分和无效等[1]。为此,在优化我校教学评价策略时,主要从四方面入手:一是立足课堂,设计观察量表,做到评价有据可依;二是督促教师,研究观察量表,确保评价切实可行;三是集聚众力,多方参与评价,力争评价主体多元;四是尊重教师,着眼长远发展,确保评价长效。具体举措阐述如下:

1. 设计观察量表,明确评价细则

为避免教师"盲目评课",我们尝试采用细化课堂观察维度,明晰课堂评价点的方式,制订了《课堂评价量表》,以期为教师有的放矢地听评课提供依据。

2. 研究观察量表,确保评价实效

为确保研究出台的评价量表切实可行,我们分步骤鼓励教师研究量表、实践量表并完善量表,以避免量表的有名无实。具体做法如下:

首先,以学科组为单位,对每个维度进行专题学习研讨。此举既有助于加深教师对各评价维度的认识,又有助于教师在实施中以量表为导向,鞭策自己更新教学理念、转变教学方式、准确理解课程和教材,进而使课堂教学与新课改要求远离"形似",走向"神似"。

其次,教师对教学评价有了一定认识基础后,则步入实践研究阶段。每次研修活动,学科组首先按照某一维度评价观测点,设立主题,确定课堂实践者,并围绕各观测点布置相关听评课任务。如此一来,发挥教师主体作用,强调评价信息的相互、广泛沟通,既有利于教师更聚焦评价指标的评价指向,也有利于更深入细致地开展研究。

最后,在各维度的单项研究取得一定的成效后,即进入整合推进阶段。这种分层递进式的实践研究,既利于教师加深对课堂教学评价的理解,又有助于提升其课程实施能力、优化课堂教学方法。

3. 多方参与评价,评价主体多元

传统的课堂教学评价主体比较单一化和直线化,导致评价缺乏民主性和全面性。因此,评价主体应当从"单一化"走向"多元化",这是课堂教学评价改革的必经之路。我校课堂教学评

---

[1] 张民选编著,教师专业发展策略译从:教师的专业发展评价[M].北京:中国轻工业出版社,2007.

价的主体具有一定广泛性，既包括同行、学校领导、学生、家长，还包含了教师自己。主体的多元化，既确保对教师的评价更为客观、全面和公正，又能增进评价者与被评价者之间的沟通与了解，更好地促进被评价者的自我反思、自我发展。具体言之：

其一，同行的专业评价。所谓同行的专业评价，实指"由从事该领域或接近该领域的专家来评定一项工作的学术水平或重要性的一种机制"。我们坚持"从业余的思维走向专业的思维"，摒弃那种"无需知识基础"、谁都可以评价的"随意点评的做法"。我校在实践过程中，主要依托我区学科教研员、学科名师或本校其他老师对某教师的教学做出评定。这种评定的优势在于参与评定的教师相互之间比较了解，对本学科的教学目标、意图、内容、方法等以及师生的具体情况比较熟悉。同行评价最具权威，也最能提出中肯的意见，因此，做出的评定比较符合实际，更利于教师之间的相互学习、相互交流。我们具体采取教案诊断和课堂听课两种形式进行。评价过程中，除了外聘专家，本校教师主要围绕我校的课堂观察量表中的几个维度开展研讨评价，并在现场观察的基础上，按相关维度下的各观测点对教师课堂教学进行评分。

其二，学生的主体评价。学生评价是一种比较民主的形式，我们主要有问卷调查与师生座谈两种形式，它主要是通过考察学生对教师教学的意见，来评定教师的教学态度、教学技巧、表达能力、教学组织能力以及沟通与协调师生关系的能力。这种评价在一定程度上能够为教师教学的改进提供一定的反馈意见，当然有时也与实际情况有一定出入。其中"问卷调查"依据科学实证研究，我们用数据统计较为真实地反馈学情；"师生座谈"以师生面对面的形式，双方真诚沟通，察其色、听其言、观其行，多角度、全方位反馈，确保了"学生评教"的表里如一。但其中也暴露了一定的问题，如"学生评教"方式中"随意询问"一环虽然不乏听取学生反馈建议之意，但从提问的针对性、"评教"的科学性、反馈的实效性等方面略显牵强，对此，我们正予以改进。

其三，教师的自评反思。教师对自身的教学活动进行评定，这也是教学评定的主要途径。教师自评体现了对教师的尊重和信任，有助于增强教师的主人翁意识，鼓励教师积极参与评价过程，提高教师评价的有效性和可靠度，使评价成为教师自我诊断、自我改进、自我教育的过程。我校教师的自评反思一般通过四种方式进行：一是在校本研修活动中教师根据别人对自己的评价来评价自己；二是以同课异构形式，通过与他人的比较来评价自己；三是以案例反思的撰写，进行自我分析、自我反思来评价自己；四是按照学校规定，教师在授课之后必须在教案中补充课堂教学反思。总体言之，教师能够做到客观地评价和分析自己的工作，并做出改进和完善的决策。

其四，学校领导的评价。它是一种自上而下的评价，一般指由校长或学校领导班子实施的评价。主要由学校领导通过听课、检查教案和学生的学习作业、召开师生座谈会等形式了解教师的教学质量并做出评定。领导在评定过程中，首先要遵循一个原则，即评价要实事求是、公正、公平，不能凭主观印象，否则将会打击教师教学的积极性，影响教学质量的提高。二是要具备一定的学科专业背景，即评价要具备相应的本学科素养，对教材的解读、课程校本化的实施与开发等要有扎实的理论功底、实践经验和学科指导能力，这样才能使教师真正地信服，真正树立领导评价的威信,起到正确的导向和激励作用,助推课堂教学改革的进程。

其五,相关专家的评价。名师和教研员作为学科领域的专家和引领者,具有很强的学科专业指导力和权威性,教师一般都愿意接受他们的评价和指导,为此我们将其评价作为学校教师课堂教学评价中的一种补充方式,通过不定期聘请区教研员和学科领域内的一些知名的专家到学校听课,对教师的教学进行诊断性评价,帮助教师发现问题,改进课堂教育教学的方式,提高课堂教学的质量。由于专家的评价一般比较客观和专业,往往能开阔教师视野,更准确地对教师的教学作出判断。几年来的实践证明,专家的评价有助于校内教师更准确地理解《新课程标准》,更精确地解读和把握教材,不断提升课程的实施能力,有助于教师新教学风格的锤炼。

4. 尊重教师发展,确保评价长效

教育部中学校长培训中心代蕊华主任认为,现代教师的评价要注重全面性,要注重将教师过去的表现、现在的表现以及未来发展相结合,关注教师专业的成长与发展;对于不同阶段的教师,要求也有所不同;要注重教师的差异性,整齐划一的评价,会使教师丧失个性化的教学特色。关注教师课堂教学评价利在当下,只有着眼教师专业发展,才能确保评价的长效。为此,我们从两方面入手,尊重教师主体,切实服务教师专业发展,建立评价的长效机制。

其一,建立教师成长档案袋。①注重对教师个人发展规划的制订,并在成长过程中不断提出新的目标。②注重对教师课堂教学相关能力的反思与修正的显性记载,如对教材的解读能力、教学目标的准确性与落实效果、学生学法指导的关注、教学方法艺术的提升、学科能力培养效果、听课评课的参与能力提升等。③教师自身教学特色凝练——教学主张的形成发展情况。④记录个人教学水平的代表性作品和成果。⑤教师领衔的研究项目成果。⑥教师所任教班级学科教学成绩的进步情况。⑦对专家讲座的自我反思等。

其二,关注教师专业发展需求。教师专业发展最终取决于教师自身,我们应激活教师自我成长的内在动力。①在实践中内心感知差距,树立专业发展意识。例如:为从内心激发小学数学教师专业成长的需求,以教材中"数学广场"内容教学为载体,在实践中注重对教师教材解读能力、课堂实施能力以及对学生数学素养培养的价值等,开展相关的教育教学学术评价,让教师从内心深处感知存在的教学问题及与课改要求的差距,并不断通过实践中的激励性评价及时肯定,让教师逐渐产生自我专业成长的需求。②在自我反思中感知问题,把握专业成长的方向。在课程改革的教学实践过程中,结合课改教学理念,在课堂实践后及时进行自我反思,能及时发现教学过程中存在的问题与不足,并在今后的实践中加以整改与解决,不断提高教师的反思意识和能力,更新教师的教学理念,提高自身的专业发展水平。唯此,教师保持一种积极探究的心态,重新审视自己的教育教学行为,重新审视自己原来的教育观念,随时把握自己专业发展的方向。

总之,基于学校发展所需,立足课堂量表观察,将教师评价既植根当下课堂教学,又着眼专业长远发展,是我校谋求课堂教学转型,走向"新优质"发展之路的有益尝试。

第五章

唤醒：教师专业发展的内生力

第一节　问题：学校变革下教师专业发展的挑战

学校变革需要充分调动教师的参与度，激发活力，在校长及学校领导小组的统筹下，每一位教师在学科建设、课堂教学、学生管理等方面发挥主观能动性。

一、调动参与：赋予教师学科领导的权利

学校在学科建设中的教师赋权主要是通过教师日常工作充分发挥教师的学科领导力实现，也可以安排教师一定的任务或者岗位发挥学科领导力。通过赋权让教师参与学校学科工作，调动教师参与学校学科建设的调研、决策、评估等重大活动；让教师对学校学科发展的现状等发表意见；让教师参与影响学校课程组织文化的培育，认同学校主流文化；学校提供必要的、人力资源与物质资源，让教师掌握丰富的课程资源。教师在组织文化中有着广泛、深刻的影响，对学校的学科建设的思维方式、行为方式和学科建设环境有着重要影响力。学校要通过授权使教师能够自主能动地根据具体学科建设与学发展情境处理学科工作。在赋予教师学科领导的权利时，要关注对教师学科课程教学的诉求尊重。忽视教师的学科发展权利与学科领导力，简单否定不同成员、团队的学科的工作诉求，会引发教师对学校中学科领导力分布的冲突。赋予教师参与领导的机会，使他们在学科工作上有机会充分讨论。为教师参与学校课程领导创设合理机制，让教师在课程决策事务中发挥积极作用。

二、目标展望：教师参与学科发展愿景的确立

教师学科领导力是需要以愿景来激励的。学科建设愿景的产生实际上源于对学校未来的学科发展进行预测和计划。在第一线从事学科课程教学的教师对学科建设的变化更加敏感与了解，让他们参与学科发展规划，可使他们获得尊重感，会引发他们参与学科建设目标的积极性。学科建设愿景要产生令人鼓舞的激励作用，必须让教师深度参与学校学科建设愿景的确立，在这个过程中教师获得对学科建设愿景产生的深度体验以及深刻理解，从而激发出实现学科建设愿景的热情与责任感。教师经历参与学科建设愿景确立的过程，会对学校现有学科建设获得更多的了解，把握学校学科建设发展趋势，从而使自己的学科工作更好地与学校整体学科建设同向发展。学校学科建设愿景的确立与实现过程成为教师付出心血与智慧的过程，会让他们有主人公的感觉。这不仅增强了教师课程决策能力，也会提升他们学科建设实施的主动性。

三、组织保证：教师参加课程领导的团队

最理想的学科建设是学校中的每一个教师都是一个优秀的课程领导者。温格 Wenger（1998）认为，个体从实践团队中获得对自身工作的理解，并在团队中将他们的认识付诸实践。团队的成员对他们的工作有着共同的认识，个体成员通过一个学习的过程被吸纳到团队当中，

从而跨进团队的门槛。团队决定工作任务,而这些任务的集合便构成了团队的实践。温格还认为,"实践团队是组织个体学习的资源,同时是个体证明自己的地方,个体参与其中,共同进行团队学习,这就是参与的认同"。学校要通过组建各种形式的学科团队,让教师参与课程领导,例如,鼓励教师参加校内非行政性的学科组织,发挥其才能,也可以鼓励与创造条件,让教师参加校外的市、区的各种专业学术团体,以多种身份参与,发挥这些教师的学科领导力。学校可以创建一些教师学科团队来更好地发挥其学科领导力功能,例如教学团队、课程发展团队、学校管理团队和学科项目团队。通过组建这些团队使教师的归属感增强,有利于发挥他们的学科领导力,教师能够从中体验到自治的感觉以至于能够自由地探索学科问题,从而把决策权分布到教师之中。

四、环境支持:营造结构性组织支持系统

教师学科领导力,除了教师本身要具备强烈的学科发展意识和主动行为外,还必须有外部支持,营造支持性环境。学校必须创设"支持性环境"激励教师尽可能地增强教师学科领导力。自主、主动地发挥学科领导力的环境,是一种民主、平等,鼓励教师创造性地从事学科工作的环境。阿伦德(R. Arends)认为,校长的"支持性行为"的构成要素包括:①利用一切机会,向教师说明教育革新的目的、活动、功能,使教师认识这种革新是值得努力的;②促进教育革新的组织——明确角色关系;③排除来自校内外的反对舆论,为教育革新辩护;④致力于推进教育革新的资源(时间、空间、资金、地位等)的整合和提供。通过营造结构性的支持系统,使教师有可能在这一平台上开发和提高他们的领导力。最佳的支持来自学校全体教师的支持,包括教师领导者。教师间的经验共享、对同事的帮助、参与同事的工作、加入新项目等都是教师外部环境。教师领导力的强弱与相互合作程度有关。校长的支持也十分重要,不仅要为教师提供必要的条件,让教师感到资源充足、支持力量雄厚,更要给予软性的支持,赋予教师课程领导的权利。信任教师是激发教师学科领导力的关键。学校领导者要高屋建瓴,深刻领会并树立教师学科领导力的理念,为教师营造宽松的工作环境和行为空间。

五、智力支持:教师提升课程领导的能力

学校学科建设的领导是一种专业主导型领导,因此,教师专业发展就显得很重要。教师学科领导力的基础就是专业知识掌握与教学能力。这包括两个方面,一是教师的学科素养,包括学科知识和技能的发展、课程的知识掌握与教学能力,强调把提供给教师实践的机会作为给予教师知识和技能的途径;二是教师的学科领导力素养,包括教师学科领导力的主体素养与对领导力客体的把握;三是教师的人格素养,教师要具有良好的道德与人格,更积极的态度和健康的信念。要为教师发展提供多元内容、多种途径。教师学科领导力的发展可以通过专业培训,提高知识储备;通过具体的学科课程教学实践获得能力与经验的积累。同时,教师学科领导力发展也需要支持性的智力环境,组成一个学习型的团队,以学习作为教师发展的方式,以学习

作为教师工作的方式。要为教师提高上述三方面素养的智力支持,创造学习环境,打造学习型团队,提升教师学科领导所需要的新能力,让教师通过学科领导力实践学习、反思性领导实践来提升自己的学科领导能力。

第二节 价值:做有信念的教育研究者与行动者

一、教育研究者:形成凝聚个人信念的"教学主张"

(一)何为凝聚教师个人信念的"教学主张"

"主张"一般认为是"对于如何行动持有某种见解"或"对于如何行动所持有的见解"。"主张"是一种认识和理解,也指向行动,对如何开展行动具有鲜明的指向作用。"主张"作为一种认识,与产生这种认识的具体的特定主体紧密联系在一起。

"教学主张"是指教师在个人的教学实践基础上产生的,蕴涵着教师的教学思想、信念等在内的,对教学提出明确实践方向与形式的的见解与认识。教学主张是以一定的教学理论与学习理论为指导,对教学的一种个性化的、独特的、稳定的并指向行动的见解。"教学主张"也是教师个人对教学实践经验的理性升华和概括化的认识。

"教学主张"有着丰富的内涵:

1. "教学主张"是一种理想追求

"教学主张"熔铸了教师个人的理想、信念、情感和意志,表达了教师对教学的真切希望和诉求。"教学主张"是教师对什么是"好教学"的追求。它始终把教学的公平、公正和有效作为追求目标。美国教育哲学家奈勒说:"那些不应用哲学思考问题的教育工作者必然是肤浅的。一个肤浅的教育工作者,可能是好的教育工作者,也可能是坏的教育工作者——但是好也好得有限,而坏则每况愈下。"教学主张是教师对所任教学科的教学做出价值判断,什么样的学科教学是合理的、科学的。教师从自己内心的渴望和经验建构的角度思考自己的教学主张。

2. "教学主张"是一种理性认识

教师的"教学主张"是其教学思想的行动化的简要表述,来源于自己对教学的认识与价值判断。"教学主张"植根于教学思想,是教学理念的聚焦。教师不管自觉还是不自觉,都客观存在着自己对教学的思想,即想法、认识等。教师形成明确的"教学主张"的过程,是一个对自己所积累的教学实践的反思与经验聚焦,把核心的想法概括为简单明了的概念化的主张的过程。教学主张具有理论色彩,但它不是空泛的语词和抽象的概念堆砌,而是在实践中产生又有待进一步实践和提升的个人知识,紧密关联着教学理论与教学实践行为,具有活跃的行动色彩和实践张力。

3. "教学主张"基于规律,具有学科特质

"教学主张"源于对学科及其特质的把握。教师的教学其实是学科教学,既要遵循教学的一般规律,也要遵循学科教学的特殊规律。不同的学科有着自己的学科特质,数学就是数学,体育就是体育。教师对不同学科的"教学主张"必须基于对自己任教学科的深刻理解与丰富经验,对所任教的学科特质有比较深的把握,避免空话、套话,基于学科,超越学科,又回到学科。

4. "教学主张"是理论与实践的高度概括

"教学主张"是一种双向建构,连接着理论与实践。"教学主张"以一定的教学理论与学科教学理论为指导,有着教学理论基础。例如,"英语'四语'教学"这个教学主张的命题是"在一定的英语语境下,增加英语语量,积累英语语感,发展学生语用能力"。语境、语量、语感、语用这四个概念都是英语语言学的概念,具有学科特质的理论色彩,同时又表述了如何操作"四语",具有明显的操作特点。这一教学主张体现了理论与实践的高度概括。

5. "教学主张"注重实际性,可操作性

"教学主张"必须有实践导向,具有操作性、可行性,否则就会成为理论认识或者教学口号。"教学主张"来自实践,是对教学行动反思的产物概括;指向实践,以确信的理念引领教学实践;具可操作性,可转化为实践智慧。"教学主张"是指向行动的,是为行动服务的,唯有行动的改进才是它真正价值的体现。

6. "教学主张"是个性化的,表现出独到的见解

"教学主张"属于教师的个人知识,是教师在丰富变幻的教学情境中运用自己的教学体验对教学知识和经验的个性化解释、判断和理解,展现了教师个体独特的认知方式、表达方式,体现教师作为教学知识的建构者和发展者的专业身份。"教学主张"是在理论与实践的基础上提出的关于学科教学的自己见解,体现一定的独立见解,内在地包含着教学行动。"教学主张"在目前不能过多地强调创新,这不适合教师整体状况。切忌为了"创新"而搞成不符合教学规律的标新立异。对学科教学持有相同的主张是可能的,也是允许的。当然,由于学校不同、班级不同、学生不同,在实现即时相同的"教学主张"时,其教学内容与方法等也应该注意其不同。

7. "教学主张"具有普遍的意义和价值

"教学主张"具有一定的普适性,这是教学遵循教学规律的必然结果。只有普遍意义的教学主张才持有其生命力。"教学主张"的普遍意义在于其他教师也可以借鉴,根据借鉴者自己特定的条件,灵活运用这个教学主张所蕴含的理论与经验。

8. "教学主张"是一个完整的体系

"教学主张"尽管是一句简单明了的话语教学表述,但是它有着自己的概念、命题体系,也有着其教学理论的基础与操作体系所形成的教学主张的框架结构,也是对自己的教学的整体的意义建构。"教学主张"不是教师对自己教学的碎片化的陈述,而应该是系统的个人的思考结果,是一个完整的关于教师自己教学的表述,具有相对的要素、建构与功能的稳定性。

9. "教学主张"具有生成性

教学主张是"活"的思想,是在教师切身的教学行动中产生的,随着教学情境的变化而变化,并指导着这种丰富性的变化。这一动态的变化的教学现实决定了教学主张是开放的、未完成的、有待进一步生成的。与一般性的教学基本理论不同,教学主张拒绝"固化"和"僵化"的思维方式,它始终以一种灵动的、智慧的姿态应对着教学实践中新的变化和新的要求,对复杂的教学现象进行与时俱进的深刻洞察和真理把握,从而保持教学活动不竭的生机与活力。

10. "教学主张"具有价值性

"教学主张"是教师对什么是"好教育"的价值性问询。一个有着自己的教学追求、拥有教学主张的教师,对于教育现象,必然无法采取一种客观的态度,不可能不持有赞成或反对、选择或排斥、赞美或谴责的态度。所有这些态度都涉及教学的价值判断,并据此产生自己对教学的看法和主张。可见,"教学主张"虽然是个人的,但它不是一种与价值无涉的自我表达。教师首先要对自己"教学主张"的提出原因做出判断,其次对"教学主张"是否符合教学规律、是否合理等做出价值判断,第三要对如何实施即操作方式做出价值判断,以便教学主张的实现。"教学"主张的价值性引领和保证教学活动的正确方向,促进教学实践的突破,使教学实践成为一种价值指导的实践。

（二）"教学主张"对教师专业发展的影响

教师的学科领导力来源于教师本身的学科影响力。"教学主张"是教师思想与实践的产物,具有科学性与实践性的"教学主张"是教师成熟的标志。"教学主张"的形成是教师"教育自觉"的关键性标志,也是教师学科领导力的重要支撑。

教师领导力的关键在于教师对他人与群体的影响力。这个影响力主要体现在两个方面:一是教育思想的影响力,二是教学实践的引领力。"教学主张"正是在这两方面发挥了积极的作用。

1. "教学主张"的教学思想影响力

教育是灵魂的事业,思想是教师的灵魂。教师最需要的是思想。我国的孔子、朱熹,西方的苏格拉底、卢梭、康德、杜威,他们之所以成为世代公认的教育家,正因为他们有自己独特的教育思想。现今的教育最不应该缺失什么？不应该忽视规律、缺失思考。我们教育工作者需要什么？独立思考。子曰:"学而不思则罔;思而不学则殆。"深刻的思想是人富有生命活力的表现,蕴含着深刻与永恒的精神。正如一位从小学教师队伍中走出来的儿童教育家成尚荣所说:"我不敢说自己是一个思想者,但我觉得,即便是小学教师,也应该有自己的思想和教育主张,那么,我就可以大言不惭地说,我是一个思想者。"的确,"教学主张"对于教师发展有着重要价值。

笛卡尔有名言云:我思故我在。教师有了自己的教学思想,才能体现在自己的教学中。

教师的"教学主张"在很大程度上反映了教师对自己教学的思考,表征其思想力。不思考自己的教学,缺乏教学思想,意味着教师自我缺失,在教学过程中难以有心灵的沟通,就不存在真正意义上的教学。教师通过形成与实施自己的教学主张,在与其他教师的教学交流中,在教师群体活动中积极发挥教师的教学思想的影响力,方可在学科活动与学科建设上参与决策、推动实施,发挥教师领导的作用。

2. "教学主张"的教学实践引领力

实现教学主张是教师专业成长的重要路径。有什么样的教学主张,就会有什么样的教学实践。通过"教学主张"的形成与落实,教师的教学自觉增强,在教学主张的引领下,不断改进自己的学科教学,验证自己教学主张的合理性,也不断充实自己教学主张的经验。"教学主张"的落实也是教师专业成长的基本动力。一个有影响力的老师,应该有自己的教学主张,并且致力于实现自己的教学主张。在这个教学主张的实践过程中,教师对同伴与教师群体的教学与学科发展产生影响。

教学并不是单纯的公共性教学理论知识的简单应用,而是教师调动自己的知识和经验,对教学进行的判断、改造、选择和创造的过程。在这个过程中,教师不断地反思自己教学活动的合理性,促进个人"见解"向教学"真理"发展,以教学实践来提高自身的理论品质,进一步建构出适合于自身教学实践提升的教学主张。这些为不同教师所提供出来的教学主张,虽然具有很强的个人特色和主观性,但是,一旦这些教学主张经过逻辑符号的进一步转化和交流,还可以在不同程度上为其他教师所确信,成为教师群体共享的教学资源,从而为具有公共性的教学理论生产提供丰盈多样的智慧资源。

"教学主张"可促进经验型教师向智慧型教师转化。教师专业发展的主要目的"并不在于外在的、技术性知识的获取,而是在于通过这种或那种形式的反思,促使教师对于自己、自己的专业活动直至相关的物、事有更为深入的理解,发现其中的意义"。"教学主张"打开了教师专业发展的心智之门,把教师从一般性的技术成长和教学习俗的规训中解放出来,将教师专业素养中的教师主体性和教师的成熟理性有机结合在一起,唤醒了教师的内在精神,突出了教师个人知识的价值,凸显了教师个人的实践和思考对于教学理论的选择、应用和创造作用,能够推动教师对自己日常教学活动进行深入感受、自我反思、批判创新,超越现有理论和固有经验的限制和束缚,不断拓展专业发展的宽度和深度,从而达到理智的澄明。正是在这个过程中,教师才能真正获得专业的自主权,并发挥教师领导力。

(三)"教学主张"的确立与表述

1. "教学主张"的确立

教师的教学主张的确立的操作要点如下:

(1)注重学科规律性。教师的教学主张的确定首先要符合本学科的规律,具有学科的特质,不能以一般的教学概念掩盖本学科的特征。例如,本校陆颖丹老师提出"多靶点递进式实施浸润式英语交际能力培养",抓住英语教学的核心目标——交际能力的培养,并有明确的实施路径,"浸润式"也符合教与学的基本规律。

(2) 注重校本性。教师的教学主张是要在本校落实的,因此要适合本校学生的实际,特别是在操作设计上要充分考虑学校的条件。

(3) 注重实践操作性。教学主张是要实践的,不是为了提一个主张而主张,因此"教学主张"要注重实践操作的可行性。

(4) 关注教师自身的专业基础。教学主张是对自己教学的理论化概括,是基于教师自身专业基础的产物。因此确立教学主张时要充分考虑到自身专业背景。

(5) 注重教师自身的经验思考。教师提出的教学主张应该是在自身的教学经历中感悟的经验基础上,形成概括化的教学主张。教师自身的教学经验对于落实教学主张有着重要的作用。

(6) 注重学科教学的年龄特征。教学中有着不同学科教学,同一学科教学中也有着不同学段的教学。低年级、中年级与高年级在学科教学中不仅学科内容不同,也需要采取不同的教学形式。例如本校尹老师的"启蒙英语教学中的语音教学",强调了低年级初始阶段启蒙英语教学中突出语音训练。

(7) 注重从问题出发来探索。教学主张应该从问题开始,有问题才会有研究的价值,才会有发展的空间。教学主张必须把研究学生、研究学生学习放在核心地位。只有从学生发展中的问题出发,才能在解决问题的过程中促进学生发展。

2. "教学主张"的表述

教学主张是教师的教学框架,它的表述是很重要的。通过教学主张的表述,教师进一步梳理自己的教学,凸显重要的部分,明晰自己的教学,同时也在表述过程中反思自己的教学,优化自己的学科教学。教师在教学主张表述时在内容上有四个方面:

(1) 教学主张首先要有明确的关于教学的主张。提出的教学主张都有一个主题,以陈述句的形式表示。教学主张主题要明确,例如,小学科学学科教师提出"小学科学教学的生活化",物理教师提出"让生活素材与科学知识在课堂中串联",初中数学教师提出"简约数学"。也有教师的教学主张的主题涉及面较小,只是学科中一定内容或者一定阶段的教学。例如,"有效提高英语词汇的复现""语文教学中的美育"这些主题是教师对学科中特定教学内容提出教学主张。再如"以三维目标为基础的故事教学""设疑思维数学"这些教学主张是针对学科教学法提出的。总之,教学主张的主题要科学,明确地表述自己的学科教学见解,表述要简要。

(2) 教学主张要有主题的内涵。要对教学主张的主题做出合理的阐述,具体说明这个教学主张的是什么,即对教学主张涉及的概念做界定,并对整个教学主张下定义。例如,"情趣语文"这个教学主张,教师做了"以变引趣,促进理解;以情生趣,促进创新;以问激趣,促进探究;以读品趣,促进审美"的阐述。这个阐述对"情趣语文"下了操作上的定义,从而为教学主张具有可操作性奠定基础。

(3) 教学主张要进一步阐述立论。这是指对教学主张的科学性、合理性作出阐述。教学主张的科学性表明是否符合该学科教学的规律,是否符合学科知识技能的正确性。教学主张的合理性是指教学主张是否具有理论基础,从学科教学理论上给予论证。也可以从现有的经验或者实效来证明教学主张是否可行。教学主张的论述要关注两个方面:一是教学主张所指内容的是否正确;二是教学主张的事实方式是否合理,内容与方法是否匹配。

(4) 教学主张实现的举措。教学主张如何实现,即落实教学主张的路径必须进行阐述。例如,"提高英语词汇复习的有效性"这个教学主张阐述的实施举措是四个方面,"预设任务,自主归类;游戏辅助,激情引趣;语境操练,强化功能;拓展思维,学以致用"。教学主张不能以一般化或者套话式的举措来充塞。要针对落实教学主张提出相关举措,突出重点。

在表述教学主张时要注意以下几点:

1. 教学主张的完整性,即教学主张的四大部分要建立内在联系。在确定教学主张的主题之后,要对主题做出定义、阐述内涵,这是第一个关联。教学主张的表述中要对立论做阐述,解释为什么这个主题的命题是正确的,这是第二个关联。教学主张的举措要针对教学主张的落实,不能偏离主题,这是第三个关联。因此教学主张的表述要一环扣住一环。

2. 教学主张的反思性。教学主张的提出建立在对长期教学的反思基础上,在有效的教学反思中确立教学主张的主题。许多教师正是由于没有能够在反思中通过语言呈现出自己的教学经验,澄清认识,才失去了收获教学主张的可能。在教学主张形成的过程中,教师必须努力提高教学反思的水平和语言转化能力,通过描述、对话、批判等方式,把握教学的"原始性素材",展示教学经验的生存品质,对教学进行意义的重构(即为何而教、如何教),使教学反思蕴含的教学完善和提升的功能,为教学主张的建构提供必要的思维基础和语言条件。

3. 用课题来凝练、提升教学主张。教学主张的常以课题的方式表述。课题最具凝练性,关注发展方向与重点内容的表达。把自己的教学主张形成课题来实施,既是对教学主张的进一步确认,又是在研究中对其提炼、提升,使之更准确、更清晰,通过研究去完善它、发展它。通过类似课题设计的方法可以发现自己主张的偏颇与缺陷,因而可以做进一步的修整、调整,完善教学主张。

(四)"教学主张"的实践

我们在"教学主张"落实过程中进行了归纳,形成了"教学主张"实践中要注意的7个要点:

(1) 教学主张的实践是一个长期过程。这个践行需要花时间,呈现一个长期的、渐进的刻苦磨炼过程。这个过程也是一个不断探索的过程,而非有现成答案、可以轻松实现的过程。

(2) 关注教学主张的发展阶段特征。教学主张的实践首先需要梳理自己的经验,依据经验践行,然后从经验走向把握教学主张的核心内容,并逐步揭示与验证教学主张,向教学主张的理论建构发展与提升。因此教师在教学主张的践行过程中不能只是技术层面上操作,而应该对自己的教学主张作理性思考,从理论上进行考量。

(3) 合作中发挥教研组的学科领导力。教学主张的确立与实施不仅需要教师自己的努力,还需要教研组提供良好的实现环境。这就要求教研组发挥其领导力,对教师教学主张的践行进行引领,营造积极的开展教学主张践行的教研氛围,开展合作,展开讨论,共享成果。

(4) 引导教师增强教学主张意识。教师不可避免地有着各自教学习惯与教学思维定式,在教学主张的落实过程中,常会表现出旧的习惯势力影响,而新确立的教学主张常会忘记,或者教学主张意识不强。因此,引导教师时时以教学主张引领自己教学是十分重要的。教师上好每一堂课是学科特色建设的基础与表现,也是教师学科领导力的表现,教师在教学中的决策力、引导力、教学资源运用能力等为落实教学主张服务。

(5) 组织教师开展教学主张的实践活动。我们在开展教学主张的实施中,组织了三轮全校范围的教学实践活动。第一轮是在教师确定了教学主张后,开展诊断性教学与评估。教师依据自己的教学主张进行教学设计,并组织教学活动。教研组的同事以及专家一起听课,对照教学主张评课。通过评课,给出教师在落实教学主张的教学上哪些是做得好的,哪些要改进,提出落实教学主张的建议。第二轮教学主张实践,是指在诊断性教学与评估后,教师进行了一段时间的改进之后,再次进行一次改进性教学与评估。以评估教师在实现教学主张上已经取得哪些改进,改进的程度与性质。特别是改进的性质,要引领教师在教学主张的落实中要抓住关键的地方进行改进,不要过分关注极小的问题而忽略主要问题。这是上课教师与听课者都要注意的。第三轮教学主张实践,是指教学主张落实性教学与评估。在经过一段时间的教学主张的践行,教师的持续不断的改进之后,对是否已经落实教学主张做出评估。

(6) 教学主张的实践的逐步展开。教学主张在实施之初,教师们大都缺乏经验。因此学校在开展教学主张这项工作时要采取部分先行,以期取得经验,再逐步推开,有序推进。我们先从初中、小学各学科组确定教学主张研究人员,对上述人员进行"如何上好教学主张实践研究课"培训,组织实践研究课,排出上课时间表让教师一起听课。每一节课后安排教研组活动,环绕教学主张的落实这个主题结合实践研究课进行讨论以及培训辅导。通过总结,积累初步经验,组织全校性汇报(即阶段成果汇报),请几位教师上汇报课,并组织经验交流发言,然后再组织全校各教研组全体教师开展教学主张的实践活动。

(7) 组织教师开展案例研究,写好教学案例。这是对教学主张落实的总结,以教学案例呈现成果。通过案例研究促进教师对自己教学主张的确立与实施进行反思、总结,并形成研究性的教案。这是获取教学主张实现的经验的重要条件与路径。一节课是每节课的代表,以一节课做典型,写出教学主张的落实经验。

二、教育行动者：依托"教学主张"的教育实践及典型案例

（一）案例一："教学主张"，助我成长

基于学校分布式领导，以锻造教师个性，提升教师领导力为宗旨，学校倡导教师人人投入提炼"教学主张"的实践研究中。基于此，我积极投入历史学科备课组，发挥个人专业所长，汲取同学科老教师的经验，通过共同探寻"教学主张"落脚点、主动开设"教学主张"实践课、乐于分享研究心得，与老师们群策群力，既实现了个人专业发展，又共同助推了学校变革。

一、"教学主张"的提炼——在团队中汲取智慧

"教学主张"是教师主体对于如何开展教学行动所持有的见解和观点。提炼"教学主张"是助推教师谋求专业发展的内驱力，将引导教师教学行为的改善。提炼"教学主张"的过程，并非停留于浅表的平面延展，而是深入学科内核的纵深挖掘。

基于分布式领导，学校提出"教师人人有教学主张，教师人人成为学科领导者"，并邀请华师大、普教所相关学者专家为全体教师开设系列讲座。聆听专家的专业点拨，我们初步感知了"教学主张"对教师专业发展的重要意义。随之，在开展的学习体会交流中，大家从学科发展角度，分享各自对"教学主张"的认识。鉴于政、史、地三门学科同属一个教研组，为便于进一步提炼"教学主张"，相关研讨则在各自备课组落实。

我们历史学科备课组共有三位教师，其中，一名高级教师，且有执教高中历史的经历；一名区学科中心组成员，有丰富的教学经验；我则具有华东师范大学历史系硕士研究生学历，有扎实的学科背景。在提炼"教学主张"之初，基于各自对历史教学的认知及对彼此教学风格的了解，我们直言不讳、共同探寻"教学主张"的突破点之所在。就我个人而言，两位老教师认为我学科知识储备相对丰富，可以从历史学科教学的价值角度来提炼"教学主张"，而我也觉得自己比较擅长宏观把握初中历史教材，就此明确了研究方向。

在资料查询过程中，我们先"分"后"总"。即，先"分头行动"认真阅读《课程标准》，查阅《中学历史教学参考》等期刊，利用中知网搜索等途径搜集与各自"教学主张"相关的资料。后"汇总交流"，既分享对各自"教学主张"的所思所想，相互启发，又关注其他两位教师的研究进展，出谋划策。置身其中，我发挥自己的研究优势，帮助两位教师鉴别所搜集材料的价值；两位教师则凭借丰富的教学经验，判断我的"教学主张"是否可行。

受益于备课组的智慧共享，我认识到，应从意识上淡化初中历史学科的副科地位，重视其培养现代公民的功能；多举措丰富教材文本，既要让逝去的历史有血有肉，还要适时关注

当下,将历史与时代发展接轨,让学生学到的不是干瘪的历史史实,而是以历史的眼光思考世界的智慧。于是,我的"教学主张"定位为:"'品'历史 念当下 长智慧"。随之,我从提出的背景、"主张"本身的阐释、实施路径及意义价值所在等方面将之撰写成文。

二、"教学主张"的落实——在实践中发挥引领力

"教学主张"只有植根课堂,才能焕发活力。为此,我自告奋勇为全校教师开设第一节"教学主张"实践课。

为体现"主张",在唐代"长安城"一课中,我做了如下设计:借助多媒体,展示长安城3D图片,调动学生感官,领略长安城布局之工整;比对唐代长安城与现代西安城市规划图的异同,使学生认识到二者的历史因袭;比对唐代长安城、宋代开封城、清朝北京城规划图,使学生感知其规划的政治智慧。对此,领导、专家予以肯定,但也指出教案设计中从三维目标到教学过程,看不到"教学主张"的影子;整节课的流程仍未跳出编者的意图,为讲"长安城"而讲"长安城",未能理解"长安城"一框的内容意在凸显唐代社会生活之繁荣。

课后,我重新设计教案,调整完善教学流程,还记录下前后变化,撰写案例,保留首次实践课的研究痕迹,以期为后续实践课开展提供借鉴。

我的努力,学校领导看在眼里。为此,校长专门利用教工大会,让我从"教学主张"如何撰写、如何落实等角度向老师们分享研究心得。此举既为老师们进一步完善"主张"指明了方向,也让我初尝被认可的甘甜,激励我勇敢前行。

三、"教学主张"的成效——在探索中实现专业成长

基于学校分布式领导,我积极融入团队,分享众人智慧,贡献一己之长。我深刻地认识到:提炼"教学主张",触及的是惯性,挑战的是常规,改变的是思维,带来的是蜕变。首先,提炼"教学主张"打破了亦步亦趋、照本宣科的桎梏,它驱使我开始思考"为什么教""如何教""教什么"等触及学科教学内核的问题,激发了我的研究热情。其次,提炼"教学主张"摆脱了自以为是、不思进取的束缚,它激励我要融入团队,虚心求教、智慧共享,让我在团队中汲取前进的力量。再次,提炼"教学主张"冲击了随遇而安、固步自封的思维,它使我认识到自己是学校发展的主人翁,敢于担当、乐于展示,在实现自我价值的同时,助推学校发展。最后,提炼"教学主张"改变了了无生机、死气沉沉的课堂面貌,它激励我以教材重构者身份,时时审视教材,刻刻反思教学,将课堂视为彰显个性之处、塑造风格之所,为学生开启快乐学习之旅,为自己铺设专业发展之路。

(宝钢新世纪学校　周晓艳)

（二）案例二：游戏化教学设计的尝试

Farm Rules

一、课题：《牛津英语》第一册、四年级、M4U1 Farm Rules、第 1 教时

二、教学分析

（一）教材分析

这节课所上内容是《牛津英语》4 A M4U1 的第一教时。本课需要学生能通过学习文本 Farm Rules，综合运用所学句型谈一谈 Old MacDonlad 的农场并说出一些农场规则。这样的话题适合创设言语环境，让学生跟着主人公一起参观农场，并学习农场中的规则，话题与实际生活紧密相连，深受学生喜爱。

但是，在阅读教材后，我发现教材对于 Farm Rules 所设计的语言与操练较为简单，且第一课仅仅给出图片和单词，对于 Farm Rules 的描述与操练较少。而在我看来，认真参观农场并且遵守农场规则正是学生感兴趣的方面。故针对此，我设计了语篇 Farm Rules，让学生在同主人公 Pinocchio 一起共同学习农场的规则。

（二）学情分析

今天的课是一节新授课。对于学生，我有一定的了解。他们喜欢唱歌，在平时的英语课堂中，他们已学会不少英语歌曲；他们还喜欢阅读，因此他们有着较丰富的词汇积累，理解和阅读小语段的能力也较强。本课主题为在学习阅读语篇的同时渗透音标教学，而学生在第一课时已经掌握了辨别两种读音的方法，部分词汇可以独立说出发音，有一定的基础。

三、教学目标

- 通过创设 Pinocchio 参观农场的言语环境，学生能在言语环境中学习、理解并运用下列句型结构：

Don't ... Please ...

Please be nice to the ...

Well, I never ...

- 通过创设 Pinocchio 参观农场的言语环境，学生能学习语篇，介绍 Old MacDonald 的农场，并且谈一谈农场中的规则。

- 在语篇内容的学习和理解中，感受到 Pinocchio 在农场说谎是不对的，应当做个诚实的人。在语境中感受到动物和植物都是我们的朋友，我们是一家人。

四、教学准备

在教材分析中，我已经提及了针对 Farm Rules 设计了言语环境及语篇，以下便是我的

语篇设计：

Farm Rules

Old MacDonald has a farm. It is big and clean.

(Pinocchio wants to visit the farm. There are some Farm Rules on the farm.)

Pinocchio：	Wow! The farm is big and clean!
Old MacDonald：	Don't litter. Please put the rubbish in the rubbish bin.
Pinocchio：	Well, I never litter...
Pinocchio：	Oh! The flowers are beautiful!
Old MacDonald：	Don't pick the flowers. Please be nice to the plants.
Pinocchio：	Well, I never pick the flowers...
Pinocchio：	Hmm... The grass smells nice!
Old MacDonald：	Don't walk on the grass. Please be nice to the plants.
Pinocchio：	Well, I never walk on the grass...
Pinocchio：	Haha! I like farm animals!
Old MacDonald：	Don't chase the animals. Please be nice to the animals.
Pinocchio：	Well, I never chase the animals.
Old MacDonald：	Don't hurt the animals or the plants. The animals and the plants are our friends. We are a family.
Pinocchio：	OK. I'm sorry!

五、教学过程

片段一：

T：Let's listen to Old MacDonald and answer two questions.

S：OK.

T：OK. Let's listen!

(listen)

T：What does Pinocchio want to do?

S：He wants to visit the farm.

T：What is on the farm?

S：There are some farm rules on the farm.

T：Yes, let's look at the farm rules. Which rule do you like? I like Rule 2 don't pick the flowers. What about you?

S：I like Rule...

T：And today we'll learn the story of the farm rules. First，I'd like you to enjoy the story and answer two questions. 1. Does Pinocchio follow the farm rules? 2. What does Pinocchio do? Can you guess? What does Pinocchio do? Maybe …

S：Maybe he picks the flowers.

S：Maybe he climbs the tree.

S：….

T：OK. Let's see what he does.

（watch a video）

T：So the first question：Does Pinocchio follow the farm rules?

S：No，he doesn't.

T：What does Pinocchio do?

S：He picks the flowers.

S：He walks on the grass.

T：OK. Pinocchio does a lot of things on the farm. Let's see the first thing.

（说明：在学习过程中，我为学生创设了"言语环境"，跟着主人公 Pinocchio 共同感受农场规则。开始，先让学生听 Pinocchio 到农场要做什么，农场里有什么，再过渡到 Farm Rules 的学习，然后问问学生喜欢的 rule，顺带操练了农场中的规则，接着让学生猜猜 Pinocchio 可能在农场会做什么，其中让学生发挥想象，勇敢创新，也是本课亮点所在，学生在老师的引导下，勇敢地说出自己地奇思妙想，在"言语环境"下自然地用英语表达自己的想法）

片段二：

（watch a video）

T：What does Pinocchio do?

S：He litters.

（learn litter）

T：Here's a tongue twister for you. I can read it very quickly. Listen!

…

How many times can I read?

S：Six times.

T：Please practice by yourself.

S：…

T：Look! What is it?

S：It's the rubbish.

T：Where can you put the rubbish?

S：...

T：When we throw the rubbish in the bin. Here comes the rubbish bin.

（说明：这一部分为学生创设了实物语境。首先，我让学生对本课语篇带着一个问题做了整体感知，接着，学生们和主人公Pinocchio一起看他做的第一件事，先看视频，接着老师设计了一个问题，对学生进行了问答，这是学生对于农场规则方面的言语建构的初步认识，并在实物语境下学习词汇）

片段三：

T：Pinocchio litters on the farm. What else does he do? Let's see.

（see a picture）

T：This time, I want you to listen with two questions. What does Pinocchio do? How are the flowers? Get it?

S：Yes.

（watch a video）

T：What does Pinocchio do?

S：He picks the flowers.

T：How are the flowers?

S：They are beautiful.

T：So what can we say to Pinocchio?

S：Pinocchio, don't pick the flowers.

（说明：有了第一件事的老师问学生答，第二件事让学生带着两个问题去听，学生已对农场规则的描述有了一个初步的语言建构，到了第三件事，我的设计提升难度，让学生在言语环境下，自己针对图片去猜测回答）

片段四：

T：As for the last thing. I want you to watch a video.

（watch a video）

T：What does Pinocchio do this time?

S：He chases the animals.

T：Can we chase the animals?

S：No.

T：Now can you make a dialogue by yourself?

S：Yes.

T: Very good. You can look at the blackboard.

（说明：最后一件事的设计对学生的能力要求更高，让学生自己来看完视频后编一个对话，此处要给学生充分的时间，让学生细心观察，将看到的图片用英语描述，这里也同样体现了模拟言语环境的重要性，老师为学生创设，让学生敢于开口说）

六、教学反思

这节课所上内容是 4A M4U1 的第一课时，本课需要学生能通过学习文本 Farm Rules，能综合使用所学句型谈一谈 Old MacDonlad 的农场并说出一些农场规则。话题与实际生活紧密相连，深受学生喜爱。

我的教学主张是：英语课堂教学中"言语环境"创设与应用，本堂课便是针对本人教学主张的实践课。

（一）动中"点"情——利用教材内容激活语境

任何人的学习活动总是从特定的背景中走出进入学习状态的，这个背景就是学习者和周围的环境、人群之间的关系。针对小学生对一切充满了好奇，喜欢活动、善于模仿、爱说、爱唱、爱表演的特点，在教学中，教师可充分挖掘教材内容创设教学情境，激发学生乐学情趣。

新的小学牛津英语教材从突出对学生的兴趣培养出发，特点之一是强调听说，从听说、读认、唱玩中培养学生的兴趣和能力，教学内容与学生日常生活紧密联系，蕴含着大量丰富的语境内容，为此我充分用好它来激发学生的热情，使课堂生动有趣。唱跳乐起来，用好教材及师生共同收集的英语儿歌，增加语言学习趣味，语音的美感，同时用英语歌曲唱跳式问候替代传统问答式问候，让师生走得更近。复习旧知识时，我带领学生开展"听""动"做起来的游戏。教授单词或新的句式时，我喜欢让学生"画""猜"说起来。如在教学有关食物的单词时，就直接展示实物；在教学有关学习用品的单词时，就画出相应的简笔画。这样可以刺激学生大脑兴奋，感受英语，激发兴趣，提高热情，强化求知欲，形成深刻印象。在巩固时，我时常鼓励学生"编""找"用起来。教材中的人物都有自己的英文名，因此，我鼓励学生给自己取英文名，组织交流并要求他们不仅在英语课堂上使用，在课外打招呼也尽可能多加使用，这不仅增加了他们的口语练习的机会，且使他们身临其境。在单词教学中，我还抓了升降调和音标及元音发音等规律，让学生自我尝试，寻找规律，让教材语境发挥魅力。

（二）说中"燃"情——以互动表演进入语境

孩子的工作就是游戏，在高密度训练后，让学生在竞争、表演、游戏中展示自己的才能，还可检查自己对于知识的掌握程度，经过教师与同学们的评价，及时反馈，巩固所学知识，可以使英语知识向英语能力转化。通过表演，开展课堂教学，正是顺应了学生的心理及生理特点,可充分调动积极性,达到教学的最佳效果。

在本堂课中,我努力营造轻松有趣的语言环境,让学生多形式地互动,说开说足,让"趣说"贯穿整堂课。从 daily talk 引入英语歌曲激情演唱。学生们认识新朋友 Pinocchio,让学生带着问题看视频,整体感知语篇。我努力创设轻松、愉快的言语环境,提高学生学习英语的兴趣。在观看视频后,我以 Pinocchio 与 Old MacDonald 作为主角,Pinocchio 是否遵守 Farm Rules 作为主线,这很符合四年级学生的年龄特征,在阅读故事后要求学生能介绍 Old MacDonald 的农场,并能讲解里面的一些农场规则。我从学生的思维模式上考虑,为学生创设了实物语境,让学生从"乱扔垃圾"的听读入手,并在实物语境中学习 rbbish, rubbish bin 等词汇,接着到第二部分"摘花"的带着问题听,再到第三部分根据标志猜测比诺曹做了什么,再到第四部分为学生创设了模拟语境,让学生自己编一个小对话,进行 free talk,层层递进,学生也在过程中有一个语言建构的过程。然后让学生介绍农场并谈一谈农场规则。通过对农场的描述,更融入了情感性的文化教育,通过再构文本让学生感知:动物和植物是人类的朋友,我们是一家人。首先,在同一大的语境下,进行小语境的切换,而话题也在形式上不断推进。其次,在课堂中用好配乐让学生充分投入,感受韵味和美感,激发能读、会读、敢读、愿读的情感。在学习过程中我还非常重视多形式地给每个孩子开口说的机会,用学生间的互动带动说的参与面和说的量,不仅关注到每个点还积极带动课堂氛围,点燃学生说的热情。

(三)学中"升"情——以拓展训练升华语境

如今的牛津教材给我们提供了更丰富、更生活化的语言材料和主题,但那还不够,教材只能给我们展示教学、交流内容的一个点或一个面。我们教师应该做的是在实际的课堂教学中,给学生呈现更多更贴近学生生活实际的语言信息和材料。

在这一课的设计中,除了将重点词汇、句型教给学生,还向学生渗透西方农场文化,其主要目的在于给学生创设多样的、不同的、却有着一定联系的交流材料,增加语言信息的输入量,拓展语言交流的渠道。同时,对教学内容适当的拓展与延伸还开阔了学生的眼界。让学生通过故事的学习,懂得中国传统文化之美,提升情感和品德教育。

总之,小学英语教学的目的在于要使学生爱学、乐学、善学。充分利用"情境教学"这一方法扩展教学形式,对培养和发展学生学习英语的兴趣,提高英语教学的效果有很大帮助。

(宝钢新世纪学校　卿韦薇)

（三）案例三：指向学生自主学习的趣味化教学

风姑娘送信

一、教学分析

（一）教材分析

本课是二期课改上教版一年级第一学期的一篇科学童话。文章用拟人的手法,写深秋季节,落叶飘零,动物们准备过冬的故事。以风姑娘送信为主线,介绍了燕子、松鼠、青蛙等动物们富有生趣的过冬方式,最后写人类加衣保暖准备过冬。学习本课,既可以了解秋季树叶枯落、秋风瑟瑟的时令特征,又可以了解动物的过冬方式,从而激发学生观察自然、了解自然的兴趣。

（二）学情分析

通过半个多学期的学习,汉语拼音的教学已初步完成,但必须不断地巩固。学生也掌握了一些识字的方法。可由于低年级的孩子活泼、好动,注意力不易长时间集中,相对枯燥的识字教学会让学生学得索然无味并且不能集中注意力,需要创设情境,注重趣味识字。

二、教学目标

1. 能借助拼音读准"姑、娘、送、信、落、叶、女、宝"8个生字,能在不同的语言环境中认读生字。

2. 能通顺地朗读全文,做到不加字、不漏字,按标点停顿。在了解课文内容的基础上,尝试读出小动物及妈妈说话时的语气。

3. 能模仿课文中的句子,根据图画的意思,用一二句通顺的话说说图中动物过冬的方法。

4. 认识部首"宝盖头"。能在老师的指导下正确描写"宝、女、信、叶"。

教学重点：

1. 认识本课8个生字,能在不同的语言环境中认读生字。

2. 能借助拼音读准字音。

教学难点：

1. 能够正确朗读课文,在了解课文内容的基础上,尝试读出小动物及妈妈说话时的语气。

2. 能联系生活,看看图,说说大雁、蚂蚁、蛇这些动物接到风姑娘的信,会说些什么,做到声音响亮、态度大方。

三、教学思路

(一) 识字能力的培养

运用多种方法进行识字教学,趣味识字,培养自主识字能力。

(二) 朗读能力的培养

1. 正确读

读正确是朗读的基础。对一年级学生要求借助拼音正确地朗读。

2. 感情读

抓住小动物的不同特点以及当时的心情通过朗读正确地表达。

(三) 听说能力的培养

1. 句式训练

听完课文录音后,根据所给句式练习说话。

2. 想象说话

通过对课文内容的学习,让学生仿照课文的二至五自然段充分发挥着自己的想象创作属于自己的小文章。

四、教学过程

(教具准备:多媒体课件)

(一) 借助拼音,学习生字,揭示课题。

1. 小朋友,你们看今天陈老师要送给大家什么礼物?(出示图片:信)

学习生字:信(小老师领读:前鼻音,记字形,找朋友)

看老师写(板书:信) 自己在手心写

学习生字:送(读准平舌音)送信:(抽读)

看信,猜谜:

2. 你们瞧,风姑娘知道我们小朋友那么棒,也赶来了。(出示图片:风姑娘)

板书:风姑娘(看老师写,注意书写笔顺)

学习生字:姑娘(拼拼音节,注意轻声)(开一组双轨小火车)。

这两个生字有什么相同的地方?

女字旁的字是由女转变而来的。女:对比,书空

(设计说明:"女、姑、娘"都是课文中的生字,结合生字"女"与女字旁的字形结构特点,利用媒体进行对比学习,这样既激发学生的学习兴趣又有效地掌握生字。)

3. 一起读:风姑娘 风姑娘去干什么?

4. 揭示课题(34.风姑娘送信),今天我们就要来学学这篇课文,齐读课题。

(二) 初学课文,整体感知。

出示句子:呼,呼,呼,风姑娘去送信。(指名读,齐读)

过渡:风姑娘把什么当信?信又送给谁?

1. 让我们一起来看动画,边看边思考:(出示小黑板:风姑娘把什么当信?信送给谁?)

2. 我们先来说说,风姑娘把什么当信?

(出示句式:风姑娘把_____当信。)

3. 师:对呀! 秋天到了,树叶慢慢地变黄了,落了,这就是"落叶"。(出示:落叶)

学习生字:落(三拼音)

学习生字:叶,(谁来编个顺口溜记住叶)开火车读词语。

落叶我们通常说一片落叶,跟老师读:一片落叶。

4. 师:一片片落叶像一只只蝴蝶在秋风中飞舞。多美! 那风姑娘又把这些落叶信送给了谁呢? 生说,师贴图片。

(出示句式:风姑娘把什么当信,送给了谁。)

(设计说明:句式训练在一年级的语文教学中很重要。根据教师给出的句式进行训练,有的放矢,同时又可以让不同层次的学生根据自己的能力有选择性地学习表达,了解风姑娘给谁送信。)

5. 看谁的本领大,能把两个问题连起来回答。(出示填空:风姑娘把_____当信,送给了_____、_____、_____和_____。)指名交流。

(设计说明:由浅入深,步步推进,扎实做好句子的教学,同时培养学生的概括和表达能力。)

6. 出示填空:风姑娘把落叶当信,送给了燕子、松鼠、青蛙和小女孩的妈妈。

齐读句子。

(三) 朗读课文,学习生字。

过渡:那大家收到风姑娘的信,看了后说了些什么呢?

1. 媒体出示:课文2—5节。

2. 请学生轻声读读课文2—5节,找找它们说的话。读的时候,注意不加字,不漏字,读正确。

(我们先来学学燕子说的话)

(1) 燕子:啊,秋天到了,我要到南方去。

谁来读句子,把句子读正确。(2人)

(设计说明:"培养语感的重要途径是诵读。"读正确,读流利,这是最基本的要求,其他的读都是以此读为基础。)

燕子收到信后,要飞到南方去,因为燕子是候鸟,秋天到了,天气凉了,它们要急切地飞到温暖的南方去。

想想,应该怎样读好这句句子(急切)

指名读、生生评议、小组赛读、师生赛读。

(设计说明:在理解了燕子的心情后,采用不同形式的朗读,激发朗读兴趣,这样在读中加深对课文内容的理解,也为下一环节做好铺垫。)

(剩下的三句话,请你和同桌一起选择喜欢的一句来读一读,读准字音,不加字漏字)

(2)(松鼠的话)出示:啊,天气凉了,我要多采些松果藏起来。

松鼠为什么要采写松果呢?(外面的天冷了,食物多难找啊!赶快去采松果)指名读齐读。

(3)(青蛙的话)出示:啊,冬天快要到了,我要挖个地洞好冬眠。

(出示:冬眠)你还知道哪些动物也是冬眠的?(蛇、乌龟、蝙蝠、刺猬)冬天快要到了,得抓紧时间挖好地洞。男女生读(急切)。

(4)(妈妈的话)出示:啊,天快冷了,我要给宝宝准备几件过冬的衣服。

学习生字:宝(学习宝盖头,宝盖头是我们今天要学的部首,一起来拼一拼,书空宝盖头)宝盖头的字还有那些?(宋、家、字、宇……)

孩子是妈妈的宝贝呀!快点准备好过冬的衣服。小组赛读。

3. 分角色朗读课文。

4. 师:风姑娘送信,是要给大家传递"冬天快要到了"的信息,让大家尽早做好准备。

它告诉燕子——到南方去。

它告诉松鼠——多藏些松果。

它告诉青蛙——挖个地洞,准备冬眠。

它告诉妈妈——准备过冬的衣服。

5. 师生配合读(小朋友和陈老师一起合作,把风姑娘带给大家的信息读一读好吗?

风姑娘要告诉像燕子那样的候鸟,秋天到了——

风姑娘告诉松鼠,天气凉了——

风姑娘要告诉像青蛙这样喜欢冬眠的动物,冬天快要到了——

风姑娘还要告诉所有的妈妈,天快冷了,快给宝宝——

(设计说明:师生互动带来生生互动,学生兴致盎然,读得入情入境,仿佛自己是文中的小动物……有了这感情朗读,语文味就更浓了。)

(四)说话练习。

1. 师:瞧!风姑娘又去送信了,大雁、蚂蚁、蛇也收到了风姑娘的信,想一想,这三个动物的过冬方式和课文中的谁是差不多的？它们又会说些什么呢？选一种动物,学着用课文中的语言自己轻声说一说。

2. 出示句式：风姑娘送一片落叶给_____，_____一看，说:"_____。"

3. 交流。

（设计说明：模仿是孩子们的天性。让学生仿照课文的二至五自然段充分发挥着自己的想象创作着属于自己小文章。这样语言得以运用,情感得以表达,语文味就显现出来了。）

4. 小结：冬天快到了,小动物们忙着做过冬的准备,它们有的飞到南方去过冬,有的储藏过冬的食物,还有的挖个地洞好冬眠,真是有趣极了。

（五）游戏巩固。描写生字。

过渡：小朋友,看,风姑娘也给我们送信来了,看看信上写着什么？

1. 游戏：读读落叶信,复习带有生字的词语。

2. 描写生字"宝"

　　看老师写,注意关键笔画,照样子写一写

（六）小结。

1. 学了课文,你有什么收获？（读儿歌）

风姑娘去送信。

送的什么信？

送的落叶信。

信儿送给谁？

动物和人类。

秋天到,天气凉,

风儿吹,树叶飞。

提醒大伙儿早准备。

板书：

34. 风姑娘送信

　　　燕子　　到南方去

　　　松鼠　　多藏些松果

　　　青蛙　　挖个地洞,准备冬眠

　　　妈妈　　准备过冬的衣服

五、教后反思

语文教学怎样彰显浓浓的语文味,让听、说、读、写的训练在课堂中更扎实有效？经过学习和反思，我认为，要真正实现"有味有效"的语文课，就必须回归到语文教学的本位，让语文课彰显本来的味道。

趣味识字　激发自主识字能力

我在课堂上创设生动、快乐的教学情境，让学生以愉快的心情投入学习。课中，我发挥媒体的作用，把现代化教学手段融入每个教学环节之中。课堂导入时，我出示了自己写给小朋友的一封信，引出生字"信"。老师范写时，引导学生仔细观察，边板书边告诉学生"信"的含义——"一个人（单人旁）把要说的话（言）写下来告诉别人看"，并且联系生活实际谈到"短信、微信、飞信"，这既让学生掌握了生字，又引发他们学习新知的欲望。教学生字"姑娘"时先出示音节（gū niang）指导学生读正确"娘"的轻声，接着我又通过媒体使"娘"在与"姑"合成一个词的移动过程中，将"娘"的声调去掉，使学生明白"姑娘"一词中"娘"字应读轻声，通过这一过程使学生形象地感知语调的变化，为准确朗读课文打下良好的基础。"这两个生字有什么共同点？"学生马上发现"姑"和"娘"都有一个共同的女字旁，联想到这和女性有关。随后出示"女"和"女字旁"让学生比较，学生个个瞪大眼睛，兴趣盎然，正确无误地区分它们之间的差别。这加深了印象，为以后的写字、组词打下了良好的基础。

激情朗读　培养阅读理解能力

特级教师于永正说："培养语感的重要途径是诵读。"尽管面对的是一年级的孩子，教学中也要以学生为主体，引导学生饶有兴趣地反复读句、读文，在读中感悟，在读中积累。在教学中，我把文中小动物和女孩妈妈说的话作为朗读的重点，分步进行朗读训练。读得也较有层次，先让学生读正确，接着让他们理解，再让他们读出语气，读出感情。有感情地读，这是一种美读，一种升华的读，只有对课文产生了独特感受、体验、理解后的朗读才能读出自己的理解，读出自己的感悟，读出自己的深情。在理解的过程中适当地给学生渗透了动物过冬方式的知识，帮助学生更好地理解课文。在这一个过程中，我主要采用了先扶后放的做法，重点指导理解燕子说的话。随后让学生两人一组，从剩下的三句话中选择自己喜欢的句子朗读。学生自己读，学生有选择性地读，这些方法都能为学生提供充分的学习机会。在他们自学的过程中，学生借助拼音自学生字新词、读通课文，我则根据学生的差异对学习有困难的学生给予帮助。

有效练习　锻炼语言表达能力

对于课文的整体感知这一环节，我设计了两个填空题，考虑到学生的思维能力和表达能力不同，这两个问题是有一定梯度的。前一个照顾大多数学生，后一个让一些表达能力和概括能力好的学生有所发挥。

我们平时常说，学过了的东西就要会运用，只有会用才有价值，课文中学生了解到的只是一部分的自然知识，所以在最后一个环节中，我让有余力的学生仿照课文的样子也来说一说：大雁们、蚂蚁们、蛇们这几种小动物接到风姑娘的信后会说什么？这一环节充分体现"学以致用"的思想，同时，学生在说的过程中也锻炼了表达能力和想象力。

在整篇课文中，我基于自己的教学主张"有味有效的小学语文教学"进行设计，从而进行教学。一堂课下来基本体现了这一主张，课堂上学生爱学、乐学，从课堂和课后的反馈来看，较好地完成预期的目标。但是整节课还暴露出一些问题，如：教学"姑娘"时，我说"姑"和"娘"合在一起表示小女孩的意思，所以都是女字旁。此时一个学生说："姑、娘她们都是女的。"当时，我并没有注意，也没有肯定他。课后听课的老师指出，学生的话要注意倾听，学生想要表达的是"姑姑、娘娘"都是女的，所以她们是女字旁的。是呀，这就是一位优秀教师应具备的素质，倾听学生的回答，关注学生的表现，及时点评。这是我今后努力的方向，我会不断提升自己的教学水平，为学生能学得更多、更好而不断努力！

（宝钢新世纪学校　陈胤蓓）

（四）欣赏性教学，提升学生自我效能感

我的太阳

教材分析：

《我的太阳》是上教版《美术》一年级第一学期第七单元"变化的天空"中的一课。课程旨在让学生感受太阳的变化之美，进而运用点线与色彩表现自然之美。通过多媒体的演示，学生欣赏、观察自然界的太阳形象，运用点线组合的表现方法，进行有关太阳作品的艺术创作。我结合教学主张"让美术欣赏贯穿整个教学过程"，给予学生全面的欣赏教学，运用美术欣赏的灵活性和多样性，启发学生想象，使学生充分融入主观情感，从而表现出具有个性的太阳主题。

学情分析：

根据生活经验，学生对太阳都有一定的认知，而且经常在作品中表现。但他们画的太阳往往显得简单化、模式化。如何使这一学生感兴趣的题材不成为概念化的图示，力求突破学生已有的思维定式。我通过有坡度的递进式欣赏，引导学生展开丰富的想象，寻找生活中熟悉的事物进行借物联想，从观察太阳的变化，到欣赏太阳的造型，到创作自己心中的太阳，全景式赏析给学生的创造提供了丰富的内容，激发了学生无穷的想象力和无限的创造力。

教学目标：

1. 观察自然界中瞬息万变的太阳，感受太阳的不同形象，进而了解太阳的艺术造型特点，培养大胆创造想象中太阳的意识。

2. 在欣赏与创作的过程中，发现运用圆形和点线的组合，表现不同表情、不同光芒太阳的方法，创作出不同太阳的形象。

3. 培养学生对生活的细致观察，发现平凡生活中的美，激发热爱自然美的情感。培养学生对美的正确认识，学会鉴赏美，进而创造美。

教学重点： 用圆形和点线的组合，大胆表现心中的太阳形象。

教学难点： 能够有创意地表现太阳的不同光芒和多变表情。

教学准备：

学具：勾线笔、油画棒、水彩笔、铅画纸、剪刀、固体胶。

教具：勾线笔、油画棒、水彩笔、铅画纸、剪刀、固体胶、范画、课件等。

作业要求：

基础层面：用圆形和不同点线的组合，画出心中的太阳。

拓展层面：能够画出不同光芒、不同表情的太阳。

教学过程：

一、导入与交流

1. 出示与太阳有关的谜语，组织猜谜活动。

（圆圆大火球，天亮就上班；夏天躲着它，冬天盼着它）

2. 交流谜底，出示课题：我的太阳。

3. 学生结合生活经验，想象生活中太阳的形象。

4. 教师小结：太阳给人类带来光明和温暖，是人类生活不可缺少的自然条件。

【设计说明】美术教育的功能之一——认识，利用谜语导入新课，提炼学生对太阳的认识，引出学生对太阳的探究，注意到生活中太阳的重要性，为更主动细致地表现太阳的艺术形象打下基础。

二、赏析与尝试

1. 欣赏录像中冉冉升起的太阳。

2. 交流感受：眼睛看到了什么？心里想到了什么？

3. 讨论太阳的表现形式：一般由太阳球体和太阳光芒组成。

4. 教师示范画圆形的太阳球体，并通过了解太阳的体积，指导学生构图，把太阳画大。

5. 出示板书：球体　大

6. 学生选择喜欢的颜色绘画太阳的球体。

7. 欣赏动画：太阳的光芒，发现用不同的点线组合来表现太阳光芒的方法。

8. 教师分步示范画：太阳的光芒，并通过了解太阳的温度，引导学生注意太阳的上色。

9. 出示板书：光芒　多

10. 欣赏教师范作：火焰光芒、柳树条光芒、棒棒糖光芒，体会通过点线的组合可以表现不同的太阳光芒。

11. 赏析同龄人作品和书本上的作品，交流自己喜欢的太阳作品。

12. 学生绘画太阳的光芒，教师点评。

【设计说明】欣赏录像中太阳喷薄而出的景象，使学生直观地感受到太阳的美好，为表现心中的太阳形象开启了想象之门。教师的示范，引领学生发现创作太阳光芒的方法；通过欣赏范作，了解不同的点线组合形成不同的太阳光芒；最后欣赏多媒体和课本中的同龄人作品，拓展学生的创作思路。

三、绘画与辅导

1. 欣赏魔术"百变太阳"：慈祥的太阳公公、好奇的太阳宝宝、调皮的太阳弟弟，体会面部的不同特征以及拟人化的表情。

2. 欣赏多媒体：多变的表情，学生模仿自己感兴趣的表情。

3. 想一想：还能为太阳添画怎样的形象？

4. 交流太阳的拟人化表情。

5. 出示板书：表情　变

6. 教师总结：太阳一般用圆形表现，太阳光芒可以用不同的点线组合；表情可以用不同的五官夸张表现。

7. 明确作业要求：

① 用圆形与点线组合，画出有创意的太阳。

② 注意太阳表情的变化。

8. 欣赏多彩的太阳：暖色调太阳、冷色调太阳、彩色太阳，体验不同色调的太阳带来的不同感受。

9. 学生给太阳涂上自己喜欢的颜色。

10. 学生创作，教师巡视，帮助有困难的学生，及时发现学生创意并表扬。

【设计说明】先欣赏夸张的五官、拟人化的表情，再让学生模仿自己感兴趣的表情。学生在轻松愉悦的氛围中，自主欣赏、自我体验，既增加了学习的趣味性，又降低了学习的难度，使学生在有创意地表现太阳的表情时，灵感迸发，下笔轻松，创造出心中的太阳形象，也更加富有童趣。

四、展示与评价

1. 创设情境：太阳系舞会。

2. 制作太阳头饰，展示学生作品。

3. 学生自评：说说自己作品中的太阳故事。

4. 学生互评：交流对同学作品的欣赏感受。

5. 评价内容：

① 用圆形和点线表现太阳，并画出有创意的光芒。

② 太阳表情的表现要有趣又生动。

③ 色彩鲜艳、明亮。

6. 教师总评：鼓励学生的大胆表现。

【设计说明】欣赏同学的作品，并能结合本课的知识点进行点评，是对本课新知的复习巩固。并且，对美术作品进行多维的和有效的审美评价，不仅使学生领会到了美，而且知道美在哪里，进一步提高学生发现美与鉴赏美的能力，并能积极运用到自己创作美的过程中去。

五、观赏与拓展

1. 欣赏教师利用废旧材料制作的有关太阳的作品。

2. 观赏多媒体：太阳系景观。

【设计说明】通过欣赏教师用废旧材料制作的艺术作品如太阳神面具、仿金属太阳挂饰，知道了生活中随处都有美，我们可以用眼睛发现美、用双手创造美。欣赏天空景观，激发学生探索宇宙奥秘的好奇心，将知识延伸到课外，激发学生创作出有关太阳主题的想象画。

板书设计　　　　　　　　我的太阳

球体　大

光芒　多

表情　变

【教学反思】

我的教学主张是"让美术欣赏贯穿整个教学过程"。欣赏教学具有三个主要功能——认识、教育、审美。开展美术欣赏教学，可以发展学生的全面思维，激发学生对美的爱好与追求，塑造学生健全的人格与健康的个性。美术欣赏通过培养学生的审美心理，使他们对美有一个正确的认识，学会鉴赏美，进而创造美。

* **以学生为欣赏教学的主体**

在课堂伊始,利用猜谜语导入太阳,简洁明了地切入主题,使学生快速参与、融入教学中。因为有生活基础,并且经常在作品中表现,所以学生对太阳已形成了思维定式,我运用欣赏教学,引导学生打破思维定式,开拓想象空间。通过观看录像,学生直观地欣赏到太阳喷薄而出的景象,激发了学生表现太阳的情感。基于生活经验,欣赏教学使学生更细致入微地观察生活,教会了他们去发现平凡生活中的美。针对一年级的小朋友,欣赏的手段要多样化、生动化、艺术化,我充分发挥多媒体、录像、音乐等现代教学手法,增强欣赏教学的直观性、趣味性,使学生爱看、想听、乐学,积极主动地投入到教学中。

* **以作品为欣赏教学的客体**

本课通过大量的作品欣赏,丰富充实欣赏教学。同龄人作品、教师范作、艺术家作品,还有自然景观图片,使学生全程体验视觉印象、经历视觉审美,感受视觉冲击,从而激发学生的创作灵感。为了全方位地展示学生的作品,我设计将太阳制作成头饰,佩戴在头上,原本平面的作品立即鲜活起来。我增加了学生走动的环节,让学生配合背景音乐《种太阳》,走出座位,唱唱跳跳,互相欣赏作品、交流,气氛更加活跃,欣赏的效果也更加积极主动。在进行全面的走动欣赏后,我让学生结合评价要求,秀一秀"我制作的太阳头饰",评一评"你最喜欢的太阳头饰",说一说"你发现的美"。将美术欣赏落实到学生本身、作品本体,并贯穿至教学全过程,使学生欣赏美、发现美,进而创造美。

* **以师生赏析为欣赏教学的载体**

在教师示范画这一环节中,我习惯性地拿起黑色记号笔,开始画太阳。学生问我,为什么不用彩笔画太阳呢?是啊,本课绘画想象中的太阳的主题,不仅体现在光芒、表情等线条的创意上,也应体现在色彩的创新上。用自己喜欢的颜色来绘画太阳,进一步开阔了学生自我表现、自主创意的空间,激发他们创作出更美的作品。

欣赏教学要贯穿教学过程,突破教学重难点,不能老师包办,不能"一言堂"。欣赏教学应该是全过程的,更应该是全员参与的。师生一起欣赏、共同评析,才能相辅相成、教学相长。从欣赏自然界中的太阳到创作自己心中的太阳,从欣赏夸张多变的表情到模仿自己感兴趣的表情,从欣赏老师示范绘画到自己想象创作,从独立完成作品到走动赏析同学作品,教师的欣赏教学串联起学生的自主学习;生生互评与师生点评,更让欣赏教学落于实处,让美的教育从"点"到"面"、从"单色"到"复色"。

在美术教学实践中,我深切地感受到,教学主张的灵活运用,是因人而异、因时而异、因课而异、权宜应变、智慧生成的。当我们积极主动地进行有效探索,我们的课堂就少一分刻板,多一分精彩!

(宝钢新世纪学校 李 赟)

第三节　方法：微项目循证研究，精细化落实教研品质

学校教研组注重研究学习共同体的建设，来培养组内教师课程的领导力。我们以"新优质学校"发展为契机，以学科专业委员会和骨干教师团队为引领，以课堂教学为载体，努力打造团队的科研水平，加快教师的专业成长。在我校微项目校本研修模式下，教研组以微项目循证研究为抓手，探索出了一条精细化落实教研品质的研究之路。

"微项目循证研究"是一线教师将教研与科研相结合的实践智慧，从流程上看脱胎于一般性教研活动的"课前设计—课堂实施—课后研讨"；而在设计、实施、研讨的环节中充分借鉴设计本位的研究思路，聚焦学科核心问题，关注课堂教学过程中的证据，依据学生的真实学习及时改进。下面，以英语教研组的微项目设计、实施与改进过程为例，来呈现其对于提升学校教研品质的作用。

一、设计

课堂是教师实施国家课程的主阵地。为提升教师的课程领导力，我们英语组主要关注课前设计、课堂实施和课后研讨三个环节。教研组在落实各环节时，以问题为驱动，逐步实施和推进校本研修，从整体上把握和调控教师的课程领导力，打造一支"人人都是课程领导者"的精品团队。

课前设计，包含有发现问题、确立主题、制订方案三个步骤；课堂实施，包含有开展讲座、课堂实践两个步骤；课后研讨，包含有讨论总结一个步骤。在不断实践的过程中，逐步形成了我校校本研修特色——微项目循证研究。

微项目循证研究改善了原有的教研模式，形成了易操作、有成效的新的教研模式，落脚点实，操作性强，通过多年的优化，逐渐成为我校英语教研组的特色教研模式。

二、演绎

（一）课前严选主题，精心设计课堂

1. 发现问题：开展组内调研，明确问题导向

《牛津英语》教材已经在初中全面铺开，教材语篇以阅读为主，然而在纸笔测验中学生阅读得分并不理想。因此，校英语专业委员会核心骨干教师合作研发《英语教师课堂阅读教学问题调研问卷》（见表15），组织一线教师填写。

通过调研，我们了解到一线教师在阅读教学中一些成熟有效和有待商榷的做法，老师们也就自己的困惑与问题进行了罗列。

表15 阅读教学问题调研问卷

宝钢新世纪学校2018学年第一学期英语教师课堂阅读教学问题调研问卷				
调研项目	上学期做得比较好的方面（请提供课例）	上学期值得改进的方面	你的困惑与问题
阅读教学方法的使用			
阅读课教学环节的设置			
课堂效率达成的辅助设计			

表16 参加调研的一线教师遇到的困惑与问题

编号	问题
1	牛津英语教材中的阅读教学，尤其是八年级课本中的阅读材料（不包括拓展阅读）是否都需要精读方式处理？
2	指向思维品质提升的英语阅读研究如何借助英语阅读课堂上"问题链"的有效设计得以实现？
3	阅读教学中词汇教学应该如何实施？仅仅依靠学生的猜测吗？
4	在精读课上学生是否需要大量的自主阅读时间？
5	牛津教材单元设计的Reading环节，侧重点是阅读技能还是阅读中的词汇？泛读中的词汇如何处理？
6	阅读教学单元设计的Reading环节，侧重点是阅读理解还是阅读技能？
7	精读中的思维品质如何提高？
8	对于一堂独立的阅读课，如何兼顾文本中包括字词语法在内的基础知识的解读，以及阅读之后的能力提升？脱节的处理会不会破坏整体阅读的连贯性？
9	在日常阅读教学中，"精读"与"泛读"的比例如何配置更为适宜？
10	对于资优生阅读能力的培养，首先应考虑哪些方面的立足点？

续表

编号	问题
11	面对教、考分离的现状,如何有效地把阅读材料作为知识的载体,合理处理词汇、语法、句型,同时又兼顾阅读能力和阅读技巧的培养?
12	自上而下模式、交互作用模式、自下而上模式在不同的课型中的运用和效果如何?
13	八、九年级的牛津教材,阅读文本都非常长,往往分两个Part,如何对文本进行精读、泛读的界定和处理?
14	如何有效设计高质量的"问题链"来启发学生的逻辑思维、批判思维能力?
15	阅读课的侧重点应该放在哪里? 词汇和语法的教学还是语篇结构?
16	复述故事是否应有字数限制,这在阅读课上是否必要?

调研问卷的填写激发了教师的"问题意识",引导他们要善于观察课堂,品味教学,从日常教学中培养和锻炼自己对教学敏锐的观察力、洞察力,全方位审视自己的教学效果。只有这样,才能提出有价值的、高品质的教学问题。

2. 确立主题: 梳理问题类别,聚焦核心研点

对以上问题进行进一步梳理,发现问题3、4、6、9、10、13、15指向教师教学策略,问题1、2、11、12、14、16指向教师教学方法,问题5、7、8既指向教学策略,也指向教学方法。综上,教师在国家基础课程校本化实施的过程中,缺乏阅读教学策略研究和阅读教学方法指导。他们更侧重于语篇的分析理解、翻译,语法知识点的讲解,而在训练学生思维能力、理解能力、概括能力与判断能力方面没有给予足够的重视。

为了有规划地落实国家校本课程,校专业委员会基于教师教学策略和教学方法存在的问题,结合年级的梯度性、阅读的规律性、教材的承接性和学习的衔接性归类出四个维度。

表17 课堂教学的四个维度

课堂教学	维度/主题
教学策略	教师在课堂中"问题链"设计的梯度性
	教师单元教学设计的关联性
教学方法	学生在课堂活动中阅读方法运用的多样性
	学生在课堂活动中思维品质的拓展性

以上四个维度是就教师群体对课堂教学的个性思考和学校层面对国家课程的统筹规划的高度提炼,他们既独立存在,又相互关联,而每个维度就是教研组的研究主题。

以上主题是一系列独特的、复杂的并相互关联的活动,这些活动有着一个明确的目标或目的,必须在特定的时间、资源限定内,依据规范完成,而这恰巧符合项目的特征。同时为了使我们的研究更加科学有效,我们将四个主题以四个微项目的形式落实,分配至各备课组。

3. 制订方案: 寻找理论支撑,落实研究要点

微项目的落实并非闭门造车,在制订方案前,我们有针对性地学习了教育教学专著,例如《构建教研共同体:区域教研机制建设新途径》《英语教学方法论》《英语教学最需要什么》《英语阅读教学》《阅读教学方式的变革》《自主阅读》,避免了盲目性,为落实备课组的微项目提供理论依据。在学习过程中,教师们增强了主人翁的意识,不断研讨,更新教育观念,以期提升教育教学理论水平。

教研组在理论学习基础上,将理论展开和细化,制订科学、系统的研究方案。

以八年级备课组为例,老师们发现:初中英语阅读教学中普遍存在过多以教师为主导的问题,忽视学生自主阅读能力的培养。经过理论学习,教师发现注重教学策略之梯度性和关联性、教学方法之多样性和拓展性可以有效提升学生自主阅读能力。进一步细化研究方向后,八年级备课组尝试通过泛读教学策略来提升学生的自主阅读能力,并制订相关研究方案。

表18　微项目研究方案

八年级"利用泛读阅读法培养学生自主阅读的能力"微项目研究方案

一、研究目的及意义

初中英语阅读教学中普遍存在过多以教师为主导的问题,忽视学生学习能力的养成,学生学得比较被动,造成了学生不会自主阅读。教育部英语学科核心素养研究明确了"学习能力"是英语学科关键能力之一。因此,作为英语教师,要培养学生运用学习策略,培养学生自主学习能力。

二、研究目标和内容

通过研究《上海市初中英语学科教学基本要求》以及《初中英语单元教学设计指南》,了解学生应该达到的英语阅读水平。研究学生在阅读过程中经常遇到的问题。查阅资料以及对课文进行深入的文本分析,制订泛读课的上课流程以及方法。通过实践课研究达到对泛读课堂的初探。

三、研究步骤

1. 阅读《上海市初中英语学科教学基本要求》以及《初中英语单元教学设计指南》,分析实践课阅读文本的类型、特征以及与单元核心教学目标及各课时之间的联系。

2. 确定泛读课的教学目标、教学重难点。

3. 确立教学方法以及过程。

4. 泛读实践课的总结以及反思。

四、研究人员及分工

续表

（一）研究组组长： 宋利 研究组人员： 宋利、曹磊、徐晓玲、万玉梅 （二）分工： 宋利、徐晓玲： 研究《上海市初中英语学科教学基本要求》以及《初中英语单元教学设计指南》并确定本课时教学目标、与本单元其他课时的联系。 万玉梅、曹磊： 分析阅读文本的文本类型及文本特征。 全体： 确定教学目标以及教学重难点；确立教学过程及方法。 曹磊： 根据研究成果完成泛读实践课教学。 全体： 总结并反思实践课教学成果。

在这个制订方案的过程中，我们明确了研究目的和意义，进一步明晰了它的价值；我们制订研究目标，完善研究内容，有的放矢地进行方案研究；我们确立研究步骤，使得项目有序列化的、环环相扣地稳步推进；我们进行人员分工，分布式领导，调动教师积极性，从个体到团队，提升效能、优化品质，为优化我校英语学科国家课程校本化的实施指明了方向。

（二）课中细致观察，及时记录评析

1. 开展讲座：明晰研究点，确立观课点

为更好地实施项目设计方案，我们分两步走。第一步，以微讲座为载体，进一步细化项目研究的内容，分阶段推进。第二步，基于微讲座的学习，开发我们的《课堂活动观察表》，为落实微项目循证研究提供可观、可测的工具。

表19 课堂活动观察表

学校：
任课教师：
任教学科：
任课年级：
课题：
课型：

观察点/程度 0：未见；1—5：程度由低到高	举例说明
1. 学生在课堂活动中阅读方法运用的多样性。	
2. 教师在课堂中"问题链"设计的梯度性。	
3. 教师单元教学设计的关联性。	
4. 学生在课堂活动中思维品质的拓展性。	

以八年级组曹磊老师的《The Leaning Tower of Pisa》一课为例,该备课组在六年级时研究阅读兴趣的培养,七年级时则注重研究阅读策略,到了八年级研究利用泛读阅读法培养学生自主阅读的能力,这些研究都是有梯度的、一脉相承的。在教研组展示课前,曹磊老师所在的八年级备课组进行反复试教、磨课,再将最精华的部分以微讲座的形式展现到大家面前。基于此,教研组经过讨论制订《课堂活动观察表》,将课堂观察点并分配至各备课组。

2. 课堂实践:分点观课,全面评析

为了确保微项目落实到位,英语教研组深入课堂,确立观课点,分工观课。

表20 微项目落实

备课组	观 察 点
六年级备课组	观察学生在课堂活动中阅读方法运用的多样性。
七年级备课组	观察教师在课堂中"问题链"设计的梯度性。
八年级备课组	观察教师单元教学设计的关联性。
九年级备课组	观察学生在课堂活动中思维品质的拓展性。

这里的课堂观察不是简单地听课,而是通过观察,对课堂的运行状况进行记录、分析和研究,并在此基础上谋求学生课堂学习的改善,促进教师发展的专业活动。

在多次进行分点观课后,教研组内已逐步形成一种课堂观察机制,每个人都参与到教学研究中与教学观察实践中,营造了"人人都是课程领导者"的氛围。

(三)课后讨论分析,重在总结推进

课后,教研组实行了定时间、定地点、定主题的教研活动,教师们再次集思广益,共同研究课堂设计是否切合主题、达到既定效果。研讨结束后,全组教师填写《微项目研讨反馈表》,聚焦本课的成效、不足和改进措施,教师的课程领导力得到有效发展。

表21 微项目研讨反馈表

课堂教学	维度	成效	改进措施
教学策略	"问题链"的梯度性		
	单元设计的关联性		
教学方法	阅读方法的多样性		
	思维品质的拓展性		

听过曹磊老师的课后,我们反思总结,提炼经验。就"问题链"的梯度性而言,在学生阅读

完整语篇后,教师巧设三个问题:你从本篇文章中了解了哪些信息?什么最令你印象深刻?读完文章之后还有什么困惑?这三个问题拓展了学生的思维空间,培养了学生的逻辑思维能力,有助于养成边读边思考的阅读习惯。就单元设计的关联性而言,本单元第一课时Reading,学生学会说明文的阅读方法,第二课时Listening,学生了解建筑材料、高度、时间等相关内容。在前两课时的学习基础上,学生可以将旧知运用到新知比萨斜塔的学习过程中。就阅读方法的多样性而言,教师可指导学生了解一些阅读方法,例如预测、略读、寻读、细读等,通过长期的定量阅读输入,学生逐步从"无目的的读"到"自主阅读"。就思维品质的拓展性而言,教师设计让学生思考文章中有关实验的描写是否必要,学生在这个过程中勇于质疑作者,批判性思维能力得到发展。

由此,我校英语组形成了稳定、完整的活动流程,展现了思考、论证与实践的有机融合,从内涵到深度发生了根本改变。全体教师紧紧围绕研修主题,通过问题捕捉,明确问题导向;通过分布式领导,落实人员分工;通过理论学习,寻找制订方案的依据;通过开展微讲座,寻找问题答案;通过课堂实践,检验教学效果;通过工具开发,提供实证依据;通过座谈讨论,相互碰撞升华。我们英语团队的每一位老师就像辛勤的农夫,通过一次次的精耕细作,用自己的"匠心"培育着"英语教研"这片土壤,期待每一个微项目都能茁壮成长!

综上,微项目循证研究是在国家课程校本化实施的过程中不断地探索而形成的,也在不断地实践研究中改进。在这个过程中,教师的课程领导力得到高效发展,为基础课程校本化实施提供了强有力的保障,它也必将更有效地提升我校教研活动品质!

第四节 成果:助力教师专业发展的行动研究与案例

一、教师专业发展的典型案例

我校是宝山区一所基础薄弱的学校,在探寻优质办学之路上,我们坚持以课题研究为引领,打造师资团队,改革课堂教学。几年来,课题研究成为教师专业成长路上的踏脚石,一批年轻教师脱颖而出。下文三篇案例是分别在我校工作一年、两年和三年的年轻教师的成长感悟,他们是实践者,更是受益者。

(一)案例之一:"师师互动"助我成长

本案例的主人公是我校英语学科钟佳颖老师,她2014年6月毕业于华东师范大学,同年9月就职于我校,本文写作于钟老师入职不足一年之时。鉴于该教师素养扎实、头脑灵活、思维敏捷,在其职业发展的起点上,我校研训室为之配有两位师傅,一位是区级学科骨干唐春燕老师,一位是学校研训室科研负责人周晓艳老师,以期从教学与科研上为其筑起快速成长之道。下文,钟佳颖老师袒露心声,分享了她与两位带教师傅"互动"的过程。

◇ "师师互动":交流教学的艺术,提高教学能力

我和唐老师在学期初就制订了师徒结对计划。我们每周都会进行备课交流并互相听课和评课。在与唐老师交流互动的过程中,我深深感受到了教学是一门艺术。

刚走上讲台的我,对于自己的专业素养很有自信,但是却不知道怎样才能有效地把知识传递给学生,每次上课都像在唱独角戏,与学生的互动也很少。我将这个困惑告诉了师傅,唐老师告诉我这是新教师最常见的问题,她也曾经历过这一阶段,并不需要太担心,但是想要逾越这个阶段,必须要正确认识到自己在课堂中存在的问题。于是师傅便从备课着手对我进行指导。唐老师发现我的教案中一个比较明显的问题是教学目标不合理,每堂课制订的目标都太多了,把所有难点都融入到了一节课中去讲,于是就导致了老师一个劲地把知识塞给学生,而学生被动接受的"一言堂"局面。所以,我接下来做的第一步就是重新审视自己的教学目标,提炼教学重点难点。确立了比较合理的教学目标后,接下来就是教学环节的问题了。我出于调动学生积极性的目的,设计了一些小游戏环节,或小组活动环节,我本以为自己对活动的设计能获得唐老师的好评,但是唐老师坦诚地告诉我,课堂活动并不是为了热闹而设计的,课堂活动应该是为教学目标服务的,华而不实的活动并不能为课堂添彩。因此我舍去了那些看似热闹实际上却并不促进学生产出的教学活动。就这样,我在与唐老师的备课交流中明白了课堂设计的原则。

好的课堂设计只是一堂好课的基础。凡事贵在实践,所以我和唐老师开展了互相听课评课的师徒活动。在听师傅课的过程中,我感受到了唐老师在课堂中游刃有余的风采,唐老师的一些教学小技巧我也会有意识地运用到自己的课堂中去,比如唐老师擅长通过简笔画和归纳图表来帮助学生记忆知识,于是我也尝试着在自己的课堂中运用。而唐老师在听我的课的时候也会给我出主意、提意见,唐老师对于我的一些课堂小竞赛的设置表示赞许,因为这些活动紧扣教学目标,也大大调动了学生的积极性。但是我的课堂中存在着板书不够精细化的问题,板书中的重点和非重点没有用不同颜色的粉笔写出。于是唐老师建议我在上课之前不仅要对教学环节和目标进行思考,也要对板书有合理地设计。渐渐地,我的板书设计也在不断反思不断修改的过程中有了提高。

在一次次师徒的交流中,唐老师作为经验的传递者,与我分享了她从师二十多年的宝贵经验。而我不仅是学习者,也同样是实践者。在唐老师的备课指导下,我了解到了课堂设计的奥秘,不断完善;而在听课评课中我通过课堂实践体会到自己在课堂中的优缺点,扬长避短。

◇ "师师互动":探讨科研的意义,提升科研素养

作为新教师,我对教学科研的概念并不是很了解。令我困惑的是,教育科研是什么呢?怎么做教育科研?而我的另一位师傅周老师是学校教育科研上的领头人,在与她探讨交流的过程中我的疑惑也一一得到了解答。

周老师常教导我,教育和科研是紧密相连的,如果只是一味地教书,不思考不反思,不发现问题解决问题,那么最终也只能沦落成一个机械化的熟练工、教书匠。所以周老师首先启发我要关注自己的教学,在教学中收集素材,发现问题。我在课堂中发现学生的语言输出总是不太理想,而我们教研组的课题也是与语言输出有关的。于是我在周老师的鼓励下,积极参加课题交流活动,了解课题的提出背景。

找到了自己想要研究的内容,那么怎么做教育科研呢?周老师告诉我,首先需要了解教育新动态,所以周老师鼓励我在闲暇之余,要多看书多学习,尤其要看与自己所教学科有关的书籍和文章,从中汲取营养。而我也听从了周老师的建议,定期阅读《现代教学》《中小学教学研究》等杂志,并养成了做读书笔记的好习惯。在此基础上,我还搜集了与课题有关的文献进行学习,并认真地听了几堂与课题有关的实践课。在这一过程中,我对课题的理解逐步加深,并形成了自己的想法,在学期末的时候我自己准备了一节实践课,并撰写了相关案例。

周老师带领着我在教育科研的道路上慢慢进步,让我了解到了教育科研的价值和意义,我也在一次次的交流探讨中提升着自己的科研素养。

在这不到一年的带教过程中,钟佳颖老师深刻地认识到:

作为新教师,师徒结对活动让我体会到了"师师互动"的必要性。新教师的进步离不开前辈的鼓励与支持。在一次次沟通、交流和探讨中,我与师傅们之间碰撞出的火花推动着我的成长和进步。"师师互动"是智慧的分享,经验的传递,更是我成长道路上的导航。

(节选自钟佳颖:《"师师互动"助我成长》)

虽然工作尚未满一年,这位年轻的教师成长快速。在教学方面,不仅其多次公开课得到听课老师的一致好评,其带教班级学生的成绩也名列前茅。在科研方面,她的文章《困惑清单,让问题归零》荣获宝山区"我最喜爱的一本教育著作"读书征文三等奖。她的综合素养也明显提升,在宝山区淞宝地区见习教师"两讲一评"的评比中荣获演讲比赛一等奖、案例撰写三等奖及"优秀见习教师"的称号。

(二)案例之二: 学案助力新教师成长

本案例的主人公朱少风老师,2013年6月毕业于上海师范大学数学系,同年9月就职于我校,本文写作于他入职两年之时。朱少风老师所在的学科组,是我校优势学科数学组,也是市级课题实践探索的"排头兵"。为此,两年来,其专业成长与市级课题的推进相伴相随,下文,朱少风老师分享了其在做学案过程中的成长故事。

◇ 转变固有观念，坚定发展信念

我读初中时的教材和现在不同，教法自然也不同。传统的教法拘泥于课本，按部就班，不易出错但知识量少，教师讲什么，学生学什么。对于新教师而言，这种教学方式是最容易上手的。但在我校中学数学组，学案的产生将课堂的主导权进一步交给了学生，也对教师提出了更要的要求。

用最熟悉的方式去完成教学任务，还是转变自己的观念，尝试全新的教学方式？我开始跟着学校的课题摸索起来。在不断的尝试和探寻中，我对学案和课程有了新的理解：给学生一个自主的权利，学会选择；给学生一个探究的空间，学会创造；给学生一个合作的机会，学会成长；给学生一个实践的条件，学会领悟；给学生一个反思的平台，学会进步。

教育应以学生为本，既然当下的教学方式更加适合学生的发展，作为教师的我就应该摒弃旧的观念，让自己和学生共同发展。

◇ 规范教学行为，提升专业素养

随着互联网的发展，教师备课的可借鉴资源也越来越多，同样一节课可以在网上找到几十甚至几百篇不同的教案。对于新教师而言，融合其他老师好的成果，能够帮助自己上好每一节课，但容易让新教师的教学风格飘忽不定。在我刚踏上讲台的时候，我无法准确找到每节课最合理的教学重难点。因此，有时把简单的讲复杂了，有时却把难点讲简单了。在我无所适从的时候，带教师傅建议我从学案入手，根据学案去备课。比如我在讲《等可能事件》这一课时，起初仅凭着自己的经验，把等可能事件和概率的关系相混淆了，将本节课的重难点定为"如何求解一个事件发生的概率大小"。经同组老师指点，我根据学案上对于新知的点拨，我重新制订了重难点："1.学会分析等可能事件中的所有可能事件；2.找出符合条件的发生事件数。"在第二次试讲时，我围绕着学案重新调整了自己的教学顺序，得到了听课老师的肯定与好评。

现在的我教态成熟，校长对我的课用到了"放心"两个字评价，这也更进一步提升了我把每件事做得更好的信心与渴望。

对于刚刚工作两年的年轻教师而言，做学案的过程是痛并快乐着的。正如朱少风老师所言：

第一年的我什么都不会，只能跟着学案走，每天备课到十一、二点，成绩和另外两个平行班差5分，疲于应付各种任务。第二年的我已适应这种教学方式，并积极参与备课组学案设计工作。成绩与其他班的差距越来越小，并在见习教师大奖赛中获得了区二等奖的好成绩。我看到了转变给我带来的进步与收获。

迄今，朱少风老师的专业成长大家有目共睹。在我校青年教师学习共同体——"新竹社"

中,他积极主动参与社团组织的各项活动,勇挑重担、乐于付出,不仅成长为青年教师群体中的佼佼者,还在宝山区"青蓝工程"中表现优异。

(三) 案例之三: 认知·内化·践行——课题助推青年教师成长

苏霍姆林斯基说,"如果你想让教师的劳动能够给教师一些乐趣,使天天上课不致变成一种枯燥乏味的义务,那你就应当引导每一位教师走上从事一些研究的这条幸福的道路上来"。本案例的主人公苏尚君老师,2012年9月就职于我校,其专业成长与我校市级课题同步。本文写于入职三年之时,在这三年中,苏尚君老师不无感慨:

教学,对于一个初初而来稚气未退的青年教师已然是一个需一生不息追求的梦;科研,非沿途风景,亦非终点,它像空气一样存在,仿佛唾手可得,伸手却又无法紧握。我想我是一个幸运之人,因为我似乎比同龄的青年教师们走得更快一些,离科研也更近一些。

下文,我们将分享苏尚君老师成长路上的点点滴滴:

- 初识课题,"纠结"中明晰成长思路

每一位刚参加工作的青年教师都被要求在大量听课学习之余,必须参加各式各样的培训,包括校级、区级甚至是市级,到处有研究者的报告,到处是专家的讲座。很清晰地记得心里满是抱怨,感觉被这一大堆的培训占据太多时间,甚至无暇好好备课,揣摩教学。当时那个稚嫩的,还未走到科研道路上的我只看到当前工作和培训的量度、学习的难度,而没有用长远的眼光来看待量度、难度对个人发展的助推作用。也正因为如此,参与课题推进工作于我便成为工作与学习矛盾的阻碍。然而在课题的推进过程中,我渐渐明白,课题并不是孤立的,它可以渗入平时每一个环节,特别是制订教学规划与总结时。它可以帮助青年教师明确发展目标,思考发展路径,甚至改变做事态度。课题的推进就像是一个比较全面长远的发展计划,是对未来整体性、长期性、基本性问题的思考。参与课题的推进,有助于我在制订教学规划时对未来的发展有整体和长期的思考与设计。从只能着眼于一节课的环节设计发展到一个阶段,乃至三到五年的规划。有了阶段规划,设计课的时候能更具计划性、实践性,做到与近期规划紧密相关,与课题相辅相成。总结是对过去一定时期的工作、学习或者思想情况进行回顾、分析,并做出客观评价。参与课题推进过程,我便有了积累与思考,有了积累才有收获,有了思考才会有提高。分析收获、思考提高能够提炼出一定的经验和规律,总结时才会言之有物,再用以指导平时工作,做到事半功倍。

◇ 参与课题,"蹒跚"中内化课题思想

参与课题推进的过程是一个长期的过程,如果说认知课题本身的意义以及其作用使我对工作有了更详细周密的思考,那么课题思想的内化才真正改变了我身为教师、身为课题参与者的态度。在课题推进的初期,我作为参与者上了一堂实践课,专家在听完课后告诉我:"年轻人,上课是要思考的。"当时我很委屈,我认真花了两个星期时间准备的课竟然是没有经过思考的?经过同备课组以及专家指点过后,我才意识到,我在设计一堂课的时候考虑的大多是如何设计一个活动让学生感到有兴趣去学去听去读,而这样设计出来的课堂是支离破碎、没有灵魂的。课题思想的内化便是我我课堂所缺少的灵魂。有了课题思想,让我对主观世界有了分析和研究,我感悟到,需要实实在在地分析自己,肯定成绩,找出问题,采取措施,节约时间,逐年发展,实现这些需有求真求善求实的态度。一个课题,从提出、立项、推进最后结题,其价值与意义是回归课堂教学的,课题思想帮助促进教师课堂效率的提高,是一件值得花时间下功夫的事。

◇ 践行课题,课堂中渗透课题理念

第一次实践课失败后,我对主观世界有了分析与研究,认识了课题与日常课堂的紧密联系,端正了自己的做事态度之后,我进行了四堂公开课的展示与研究,研究范围涉及四个单元的内容,相当于一个学期的英语教材,也多次与专家探讨修改教案与学案等。这四次公开课也成为我参加工作三年来最珍贵最有价的实践过程,我也真正走上了践行课题思想的道路。以七年级第二学期第三单元"Peoples and Jobs"为例,在设计学案时,旨在调查询问学生感兴趣的工作以及名人,并对该单元的语法点——时间状语从句予以回顾总结。在学生完成学案后,我根据具体的学情分析后再对最初设计的教案以及教学设计进行修改,做到"双案"联动。在导入阶段我先以当红歌曲《时间都去哪儿了》引发学生思考,随即进行头脑风暴,学生思维涌动,气氛活跃,学生们齐听共唱,从师生互动到生生互动,真正体现了"互动生成"。

总之,有了课题思想的认知、内化和践行,苏尚君老师对学科知识有了更系统的理解和整理,学生也同样获益。三年来,苏尚君老师曾先后荣获《改善学生课堂表现的50个方法》教师读后感征文三等奖、2014年上海市教委举办的中小学公共安全网上知识竞赛教师组二等奖,其作品《师生同乐》荣获宝山区教育系统"读书是最美的姿势"摄影大赛三等奖等,其所带班级学生也在区级乃至市级比赛中屡创佳绩。

二、教师专业发展的反思

对于教师职业发展而言,课题研究与课堂教学犹如鸟之双翼。反观当下,我们往往注重了抓教师的课堂教学,而淡化课题研究的价值。在我校课题推进过程中,我们秉承"骨干教师承担子课题、青年教师课堂跟进"的原则,既激励骨干教师打破职业倦怠,又鞭策青年教师"教""研"相长,夯实职业发展之基。

1. 理念先导,明确目标

理念是行动的先导。青年教师初踏讲坛,脑中挥之不去的是自己读书期间老师教书的印记,倘若不正确引导,极易陷入因循陈规,匠气十足。为此,我校市级课题立项以来,在为职初教师专业发展规划筹谋之际,学习课题研究思想,明确研究路径成为首选,以期开启"学做课题,智慧教书"之良好开端。于是,在师徒带教方面,对资质较好的职初教师,从学科骨干和科研骨干中选取两位教师作为师傅,"教""研"相辅,为职业发展起步助跑;在课题理论学习方面,依托我校青年教师社团——"新竹社",每两周开展一次"读书沙龙"活动,让年轻的思想交汇碰撞。三年来,在课题引领下,从个人到团队,扬科研之风,塑钻研之德,养善思之习,打造了一条富有我校特色的教师成长之路。

2. 课堂跟进,行思结合

课堂是课题研究生根、发芽、开花、结果的沃土。离开课堂实践,理论之花终将枯萎。在助推青年教师成长之路上,我们倡导"教""研"结合,将对课题的理解与思考植根于课堂一线,以教研组为团队,分解研究点,定主题、分阶段开设课题研究课,从备课、执教到评课环节,均围绕课题展开,群策群议,反思不足,总结经验,延展视角,在丰富课题研究内涵中提升教师执教水准。

3. 创设平台,助力成长

埋头走路与仰望星空并重,刻苦钻研与交流展示并举。在助推教师成长之路上,我们积极为展示教师风采搭建平台,一方面,借外省市骨干教师莅临我校之机推出课题研究课,在交流互动环节借助"第三只眼",汲取可行的建议与意见,进一步加深对课题的思考,进一步完善对教学的研究;另一方面,借市、区级学科教学联盟学科交流之机,推出年轻教师,勇于上课题研究课,敢于展示研究成果。在交流展示中磨砺青年教师刻苦钻研之志,打造青年教师虚心好学之德,彰显青年教师好学上进之才。

第六章

呵护：引领每个学生的成长

第一节　问题：学习经历单一，个性化发展欠缺

为了解学生的真实学习经历，学校开展了实证研究，结合客观的数据分析、学生随机访谈以及教研组的主题研讨，了解学生的需求与意见，确保学校教学方式转型的探索符合学生发展需要，真正惠及学生。

以学科教学改进为例，学校首先针对学生在学案、课堂互动、师生关系、自我评价等方面的现状，发现学生的学习问题及困惑，锚定改进方向。实证分析后学校发现，核心问题在于学生学习经历单一，个性化发展欠缺——并在此基础上研究课程设计、教学方式、师生关系等方面的调整策略。

调查分析如下：

【说明】参加此次问卷的对象是宝钢新世纪学校六至九年级学生，每个班级15人（兼顾各个学习层次的学生），共发放问卷315份，实收问卷315份。具体情况如下：

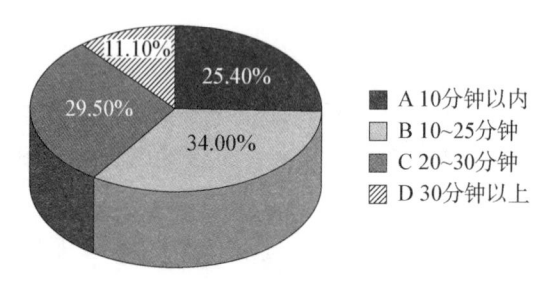

图13　完成一份学案的具体时间统计

【统计分析】从统计选项看，完成一份学案的时间在10分钟以内者占25.4%、10~25分钟者占34.0%、20~30分钟者占29.5%、30分钟以上者占11.1%。总体看，完成学案时间基本控制在30分钟以内，且在25分钟以内完成者占59.4%。可见，学案不会成为学生额外负担，基本属"减负"时间范畴。

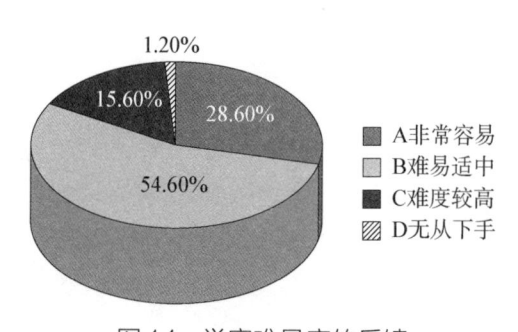

图14　学案难易度的反馈

【统计分析】从统计选项看，学案内容让学生"无从下手"者仅占1.2%，认为"难度较高"者占15.6%。鉴于学生随机抽查，兼顾了各个学习层次，这两项统计如实反映了学案中的内容

设计让少数学生感受到独立完成有一定难度,这将使我们思考学案的设计与布置也可尝试实施分层。认为学案"非常容易"和"难易适中"者分别占28.6%、54.6%。综上,学案内容设计基本符合学生学习认知,难易程度属于正常范畴,但从学生感到"无从下手""难度较高"和"非常容易"三项的数据来看,学案分层方面有待加强。

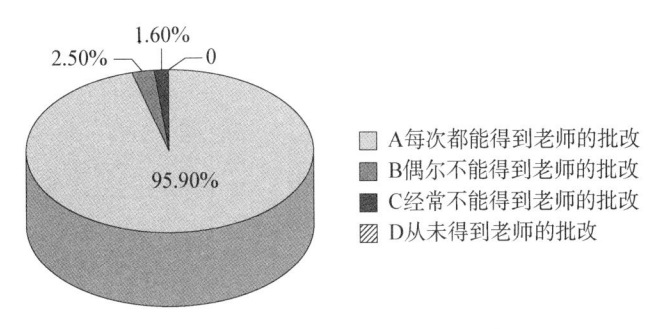

图15 学生学案批改情况统计

【统计分析】教师批阅学生上交的学案的情况,从数据上可以看出95.9%的学生反映"每次都能得到老师的批改",没有学生反馈自己的学案没有得到批改,"偶尔"或者"经常"得不到老师批改的占4.1%。由此可见,我校学案批改工作比较扎实,没有流于形式。

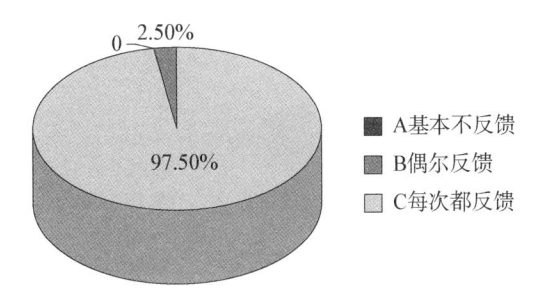

图16 教师学案反馈情况的统计

【统计分析】从教师课堂反馈学案的情况看,不存在教师不反馈学案的情况,97.5%的学生反映老师每次都反馈学案,但对2.5%的学生认为教师存在"偶尔反馈"现象之缘由,有待个别访谈,进一步跟踪。

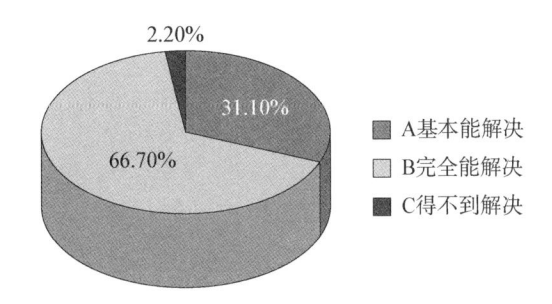

图17 学案反馈后,学生问题解决情况的统计

【统计分析】关于学案反馈的成效,31.1%的学生认为问题"基本能解决",66.7%的学生认为"完全能解决","得不到解决"者占2.2%。综上,97.8%的学生在学案中存在的问题能得以解决,表明了教师反馈学案有较强针对性,能有的放矢地帮助解决学生存在的问题,践行"以学定教"的理念。

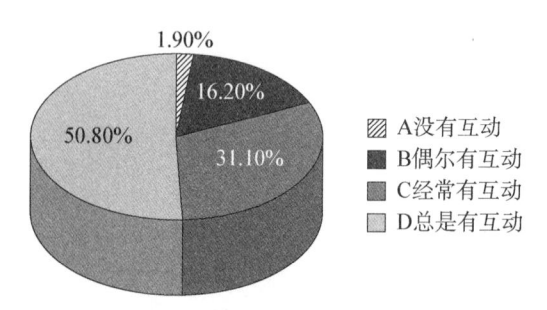

图18　教师对学生课堂互动情况的反馈

【统计分析】关于课堂是否能做到多元互动,1.9%的学生认为课堂"没有互动",16.2%的学生认为课堂"偶尔有互动",31.1%的学生认为课堂"经常有互动",50.8%的学生认为课堂"总是有互动"。从数据看,我校课堂互动的频率比较高,基本能调动师生积极参与,但某些学科、某些老师也存在互动较少的现象,在后续研究中指的关注该问题。

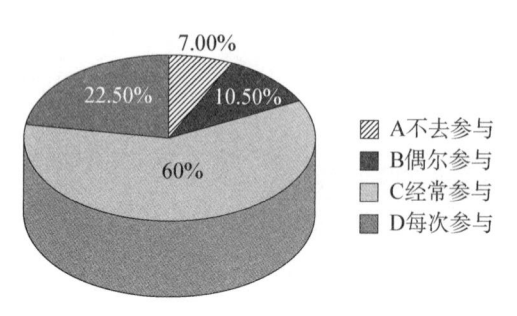

图19　课堂互动中教师参与度的统计

【统计分析】从课堂互动中学生的态度看,"经常参与"者占60%、"每次都参与"者占22.5%,这表明课堂互动基本能调动学生参与的积极性,参与面较广。针对"偶尔参与"乃至"不去参与"的态度,教师应在平常课堂互动中充分关注每一个学生,以免造成课堂中出现"被遗忘的角落"。

【统计分析】从课堂互动中教师扮演的角色看,反映老师是"引导者"的占85.4%,表明我校教师能在课堂互动中敢于放手、以"教"导"学"。认为老师是"指挥者"的占11.4%,表明少数教师在课堂互动中还不能完全放手,有一定教学主导的行为。3.2%的学生认为教师是"旁观者",从某种意义上也证明我校存在教师在课堂互动中完全放手、无所作为之举,对此应予以后续关注。

第六章 呵护：引领每个学生的成长

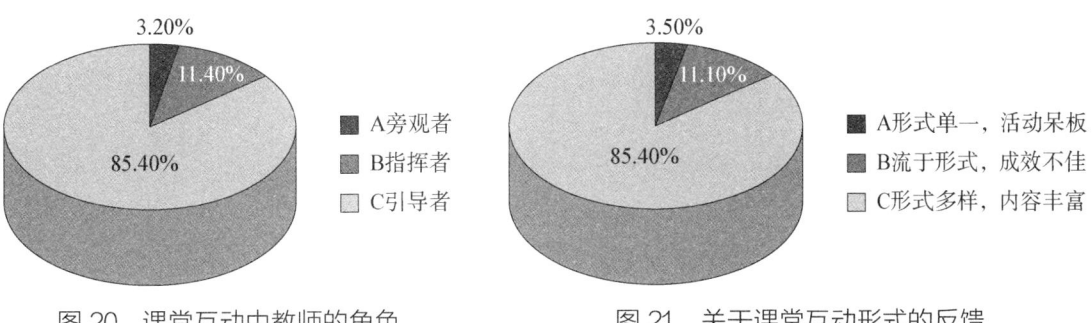

图20 课堂互动中教师的角色

图21 关于课堂互动形式的反馈

【统计分析】从课堂互动的形式看，85.4%的学生认为课堂互动"形式多样，内容丰富"，反映了我校教师在课堂互动环节的精心设计、积极落实；11.1%的学生认为课堂互动"流于形式，成效不佳"，3.5%的学生反映课堂互动"形式单一，活动呆板"，这表明我校在课堂互动环节仍有努力完善的空间。

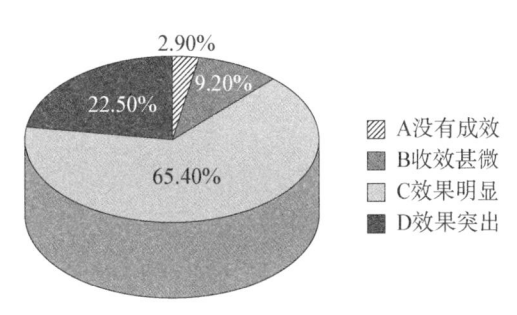

图22 关于课堂互动成效的统计

【统计分析】从课堂互动的成效而言，65.4%的学生认为"效果明显"、22.5%的学生认为"效果突出"。从学生的感受看，我校在课堂互动环节的探索成效比较可观，但从2.9%"没有成效"和9.2%"收效甚微"的角度看，也存在一定不足，有待进一步完善课堂教学策略。

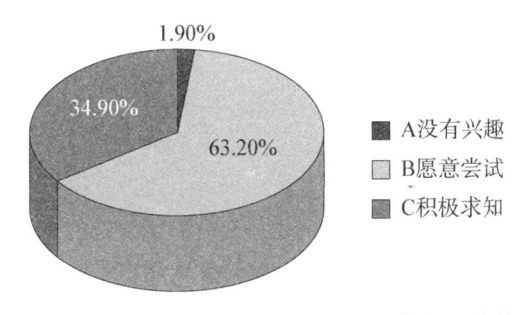

图23 关于课题研究对学生学习促进作用的统计

【统计分析】从课题实施以来对学生的学习状态影响而言，1.9%的学生反映自己处于对学习不感兴趣的状态，63.2%的学生认为自己"愿意尝试"学习，34.9%的学生认为自己处于"积极求知"的学习状态。从数据反馈看,课题研究一定程度上促进了学生学习态度的改善,调动了98.1%的学生学习趣味,学习从被动改为主动,从"接受"到"探求",这无疑为提升学生学习品质奠定了基础。

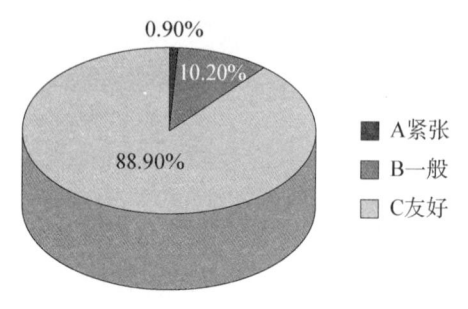

图24 关于班级师生关系情况的反馈

【统计分析】课题研究不仅要提升教与学的品质,更应惠及师生关系的改善,而师生关系的改善,势必会助推教与学的水准。从认为师生关系"友好"的百分比看占88.9%,反映了课题有利于师生关系的和谐。

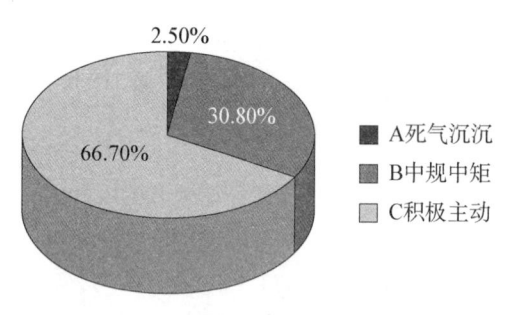

图25 关于执教班级学习风气的反馈

【统计分析】从班级学风看,选择"积极主动"的占66.7%,"中规中矩"的占30.8%,"死气沉沉"者占2.5%,由此可见,该课题研究在一定程度上改善了学生的学习风气,但要看到仍有很大的提升空间。

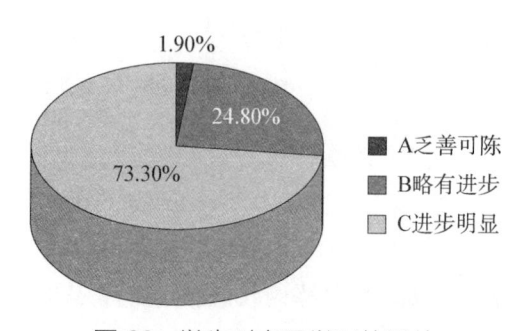

图26 学生对自己学习的评价

【统计分析】从课题对学生的学习评价看,感觉自己"进步明显"者占73.3%,"略有进步"者占24.8%,"乏善可陈"者占1.9%。综上,课题促进了学生的学习进步,后续研究中需进一步关注促进学生学习提升的关键所在,并在课堂教学中进一步强化。

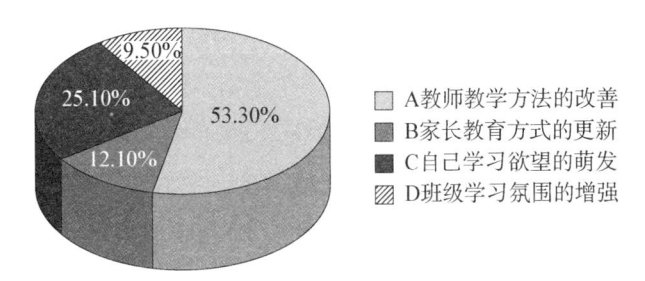

图27 关于影响学生学业成绩提升因素的反馈

【统计分析】就影响学生学习成绩提升的因素而言,从排序可以看出依次是:教师教学方法的改善、自己学习欲望的萌发、家长教育方式的更新、班级学习氛围的增强。反馈表明了课题研究中教师的专业发展是带动学生学业成绩提升的关键,在刺激学生学习欲望、争取家校合作、提升学习氛围方面仍需进一步完善。

第二节 价值:丰富学生经历,提升自我效能感

"一切为了学生,为了学生一切",是学校发展最终的目标。具体言之,在走向新优质的研究与实践中,我们始终以学生的学习需求作为课堂教学实践研究的指南,在不断改进过程中,通过开展访谈倾听学生心声,及时调整研究策略,以期让学生成为最终的受益者。

一、学有"预案",有备而来

我校生源以务工人员子女为主,学生学习基础薄弱,学习习惯较差,家庭教育条件并不优越。为让学生卷入学习过程,开启有意义的学习之旅,在预习环节,通过学案中"温故知新""新知导学""学以致用""学有所思"四个板块的内容设计,让学生初步感知新知、尝试解决问题、舔尝成功之喜、萌发探究之欲,学案由此成为学习的"预案",既让教师更有针对性地了解学生学习的"前状态",又让学生信心满满地进入学习的"准状态",学习者不再被遗忘、被淡化,学生俨然成为学习的主角。

二、心中有数,全心投入

基于学案的预习尝试,学生对自己的学习准备状态已了如指掌,较之于脑袋空空、被动去学,此时的学生已经基本明确自己哪一块内容已初步掌握,哪一块内容存在疑惑;在学习过程中,学生会有意识地在课堂某些环节增强注意力,在某些环节更愿意参与互动、小试牛刀。如

此一来,学生便成了学习的探寻者、应用者,不管是自主学习还是探究合作,学生会主动卷入学习过程,体悟学习的快乐。

三、学有所获,快乐成长

以"学生为中心"的课堂,时时关注学生学习之需,刻刻关注学生学习之趣,处处关注学生学习之获。具体言之,课前预习环节,学案基于学生学习认知水平而设计,学生自主学习、自主探究,养成了预习习惯,达成了课前认知;课中多元互动环节,学生通过交流、合作、共享,将课堂情境、知识学习、生活经历、已有认知等元素构建关联,酝酿、发酵,继而踊跃表达个体认知,乐于分享团队智慧;课末交流环节,学生则学有所获、习有所得。总之,学生知识的习得、习惯的养成、品性的陶冶等均在学习过程中悄然达成。

四、多元评价,自主发展

强调拓展"双案"互动课堂的内涵,让学生有更多的实践机会,承担一定的任务,扮演一定的角色,在"自主—合作"中不断领悟、感知,在"自主—合作"中培养社会生活能力,发展个性品质,体验道德并规范自身的行为。课题更引导教师认知多元智能,改变终结性、单一的教育评价理念,引导学生在发展性、支持性和多元评价中形成自信,养成良好的学习习惯,形成主动学习的动机,实现自主发展。

第三节　方法:关注多元学习经历,以人为本

针对现实问题与学校发展的价值导向,学校变革过程中以"学生为中心"的理念贯穿始末,在教育教学的方法论中突出表现为关注学生的多元学习经历、注重以人为本。

在教学方式转型中,学案设计一改以知识为本的常规之举,转而以满足学生学习需求为基础;学案反馈针对学生预习中的所得与所"惑",教案的相应调试,亦是服务于学生进一步学习之需;课前的预设与课中的多元互动等也均服务于学生的学习认知达成。下文以数学学科叶华平老师的执教经历为例,分享其在提升我校九(5)班学生学习能力上的实践与探索。

首先,对该班级在六年级时的学习水平分析如下:

我班39人,总体来看学生对数学学习的积极性比较高,基础知识掌握牢固,具备了一定的学习数学的能力。但是班级中也存在一些问题:少部分学生学习数学的兴趣低,上课思想开小差的现象时有发生,学习习惯需要进一步培养;同时,部分学生性格有偏差,学习习惯有偏差,作业质量差,听课效率低下,学习方法不恰当;学困生也较多,学习基础薄弱,畏惧困难。因

为上课不认真,很多知识难听懂,不能独立完成学习任务,需要老师辅导,积年累月,致使提高全班整体成绩有比较大的难度。

针对这样的班级,叶华平老师进行了如下尝试:

◇ "学案铺垫",开启学生改变之路

为了让学生有针对性、有方向地去学习,培养学生的自学能力,合理设计仔细批改学案能让老师更好地了解学情,同时适当调整自己教学方案,让学案为课堂教学服务的效率达到最大化。学案设计可分为六个环节:学习目标、重点难点、温故知新、新知导学、学以致用、学有所思。六个环节环环相扣,很好地为课堂教学服务,开启了很多孩子培养数学习惯、提高学习兴趣的改变之路。

传统教学更多先教再学,或边教边学。有了学案,让学生先学再教,让学生带着问题进课堂,学案正给我班的教学定位来了一个正本清源,学生的学习兴趣也越来越高。学案设计中,"学习目标""重点难点"的设置,不仅仅体现了由"教学目标"换为"学习目标"的表象变化,也不是单纯地把"教学内容"换为"学习内容"那么简单,而是真正体现和突出了学生学习的主体地位,还课堂教学以本来面目。在把握学习目标的同时,学生能更好地把握学习重点,有的放矢。主体的改变,让学生的主动性有了非常大的提高,兴趣也从中诞生,很多孩子的学习是在体会到完成学案的成功喜悦中起步的。

学案的应用,让孩子自学能力有了很大提高。学案中"温故知新""新知导学"的设置,悄悄地改变着学生的学习方式,改变着课堂教学模式。原来学生主要是靠听老师讲解学习的,自从实施学案导学以来,变成主要靠自学。刚开始,学生不适应,还想听老师讲。在学案引领下,他们慢慢学会了自主复习旧知,为学习新知做好铺垫,无声无息地在"新知导学"中自主研究教材,逐渐适应自学。坚持一段时间后,发现很多孩子数学阅读理解题有了很大提高,或许这就是学习能力提高最有力的证据。

学案悄悄改变着孩子的思考习惯。学案中"学有所思"环节的设置,让很多孩子主动思考,思考的角度多了起来。刚开始,或许是归纳小结能力太弱,也可能思考习惯太差,很多孩子不知道如何表达预习所思,但经过一段时间的指导和训练,学生自学能力有了很大提高,思考习惯越来越好,越来越愿意学习了,很多孩子"学有所思"写得特别深入,对一节课归纳的小结更加全面。我班孩子,特别是基础薄弱孩子、习惯差的孩子,有了学案后,很多都变得愿意思考了,这是可喜的变化,这是成功的起步。

• "双案联动",铺就学生成长之路

为了让学案能更好地为课堂教学服务,使得课堂学习更高效,把学案、教案进行有效联动,让高效课堂之梦得以实现。

"双案"联动,让课堂学习容量变大,学生学习数学兴趣更浓,成长在这里起步。学案要求学生以预习为基础,上课之前让学生对本节课的内容进行预习,以达到对上课的内容心中有数,对本节课的疑难点、重点可以先进行预习,降低了上课学习的难度。我班孩子因为有了预习,在课堂容量变得更大的同时,课堂也变得更加活跃了,学习数学的兴趣变得浓烈!

"双案"联动,使学生自学能力、钻研能力变得更强。部分学困生由于基础实在太差、缺乏学习的主观能动性,只是一味地抄别人的答案,自己从不参与讨论,不愿思考,自学困难。但有了学案,课堂上教案和学案有效结合,他们开始慢慢喜欢上了思考。特别是课堂中,因为"双案"联动,让课堂互动多起来,师生互动,生生互动,让那些不爱思考的同学也开始思考起来,课堂学习讨论气氛变得很浓,学生的自学能力、钻研能力不断得到提高。

(节选自叶华平:《"双案"联动助推学生成长》)

综上,在课题引领下,教师时刻关注学生自学能力的培养及自主学习习惯的养成,适时调整教学策略,学生学习兴趣油然而生、成绩提升迅速。以九(5)班数学成绩从六年级到九年级的发展趋势为例(图27):

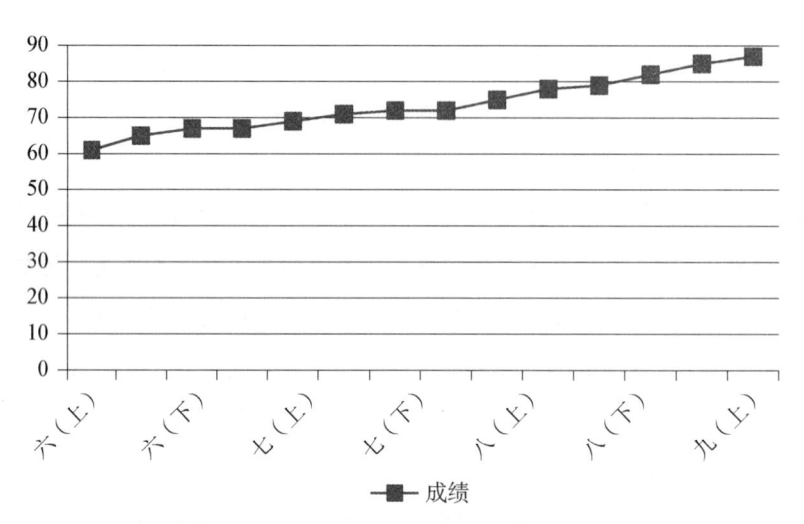

图28 九(5)班数学平均成绩走势图

备注:九年级为150分制,折线中的数据是按百分制折合后的分数。

如果说上述案例是从宏观层面进行描述的,下文则以历史学科周晓艳老师的执教的《拜占庭帝国》一课为例,具体呈现在学习过程中,师生平等对话,用心与心的交流、情与情的交融、行与思的汇聚,共同开启了教育教学新境界。

◇ **初次执教的反馈:**

首次上课,学生反应平淡,课堂气氛沉闷,甚至有拖堂现象。具体用时统计如下:

教学环节	预设时间（分钟）	实际用时（分钟）
新课导入	2	2
一、探寻"金桥"之所在？	3	5（+2）
二、"金桥"上承载些什么？	12（《民法大全》）	14（+2）
	8（圣索菲亚教堂）	6（-2）
三、金桥是如何沟通东西的？	12	15（+2）
小结	3	1（拖课1分钟）

◇ **学生评教**

为更好地改进教学，我决定对授课班级学生进行抽样访谈，从八(3)班32人中共抽取18人，其中成绩优秀者4人、中等偏上者7人、中等偏下者7人，以开放式问题开展访谈，并做相关统计。具体情况如下：

问题一：这节课你觉得哪一环节最难？

具体教学环节	优秀者	中等偏上者	中等偏下者
一、探寻"金桥"之所在？			
二、"金桥"上承载些什么？			1
三、"金桥"是如何沟通东西的？	3	6	8

问题二：你觉得这一环节难在哪里？

访谈者集中反馈难点在第三环节，暴露史料学习的短板。

问题三：你觉得这节课有哪些地方需要改进？

就如何改进课堂教学，学生畅所欲言，意见较为分散，但几乎涵盖整个教学过程。具体如下：

学生建议	人数
1. 拜占庭帝国与东罗马帝国之间的关系，能否讲解得简单些。	3
2. 《民法大全》为何能够持久地产生影响，这个问题能否忽略。	5
3. 第三环节的文字史料是否可以简洁明了一些。	14
4. 整节课的文字材料过多，能否适当删除个别史料。	15
5. 这节课老师说得过多，能否设计些师生、生生互动的环节。	10

续表

学 生 建 议	人数
6. 老师上课的口头禅"那么""对吗""是不是"太多，能否减少些。	2
7. 这节课老师设计了几个以前学过的问题，我们几乎答不出来，老师能否带领我们翻书查找一下。	3
8. 板书有些随意，建议板书规范些。	1
9. 老师有些话说得文绉绉，能否用通俗易懂的语言表述。	7
10. 老师总是站在讲台上，能否走下讲台跟我们交流。	5
11. 每一环节的提问能否衔接得更顺畅一些。	3

• 教师反思

此次访谈，学生从具体教学环节、学习方法、教师教态语言等方面畅所欲言，袒露心声，本节课存在的问题赫然在目：文字史料过多、缺少互动环节、教学细节有待雕琢、个别知识点设计有待改进等。就此，从以下三方面归因：

首先，就本节课而言，中世纪基督教盛行之下，欧洲诸国步入所谓的"黑暗时代"，古典希腊、罗马文明黯然失色。拜占庭帝国却继承古典文化，并融汇东方诸名文化，用文明的火炬照亮地中海，照亮欧洲文明甚至世界文明的进程。于是，"继往开来，沟通东西"便成为拜占庭帝国的显著特征。相应地，除教材简要提示之外，还应增加对前一单元有关古典希腊、罗马文化内容的回顾，及"继往开来、沟通东西"相关资料的拓展。由此可见，本课学习既要求学生有一定知识储备，又要有较好的史料应用能力，具有挑战性。

其次，就教师而言，一是一味拔高难度，以致脱离学生认知水平。如：八年级学生对法律知识了解甚少，遑论"法律精神的实质""法律是人类进步的阶梯"等，加之，教材对罗马法只字未提，是故《民法大全》为何能持久流传"这一提问无效。二是一味突出亮点，以致增加学生学习负担。如：本课教学设计中，共有7则文字史料，每则史料平均设计2个问题；一张图表资料，设计了3个问题；6张图片，每张设计1个问题。就课件呈现的共有23个问题，如此大量的提问，使学生穷于应对，一旦其失语，教师只能自问自答。三是一味彰显知识教学，淡化学生学习主体地位。本课教学主线完全基于教师对教材的解读和理解，鉴于教学设计内容过多，在重点与难点突破上，教师几乎没有给学生思考的余地，一对一的师生问答居多，基本没有生生互动环节，学生学习积极性受压制，只能被教师牵着鼻子走。四是由于教学设计的内容未经过精细化梳理，庞杂之下，教师授课过于匆忙，以致暴露环节之间过渡不自然、语言组织不精练、提问针对性不强等诸多细节问题。

最后，就学生而言，其一，鉴于对历史课的不重视，学生边学边忘，是故，教师一旦引导回顾旧知,学生反应木讷。其二,图片资料以直观形式透露历史信息,学生应用"图像证史"能力尚可,但从文字史料中多角度提炼信息则是其软肋,加之,本节课拓展了过多史料,以致学生阅读疲倦、输出乏力。其三,教师问题指向不明确、教学环节衔接不自然等,也会影响学生对问题的应答质量及对本课内容的整体理解。

反躬自省,本课的症结归咎于:执教者忽略了学习者的主体地位,突出了"教",淡化了"学";突出了"知识",淡化了"方法",以致学生被边缘化,课堂生成不足。

- **完善设计**

为实现课堂教学的进一步优化,我尝试修改原有教学设计:

首先,"'金桥'在哪里?"环节,一改原先对"拜占庭帝国"特殊文化性质的讲述,降低难度,借助历史地图让学生感知拜占庭帝国横跨欧亚两洲,并呈现"双头鹰"国徽,"一头注视着世界的东方,一头注视着世界的西方",使学生直观感受拜占庭帝国具备成为"沟通东西方文明桥梁"的地理条件。修改如下:

表一

原　设　计	修　改　后
(1) 背景分析。 (2) 东罗马帝国与拜占庭帝国有何关系? (3) 拜占庭帝国的地理位置大致涉及哪几个洲?	(1) 拜占庭帝国地跨哪几个洲? 横跨哪几个洲? (2) 适时呈现其国徽"双头鹰"标志,进一步突出其沟通东西方的重要性。

其次,"'金桥'承载着什么?"环节,从学生认知水平出发,将笼统的提问进一步分解,降低难度,使学生有话可说、有话能说;简化相关材料,确保提问针对性,使学生能解读史料,并从中提炼有益信息;增设互动环节,使学生在交流、探讨中主动发现新知。修改如下:

表二

原　设　计	修　改　后
1.《民法大全》相关提问: (1)查士丁尼是谁? (2)作为"立法者"他立了什么法? 这个"纪念物"是什么? (3)"纪念物"是如何持久流传的? (附两则材料) (4)该纪念物为何可以持久流传? 2. 引导学生观看图片	1.《民法大全》相关提问: (1)查士丁尼是谁? (2)作为"立法者"他立了什么法? 分解提问,小组合作: ①这部法律文献是什么? ②它由几部分组成? ③这部法律文献有何特征? (3)"纪念物"是如何持久流传的? (简化原有两则材料)

续表

原 设 计	修 改 后
	2. 引导学生观看图片 分解提问，小组合作 ①圣索菲亚教堂在哪里？ ②该教堂的外观面貌如何？ ③该教堂有何特征？

再次，"'金桥'是如何沟通东西方文明的？"环节，以两则通俗易读、故事性强的文字史料替换其中两则偏重理论论述的材料，激发学生阅读兴趣；通过有梯度地设计提问，引导学生由浅入深地提炼历史信息，提升史料分析能力。修改如下：（鉴于文字史料较多，仅举一例。）

表三

原 设 计	修 改 后
材料1： 拜占庭帝国在文字、宗教、艺术、建筑、法律等方面深刻地影响着斯拉夫民族文明发展的进程……莫斯科公国大公伊凡三世选择双头鹰作为其徽章，并以"第三罗马"自居。 提问： ① 拜占庭文明产生了什么影响？ ② 这则材料说明了什么？	材料1修改后的提问： 1. 拜占庭文明影响到哪一文明的发展进程？ 2. 它具体产生了哪些影响？ 3. 莫斯科大公以"第三罗马"自居，说明了什么？ 新增材料： 正是从拜占庭人那里，西欧人学会了剃胡子，了解到用胡椒、丁香和肉桂等香料煮熟的肉食味道更鲜美，养成了穿华贵衣裳、佩戴装饰物的风尚，而公共浴室、私人厕所此后也开始在西欧普及。

最后，一改结论式的总结，以"本节课你学到了什么？"鼓励学生畅所欲言，教师适时引导。

• 再次上课

再次上课，教师执教从容，衔接流畅，无效提问大为减少，学生则兴趣大增，师生互动、生生互动别开生面。相关统计如下：

师生、生生互动环节统计

教学环节	实际用时（分钟）	互动用时（分钟）
新课导入	1	
一、探寻"金桥"之所在？	3	2

续表

教学环节	实际用时（分钟）	互动用时（分钟）
二、"金桥"上承载些什么？	13（《民法大全》）	10
	7（圣索菲亚教堂）	5
三、"金桥"是如何沟通东西的？	13	9
小结	3	2

课后，与该班级18位学生的访谈反馈如下：

问题一：这节课你觉得哪一个环节最难？

具体教学环节	优秀者	中等偏上者	中等偏下者
一、"金桥"在哪里？			
二、"金桥"承载着什么？			
三、"金桥"是如何沟通东西方文明的？		2	3

问题二：你觉得这一环节难在哪里？

学生反馈：文字资料过多，阅读疲劳。

问题三：你觉得这节课有哪些地方需要改进？

学生建议	人数
1. 本节课拓展内容较多，能否精简些。	2
2. 关于《民法大全》的谈论时间能否再多一分钟左右。	2

问题四：谈谈你学到了什么？

学生反馈	人数
通过观察图片，结合教材，能全面感受"圣索菲亚教堂"的魅力。	6
能与同学合作学习，在轻松愉悦之中，掌握了方法，收获了知识。	10
老师的提问比较具体，"顺藤摸瓜"就能轻松寻到答案。	2

综上，学生对难点的反馈与教学难点相契合，暴露了初中生史料分析能力方面的短板。相较之下，对教学改进之处的建议大为减少，主要涉及教学细节问题，表明教学目标基本落实，而

学生对本课的喜爱之处,则是本课之亮点所在。

(节选自周晓艳:《平等对话,开启教学新境界——"拜占庭帝国"教学案例》)

总而言之,课堂是个生命场,教师应将对话视为一种新的教学精神,打破教学各要素的封闭与对立,尊重学生的个性抒发、自我表达,预留思考、判断、想象、体验、感悟甚至是创造的时间与空间,激发其生命中内在的主动精神和探索欲望,并根据师生交互作用呈现出的多种状态与具体情境,通过不断重组、优化来助推教学过程。只有师生共同成为课堂生活的创生者,在开放、生成、充满生命力的对话式教学体系中,课堂才能焕发生命活力。

第四节 案例:助推学生个性成长

一、学生成长个案

在学校、教师、家庭等多方因素的努力下,学生学习的效能感有了明显提升,个性发展更加多样。

例如,在我校连续三届开展的"我与学案共成长"征文中,学生的肺腑之言,俯仰可见。下文选取的征文中的三位学生作品中,她们分别谈到物理学科、化学学科和语文学科的学案对其成长路上的深刻影响。

案例之一:

九年级的物理课对大家来说已不再是陌生的,让大家每次都兴奋的事情自然是做实验这种手工活,一天到晚做作业、听课,已让很多同学麻木。老师便想出来了一个很好的招数,一件不利用上课时间,又可以提高同学们对物理这门学科兴趣的事情——在家做实验。因为条件有限,在家我们也不能做一些危险的实验,老师便让我们做一些材料简单的小实验。例如只用上水、水杯、鸡蛋等。

在我眼中,物理是个以实验为基础的学科。因为做实验的时候,有些公式、道理便自然而然地出来了,根本不需要去死记硬背书上的东西。而在家做实验时,可以提前预习明天老师将要上课的内容,也可以在老师上课时联想到自己做实验的场景,两者相互辅佐,更有利于记住这些公式,而且不容易忘记。

做这些实验时,总会拿出老师给的步骤纸,先全部看一遍,心中便先会自己猜测将会出现的现象,然后满怀好奇地去做这些实验。当现象与我所想的不一致时,我会皱着眉头,想着为什么会不一样呢?我想,这应该是我众多作业中最有趣的一项了。

做实验让我对原本枯燥的课本有了活的感觉,对物理这门学科也产生了兴趣,同时又提高了我动手的能力,希望以后老师能多多布置这类动手的实验作业。

(选自九(1)班　潘依婷:《物理课外小实验学案伴我成长》)

案例之二:

学习离不开预习和复习,而良好的预习习惯能使我们的学习更上一层楼。进入九年级后,我们又增添了一门新的学科——化学。随着化学学科学习的开始,学案也随之而来,这使我的化学学习受益匪浅。

在没有学案时,我自己预习新课,通常是粗略地将教材一节课的内容看一遍,大致了解新课内容便算预习好了,有时会发现老师讲的内容与我预习的内容不一致,预习对这节课的学习没有起到帮助作用。有时我会感觉这种预习还不如不做,简直是在浪费时间。而在有了学案后,我就会仔细阅读有关内容,回答学案中的问题,有些问题不能解决,我就会打上记号,课堂上仔细听老师讲解,这样上课听课效果自然事半功倍。如:实验室制氧气的学案:第(1)题写出仪器名称很简单。而(2)"想想看"中,①因加热固体时,防止冷凝水倒流引起试管破裂,在前面实验操作中学过,能解决;②通过查找资料知道叫排水法,也解决了;③中原因不会表达,需听老师讲解;④中可总结出加热时试管口没有略向下倾斜,还有什么原因吗?需听老师讲解。由此可知,学案的使用使我的学习更有的放矢,学有成效。

学习就是一个发现问题、解决问题的过程,我们到学校里并不只是为了学习知识,更重要的是来学习解决问题的能力,从而获得知识。学案的应用就能培养我们自主学习探究问题的初步能力。不管对哪一门学科来说,基本的概念都尤为重要,在化学学习中更是如此。学案便起到了提炼基础概念,深化问题研究,加深对基础内容的理解的作用。课前的良好预习习惯永远是好成绩的前提条件。有些同学仍然把完成预习学案当作一项任务,一件不得不去做的事,因而在完成预习学案时也是不够认真专心,那么便浪费了一次又一次培养好习惯的机会。人是处于一个不断学习的旅途中的,但是只有学会把握每一次学习的机会,才能使自己有长足的进步,学会学习比一切都重要。

附:实验室制氧气学案

课前预习:阅读课本 P50 页,了解操作要点。

下图是实验室用氯酸钾与二氧化锰两种固体混合物制取氧气的装置图。

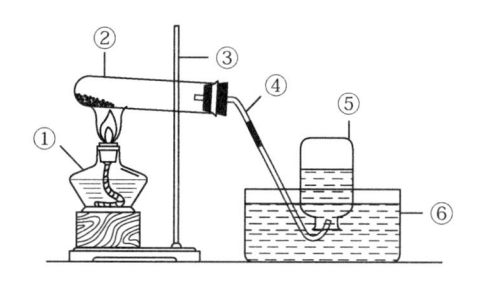

(1) 写出①—⑥仪器的名称：

① _____ ② _____ ③ _____

④ _____ ⑤ _____ ⑥ _____

(2) 想想看：

① 试管口要略向下倾斜的原因。

② 请你给图中的收集氧气方法命名，能用这种方法收集氧气是因为什么？

③ 实验结束后，先将导管移出水面，再停止加热的原因是什么？

④ 实验过程中哪些操作不当可能会导致试管破裂？

(选自九(1)班周凯桦：《学案伴我成长》)

案例之三：

学案，顾名思义是一种用于学习的纸质文案，它可大可小，看似简单却承载着制作者的智慧，并将这种智慧毫无保留地传递给使用它的人，而作为受益者之一的我也是受益匪浅，尤其是语文老师的教案，让我在学习时收获颇丰，伴随我一路成长。

小小的学案纸上总是聚集着最为详细的几个切中核心的问题，再加上一些铺垫，让一张普普通通的复写纸充满了浓浓的书卷气，更如一盏指明灯照亮我前行的路。

初次见面是在一节公开课前，文章很复杂，有明线有暗线，暗线之隐秘，必须要在读懂全文后根据中心以及文章中若隐若现的线索才能判断出，光是圈划就耗费了大量时间，至于关键问题彼此间似乎毫无关系。但是看了一眼学案，一下子让我醍醐灌顶，茅塞顿开，犹如溺水之人渡上了一块浮木，成功地到达了彼岸。学案便是针对这条暗线，一步一步，从圈划到概括，到讨论，最后分析出正确答案，这张薄薄的纸将我引入了领悟语文的另一扇大门。

直到现在，学案也一直陪伴着我。随着师生运用程度日益熟练，学案内容也更加多元，从主人公到文章中心，从结构到写作意图，每次都各有侧重。俗话说："授人以鱼，不如授人以渔"，而这学案就是老师授我之"渔"，让我学会怎样读懂语文。

就是这张学案的陪伴，当文海汹涌而至时，我不再是随波逐流的小舟，毫无章法，只能被动而行，而是逐渐掌握规律，有目的地前行，虽然在成绩上能看到的效果极为有限，但对我的帮助却不是仅仅在成绩上能体现的，更多的是学习方法和思维方式，因为好的学习习惯能受益终身。

从一开始面对文章时毫无章法地瞎读到现在的冷静面对，都归功于学案给我的帮助。但是学案也有一些不足之处，总感觉内容有些分散，有时一边在讲中心，另一边却跑到了修辞；有时候内容太多，而小小的一张纸已不负重荷。

用一则小标语来总结陈词："学案靠我完成，我靠学案发展。"让学案与我一同成长，且行且珍惜……

（选自八(1)班曹璐遥：《学案伴我共成长》）

上述三篇学生的小文章，均能结合相应学科的学案，从学习习惯的养成、学习方法的获得、学习能力的提升等方面真实呈现学案对其学业发展的助推作用。最为可贵的是，学案的研究与应用，还惠及了陆续离开我校的毕业生的后续学习生涯。下则案例的主人公是张纯希，我校2014届毕业生，毕业后就读于上海市行知中学。在我校就读期间，学习成绩优异，在区级、市级学科竞赛中斩获颇丰，拥有"宝山区优秀少先队员"等称号。下文节选自张纯希同学毕业后、就读高中时给老师的来信，其中她谈到了学案对其学习道路上的助推作用，具体如下：

学案伴随了我整个初中数学生活。起初，我觉得学案没有什么太大的用处，甚至觉得它增添了我们的作业负担。可是在长期地完成学案后，它却在冥冥中对我产生了深远的影响。

现在已是高中生的我，已经告别了学案，可是它对我的影响却是不可磨灭的。它让我养成了预习的习惯。作为一个女生，在理科思维上一直反应很慢。到了高中，数学的难度发生了质的飞跃，题目都读不懂的卷子让人无可奈何。面对初中相对简单少量的知识学习，不预习也没有什么大碍，只要上课认真听依然可以很好掌握。但到了高中却不是这样，如果每天只是盲目地等着上课听，被动地接受，很难把零散的做题方法全部理解掌握并运用。所以必须提前一天晚上将要学的知识先预习一下，简单自学一下，把遇到问题的地方记在心里，第二天老师讲的时候，带着自己的问题去听，这样就会得到更大的收获。正是学案让我养成的预习习惯，让我在高中的数学学习中变得轻松些，就算现在没有学案了，我也可以自己去完成学案。

学案还有一个很重要的影响就是让我学会系统地、规范地学习。在学案上，清晰地分有几大板块，上节知识的回顾、概念的理解、新知识的运用和预习后的总结收获、疑问提出。清晰的板块分化让我能够全面并且清晰地掌握知识。多年的习惯让我现在预习新的一课时也能参照学案分板块地去完成，这样，我在预习的时候就不会出现大脑一片混乱的情况，能够较清晰地接受全新的知识。

学案就是这样给我带来了深远的影响，无论是初中还是高中，我也会将学案给我带来的好习惯继续保留下去，努力地完成高中的学习生活。

二、学生个人的课题研究

为确保课题研究能真正惠及学生发展，我校组织开展了"我对学案有话说"征文，下文将节选部分优秀的建议，真实再现学生对课题研究的关注与思考。

我对学案建议如下：学案上应该多布置一些新的板块；学案上多加点儿附加题，让我们能够多动动脑筋；学案上应该让学生们适当地写几条近期学生们自己的学习情况，向老师汇报一下，让老师能够看到我们班里的同学的学习进展。

——宝钢新世纪学校六(3)班　戴子恒

当然，学案也并非完美，它也有需要改进的地方，下面是我个人的一些建议：1.学案不能过于单调乏味，要让学生提起兴趣。2.要站在学生的角度出学案，要考虑到学生的思维能力。（意思就是学案上可以有需要思考的题目，但请别出得太难）

——宝钢新世纪学校八(1)班　徐成

我希望老师能够改进一下学案，增加一个"学思交流"的板块，能让同学们的不同思路、不同想法激烈地碰撞，产生出新的火花，迸发出智慧的光芒。让每一个同学能够更好地展现自己的长处，展现自己的优势，让自己成为独一无二的个体。

——宝钢新世纪学校八(1)班　龚华翔

学案对我们是有益的，但我认为它还有一些不足之处需要改进。就比如，学案中的有些题目太简单了，以至于学生随便写写就可以应付；有时学案的题目会与例题一模一样，所以学生们就原封不动地抄一遍；等等。我还建议在学案上提些有含金量的问题，然后通过预习后自问自答。

——宝钢新世纪学校九(3)班　姜冉

每次征文中，我们总能听到来自学生的真实声音，他们从未将学案作为负担，反而视之为学习路上的一根"拐杖"。为了使学案效能最佳化，他们又以主人翁的精神，畅谈学案完善的种种建议。这些都被我校课题组老师视为珍宝，有则改之，无则加勉，以期将学案做到最好。

三、家长反馈的典型案例

我校课题研究开展以来，也得到家长们的大力支持。从家长的反馈看，孩子成长的点点滴滴均与学案的一路相伴密不可分。下文将分享三位家长来信，从家长眼中、口中、心中，来感受学案对孩子成长路上的作用。

案例之一：

记得小学时，儿子对数学不"感冒"，遇到不会的题，第一反应是找家长。踏入中学后，他越来越喜欢数学，喜欢思考，喜欢探索。细细想来，儿子的一系列变化，都得益于学校推行的"双案"联动教学。

刚开始，我们家长也有顾虑，看着每天成堆的作业，还要抽出将近半个小时来预习下节课要学的知识，完成一份学案。这是不是加重了学生的负担？是不是多此一举呢？随着时间的推移，看到儿子一回家就先做学案，看到他完成数学作业时总带着一脸满足的神情，看到他的数学成绩不断攀升，我们家长的心中石落下了，也不得不佩服学校领导、老师先进的教学理念，同时也感谢老师的辛勤耕耘。每一份学案都经过老师的精心设计，分成不同的板块，如"温故知新""新知导学""问题反馈"。老师还要针对学生完成的学案及时调整自己的教案，以期达到最佳的学习效果。

初中生正处于长身体、长知识的黄金时期，对未知的事物有较强的求知欲望，而兴趣则是求知欲望激发的主要动力。学校正是抓住了中学生的年龄特点，推行"双案"联动。学生在预习的过程中通过自学能解决一些新问题，同时还享受到解决问题的成就感，认为"我能行"，在没有老师的讲解下自己也能独立掌握新知识，从而更有效地激发了学生学习数学的兴趣。完成学案后，学生在课堂上的学习难度降低了，从而更有效地拓展了知识面，加深了钻研的深度，把知识有效地牢固掌握和灵活运用。学生在预习的过程中还提出了一些疑惑，学生带着这些问题进入课堂，在课堂上就有想学、想问、想练的良好心理，使得这堂课的学习目的更明确，即要通过自己在课堂上的学习实践去解决这些问题，能更好地掌握课堂上老师所讲的重难点。

"双案"联动的实施激发了学生学习的兴趣，提高了学习的效率，让他们收获了成功的喜悦，达到了考学的目的。同时培养了学生获取知识的能力，养成良好的学习习惯，还教会学生在以后的生活和学习中，做一件事情先要准备好、思考好，因为机会总是留给有准备的人的。作为家长由衷地感谢学校领导、老师为了学生的发展所付出的一切。

学生：陈逸风
家长：陈胤蓓

案例之二：

我家女儿自进入宝钢新世纪学校以来，一直对数学怀有浓厚的兴趣。究其根源，主要归功于施校长引领下开展的课题《基于"双案"联动的"弹性预设—互动生成"课堂实践研究》。正是在这一课题的引领下，老师们以问题为导向，由浅入深地引导学生"学以致用"，并鼓励学生自主归纳梳理学习所得及学习的困惑，这一举措大大激励了学生"学有所思""学有收获"！

女儿非常喜欢这份课前学案，每天回家第一个作业就是先完成数学老师的学案，因为女儿觉得这份学案量不多但在于精。作为家长，其实我知道很多孩子一般不会回家自觉预习课本知识，如果预习也仅仅只是粗浅地看一下，很少会主动探究、大胆设疑。但是我们学校老师却精心设计了这样一份规范的学案，"学习目标"、"重点、难点"让学生一目了然，知道所学的主要知识点，"温故知新"通过问答等形式，将前面所学或上节课所学的知识点与新知识进行了有效衔接，达到让学生"温故而知新"的目的。"新知导学"虽然只有一道题，但每道题的侧重点不同，都由概念引出题目。每次女儿在做之前必定会先预习课本知识，当初步感知了知识体系的构建后再开始着手解题。尤其是在预习的过程中，当女儿遇到不会做的题目，第二天上课时她就会对这部分知识听得格外认真。最后的"学有所思"是女儿很喜欢的一项，完成作业后她会洋洋洒洒地写上自己预习后的体会并记录下不懂的地方，第二天还会主动请教数学范老师呢。

在宝钢新世纪学校读书，女儿是幸运的。因为她的成绩在稳步上升，解题能力也显著提高……作为家长的我，看在眼里，喜在心里。真心感谢学校的课题，感谢老师们的辛勤付出！

学生：周瑜婕
家长：俞义凤

案例之三：

贵校提出并已实施的"双案"联动是一种很好的教学方法，是一种创新，经过几年的探索，取得了较大的成效。

作为家长，我感到很幸运，孩子能在宝钢新世纪这所"新优质学校"读书。

还依稀记得孩子小学时的学习生活：一、二年级所学的知识点较浅显，孩子学习很轻松，特别是数学科目还看不出他身上存在的问题，但到了四、五年级，学习上的坏习惯显现出来了，学习不够努力，做作业只求快，不求质量，每次看到孩子的作业反馈总是错误百出，漏洞连连，习题稍作简单的变化就束手无策，数学成绩也明显的退步。为此也和老师探讨过学习方法，也曾要求孩子将新课内容先自己看一遍或二遍，把看不懂的内容记下来，便于在老师讲新课时搞懂。但用在他身上都无济于事。因为我发现他的这种预习是随意的，效果是有限的。可老师的讲课是既定的，是不变的。教案和学案是不紧密相关的，你教你的，我学我的，效果无法达到最佳。

踏入中学后，老师的教学手段、教学方法有了很大的变化。课堂都是以学生学会学习为宗旨，以学案为依托，以教师为主导，以学生为主体的先进教学模式。刚开始我对这种方法也不能接受，因为看到儿子拿到学案不是按要求去认真看书，而是浅尝辄止，急于做题，在概念原理都不甚理解的情况下对照例题直接解题，有时看到孩子因不理解题意花费大量的时间完成学案，也非常着急，害怕他耽误其他学科的作业，更害怕他厌烦数学，对数学失去兴趣。但随着时间的推移，我发现孩子对数学越发感兴趣，每天到家总是先拿出数学书认真梳理第二天要学的概念，并用不同的颜色做上记号，然后得心应手完成学案。这一举动也让我们家长深深体会到使用学案的确能消除孩子的茫然，增强了孩子的学习兴趣，掌握一定的学习方法，为今后的学习奠定了坚实的基础。

"双案"联动始终以"独立思考，交流探秘，巩固提升"为宗旨，很好地解决了以往预习的问题。虽然学案明确了"学习目标、学习重点、学习难点"等内容，但学生按学案预习以后，一般会有不理解的地方或问题；每个学生预习的效果是有差别的，所以每人的问题不可能完全一样。教师将学生们的问题进行分类统计，发现学生最需要解答什么问题，有多少问题需要讲解，再精心设计教案。教师通过学案获取各种信息，用于完善教案。经过这种教、学互动，教、学效益必然提高。

"双案"的编制质量是重点，通过互动，"双案"的完善是关键。创新的"双案"联动能提升学生的综合能力。作为家长，我相信，在不久的将来，贵校能将更多的普通学生培养成综合能力强的优秀学生。

学生：李晨罡
家长：石农

第七章

未来：学校改革发展的展望

回顾这十年的发展历程,我们坚持"新优质学校""不挑选生源、不争抢排名、不集聚资源"的理念,立足学生发展,扎实推进国家课程校本实施,持续提升教师课程意识,不断完善校本课程体系,促进课堂教与学的转型,推动教师专业成长,实现了学校十年稳步发展。就家长满意度而言,从十年前不足五成,到如今的98%。再如,我校连续三次绿标测试成绩持续上升。

2019年6月23日,中共中央国务院发布了《关于深化教育教学改革 全面提高义务教育质量的意见》,明确了新时代义务教育阶段的育人要求,也为宝钢新世纪在新的发展起点上,指明了前进的方向!展望未来,在国家课程校本实施道路上,我们将结合学生综合评价,进一步完善学校课程体系;借助现代信息技术,进一步扩展"双案"联动实践研究的视域;深化主题教研,培养专家型教师,打造高品质教师队伍,最终让我们的教育惠及每一位孩子。为实现"气正爱满、人人出彩"的育人愿景,砥砺前行,更好地完成新条件下学校发展和持续改进的任务,实现学校由优质走向卓越的飞跃。

一、学校领导方式的深层次转变

在未来发展路上,我们还将做以下转变:

第一,学校领导从行政体制的指令制定者转向组织合作的团队服务者。为了使所有学生在教育过程中都获得成功,对"新优质"项目学校校长来说,最大的挑战就是从原来的行政模式领导转向后工业社会的适应型领导。这种角色转变要求校长必须不再是从上到下的指令型领导,而是成为连接枢纽的服务型领导;必须不再是通过教师完成任务的等级领导,而是和教师一起来完成任务的合作型领导;必须不再是通过控制来进行的行政领导,而是通过赋权来共事的分布型领导。这种领导角色的转型,代表着我们的学校领导工作不再是指校长一个人的单枪匹马、孤军奋战,而是在以校长为核心的其他学校领导者、教师参与者以及家长代表等共同参与、集体合作的任务完成过程。

第二,学校领导从按部就班的简单管理者转向变革创新的愿景领导者。面对不断变化的社会背景与要求,校长要能够重新设计组织,成为变革的代言人,而不是守旧的管理者。校长必须放弃传统模式下只是对已有事务进行单一管理、执行的角色方式,而是转向设置大家共享的奋斗愿景,并在分权合作的模式下带领大家共同实现这个愿景的领导方式;校长必须从回避危机转向使学校成为适合所有孩子的生活场所,而不是只为那些适应结构的"好孩子"服务,他们能够设置更适合孩子学习的课程计划与指导项目,使孩子可以在学校得到充分更全面的发展。

第三,学校领导从以操作为核心的效益追求者转向价值引领的道德领导者。这种领导角色与传统型领导不同,其关键特征是不仅强调知识技术的水平与提高,更强调对教职员工价值观念的引领与组织文化的塑造,是一种象征和整的、精神的、文化的领导。这种领导方式在强调大脑力量的同时,更重视对人心的作用,即不只是强调理性,更关注人的情感价值。他们通过确定价值使人们认同从而去行动,而不是下指令让人们去遵从。同时,作为道德领导,校长还要根据他们所倡导与秉承的道德价值观念去行动,表现在学校管理的设计发展过程中以及具体的个人行为方式上。因此,这样的校长的领导权威是建立在专业知识与人格魅力之上而不是等级职位之上。

第四,学校领导从社会变化的被动适应者转向积极的社会重建者。不断变化的社会文化背景似乎一直在要求着学校要适应外界的变化,而忽略了学校作为社会重建的主体之一可以积极参与社会的变革。学校不仅能够对社会变化做出回应,还可以为社会重建负起责任。作为社会重建者的学校领导,往往能够积极地参与到更广泛的社会、政治、文化等领域的变革中去,并在这些方面的变革中代表教育者追求的价值,发出声音,发挥作用。同时,这样的领导层往往能够认识到学校教育只是学生面临的各种社会问题图景中的一部分,学校要对学生所需要的社会帮助提供支持,并能够与其他部门合作,建立起广泛、综合的为学生服务的网络。

二、学校未来发展之路:建立民主而共享的教育与管理体系

纵观现有的学校生态,我们根据已有的数据和分析建立起一个框架。在实际的学校类群中,有这样四类学校:存在组织障碍的学校,这些学校在结构、人际关系、对外关系等各方面是有组织方面的问题的;组织运作良好的学校;有一些课程与教学等核心技术革新的学校;有共享而明晰的教育理念与实践的学校。本学校为质量提升为方向,确立如下发展方向:

第一,开放心态和对外界环境的权变。学校及其领导能够根据内外需求及时做出调整,不断容纳新的事物,抓住机遇,让更多的人了解学校,从而获得更多的资源。能够用一种权变的眼光来处理周围的小环境,并成功地将小环境和制度环境中相互冲突的要求统整在一起。正如诸多研究指出的,在未来变革中的潮流中,随着外界要求的冲突性的增强,学校组织的这种权变能力将变得越来越重要。

第二,建设具有魅力的学校文化。能够挽救一所学校于"危难之际",校长的领导策略,尤其是对人际和道德的领导至关重要。学校文化往往能够激发教师对组织的高度认同感和使命感,将之转化为学校变革的动力。即使教师能力没有提升,但时间和精力的投入也为学校的转变带来巨大的助益。这一文化为学校的组织成功奠定了重要的基础。校长的领导策略对于其他具有同样组织问题的学校来说,是一种值得借鉴的参照系。

第三,以课程教学领域的核心技术为改进方向。这是学校组织有别于其他公司、医院等一般组织的部分。在有组织障碍的学校,如果校长不擅长运用人际关系策略,可以通过某一革新"曲线救国",凝聚人心,塑造学校内的专业力量;在组织运作良好的学校,应该追求核心技术的变革,因为这是制约学校发展的根本;在有一些课程与教学有革新项目的学校,应该追求突破

瓶颈,引导核心技术的深化。

第四,学校核心领域的观念与技术的再设计。寻找这一发展方向的学校应该有良好的组织运作基础,并且有一定的课程与教学革新基础。诸多研究表明,这些观念与技术构成了学校的核心知识,是历次课程改革中最难改革的部分,却也是改革后成效最大的部分。作为一类学校组织,"新优质"项目学校应该能在涉及教师学生与知识之间的相互关系等"核心知识"上形成共识,产生共享而明晰的理念、技术,内化为学校中的个体和群体行动的规范和价值观。

参考文献

1. 胡兴宏.新优质学校设计[M].上海：上海教育出版社,2018.
2. 陈桂生.学校教育原理[M].上海：华东师范大学出版社,2012.
3. 张向众,叶澜."新基础教育"研究手册[M].福州：福建教育出版社,2015.
4. 佐藤学.学校的挑战：创建学习共同体[M].钟启泉译.上海：华东师范大学出版社,2010.
5. 钟启泉.课堂研究[M].上海：华东师范大学出版社,2016.
6. 靳玉乐.学校课程领导论：理论研究与实践探索[M].北京：人民教育出版社,2011.
7. 李广平,肖建彬.现代优质学校发展研究[M].北京：中国轻工业出版社,2015.
8. 李首民.优质学校的九块基石[M].上海：华东师范大学出版社,2008.
9. 上海市教育委员会教学研究室.我们的课程领导故事[M].上海：华东师范大学出版社,2013.
10. 上海市教育委员会教学研究室.学校课程计划编制实践指南[M].上海：华东师范大学出版社,2013.
11. 上海市教育委员会教学研究室.基于问题解决：提升课程领导力的行动[M].上海：华东师范大学出版社,2014.
12. 柴瑞帅.新优质学校建设的意义、模式与路径[J].教学与管理,2017(31)：15—18.
13. 胡兴宏."新优质学校"追求什么[J].上海教育科研,2015(3)：5—6.
14. 夏雪梅.新优质学校走向哪里：基于43所学校变革路径的分析[J].上海教育科研,2013(1)：10—14.
15. 李飞.引领与自主：学校变革中的教师领导与管理[D].上海：华东师范大学,2011.
16. 杜芳芳.教师领导力：学校变革的重要力量[J].教育发展研究,2010,30(18)：47—51.